Hirscher, Johann Baptist von

Das Leben der seligsten Jungfrau und Gottesmutter Maria

Hirscher, Johann Baptist von

Das Leben der seligsten Jungfrau und Gottesmutter Maria

Inktank publishing, 2018

www.inktank-publishing.com

ISBN/EAN: 9783750300279

Das Leben

der

seligsten Jungfrau und Gottesmutter

Maria.

Zu Lehr und Erbauung für Frauen und Jungfrauen.

Von

Dr. Johann Baptist Hirscher.

Mit Erzbischöflicher Approbation.

Dritte Auflage.

Freiburg im Breisgau.
Herder'sche Verlagshandlung.
1855.

4

Vorrede

zur ersten bis dritten Auflage.

Ich habe das Leben der seligsten Jungfrau und Gottesmutter zu Lehr und Erbauung für Frauen und Jungfrauen in vorliegendem Buche beschrieben. Da Maria von Gott als die Gebenedeite unter den Weibern erklärt ist, so wird das gesammte weibliche Geschlecht für und für zu ihr als ihrem Stern und Vorbilde aufschauen müssen, und die Darstellung ihres glorreichen Lebens wird im allgemeinen um so angemessener erscheinen, je weniger zur Zeit an Schriften dieser Art Ueberfluß ist. Wenn indeß gerade ich diese Darstellung versucht, und solche nicht würdigeren Händen überlassen habe, so vermag ich dafür nur anzugeben, daß ich deßhalb einerseits der Nachsicht der Gnadenvollen vertraue, andrerseits durch mein Beginnen nicht hindere, daß würdigere Verehrer der Seligen das Leben derselben mit reinerer Feder beschreiben.

Indem ich das vorliegende Buch den christlichen Frauen und Jungfrauen achtungsvoll überreiche, fühle ich mich zu der angelegentlichen Bitte gedrungen, es mir nicht übel zu nehmen, wenn ich neben den Tugenden auch die Gebrechen ihres Geschlechtes mit großer Offenheit besprochen habe. Ich wollte ihnen eben wahrhaft und gründlich dienen. Darum konnte und durfte ich es nicht umgehen, zu verwunden, auf daß ich heile. Es giebt der Schriften schon allzuviele, welche in schmucken, zierlich gefaßten, der Phantasie und Empfindung schmeichelnden allgemeinen Phrasen das Frauengeschlecht erbauen wollen, dasselbe aber weder in der gesunden Frömmigkeit noch in der Selbsterkenntniß und Selbstverläugnung je einen Schritt weiter bringen. Ich wollte die Zahl dieser Art von Schriften nicht vermehren.

Es kommen einzelne Gedanken und Nutzanwendungen in dem Buche mehr als einmal vor. Ich wollte solche Wiederholung nicht ängstlich vermeiden, da man ja in der Regel das Buch nicht in Einem weg liest, eine zeitweise Wiedererinnerung an dieselbe Wahrheit aber nicht unpassend erscheinen kann. Leicht möchte es sogar kein gutes Zeichen seyn, wenn man sich unangenehm berührt sieht, so man derselben Bemerkung Rüge oder Anforderung zum zweitenmal begegnet.

Man hat mir die Bemerkung gemacht, es kommen in dem Buche Stellen vor, die man der Jungfrau in die Hände zu geben Anstand nehmen möge, weil sie ihr leicht zum Anstoß werden könnten. Ich antworte: Wenn Solches bei der in reiner Kindlichkeit aufgewachsenen, nun eben erst erblühenden Jungfrau besorgt wird, bin ich in soweit einverstanden, als ich glaube, die Lesung könne da und dort die Aufmerksamkeit der Jungfrau auf geschlechtliche Verhältnisse hinlenken, auf die dasselbe außerdem izt noch nicht gerathen wäre. Ich habe daher in dieser dritten Ausgabe besonders im ersten und zweiten Artikel mehrere Ausdrücke abgeändert, um auch bei jüngeren Leserinen nicht anzustoßen. Uebrigens wird der natürliche Trieb und die äussere Umgebung in Kurzem doch auf das Geschlechtliche hinführen. Es ist daher die Frage, ob es gerathener sey, dabei die Jungfrau sich selbst, ihrem stillen Sinnen und Ahnen, ihrem spähenden Horchen und Umfragen bei ihren Gespielen rc. zu überlassen, oder ob es besser, daß sie zur Kenntniß des Geschlechtlichen gelange an und in dem Leben heiliger Personen? — Ich bin unbedingt für das Leztere. Denn ach, während Mütter oft ihr Kind in glücklicher Unwissenheit zu bewahren glauben, wird dasselbe nichts weniger als in der Unwissenheit gelassen, vielmehr eifrig unterrichtet. Und während das Kind der Mutter gegenüber in glücklicher Unwissenheit zu leben scheint, will es nichts weniger als unwissend bleiben, sondern horcht nach allen

Seiten, und lernt von allen. Aber nun gerade das, was es nicht lernen, und gerade so, wie es nicht lernen sollte. Mögen die Mütter daher den Unterricht über das Geschlechtliche nicht der Welt überlassen, sondern selbst übernehmen, und ihn an das Leben der heiligsten Jungfrau und Mutter, und an das Leben der anderen heiligen Personen anknüpfen. Es kann ihnen, wenn ihre Tochter das Leben der seligsten Jungfrau und Gottesmutter liest, nicht entgehen, an welcher Stelle des Buches sie eben ist. Nun bei passender Stelle mögen sie ihre Besprechung auf das lenken, worüber ihnen zur rechten Auffassung und zur Verhütung mög= lichen Anstoßes eine passende Belehrung angemessen oder nothwendig erscheint.

Was ich mit dem Ganzen wollte, ist die Verherr= lichung Gottes, die Ehre der seligsten Jungfrau, und die Wohlfahrt aller Frauen und Jungfrauen, die eines guten Willens sind.

Freiburg den 20. Jäner 1855.

Dr. Hirscher.

1.

Mariä Empfängniß.

Eine Erzählung aus sehr alter Zeit nennt den Vater der seligsten Jungfrau Joachim, die Mutter Anna.

Joachim, sagt sie, sey ein Hirt gewesen, reich ge- gesegnet mit Heerden, sehr fromm und überaus wohl- thätig, aber kinderlos.

Mit zwanzig Jahren habe er Anna geheurathet, aber mit vierzig Jahren einen Nachkommen noch nicht gehabt, so daß nach den Begriffen seiner Zeit und seines Volkes Schmach auf ihm lastete.

Als ihm nun diese Schmach zu Jerusalem, eben da er sein Opfer bringen wollte, vorgeworfen, ja sein Opfer zurückgewiesen wurde, habe er sich über alle Maßen unglücklich gefühlt und sehr geweint.

Er sey auch nicht zu Anna seinem Weibe zurück- gekehrt, sondern zu seinen Heerden gegangen, und habe daselbst in der Einsamkeit Gott seine Leiden geklagt.

Als Joachim nun nicht zu Anna zurückkam, ja nach Monaten noch nicht da war, sey diese, welche inzwischen den Grund seines Ausbleibens erfahren oder geahnt hatte, in den größten Jammer gefallen, und habe Gott inständigst angefleht, ihre Schmach von ihr zu nehmen, und ihr einen Nachkommen zu bescheeren. Sie habe das Gelübde gethan, ihr Kind, wenn sie solches erhalten würde, Gott und seinem Tempel zu opfern.

Da sey der Anna ein Engel des Herrn erschienen, habe sie getröstet, und ihr einen Sprößling versprochen, welcher allen Völkern zur Bewunderung sein würde.

Ebenso sey ein Engel auch dem Joachim erschienen, habe ihm dasselbe gesagt, und ihn angewiesen, sofort zu Anna zurückzukehren.

Joachim habe unverzüglich und freudig Folge geleistet, das Wort des Engels sey in Erfüllung gegangen, und Anna habe gefühlt, daß sie Mutter werden würde.

Welche Freude das dem Herzen der Aeltern bereitet habe, braucht nicht beschrieben zu werden. Ihre Freude war in dem Maße groß, in welchem es ihr Schmerz gewesen.

Verweilen wir etwas bei der alten Erzählung!

Warum blieben Aeltern, deren Kinder von Gott eine ausserordentliche Sendung erhielten, mehrfach lange, ja bis in ihr hohes Alter ohne Nachkommen? — So Sara, so die Mutter Samuels, so Elisabeth und Zacharias, so Joachim und Anna? — Ich denke darum, damit das Ausserordentliche auch in ausserordentlicher Weise in die Welt eintrete. Ich denke darum, damit das Kind ausdrücklich als ein von Gott gegebenes erscheine. Und denke, auch darum, damit die Aeltern mit großer Sehnsucht verlangen, und ob der Erfüllung ihrer Sehnsucht mit großer Freude und Dank-

barkeit erfüllt werden. Es thun wenigstens die Aeltern,
was die Welt thun sollte: sie sehen und rufen nach
dem Kinde, durch das die Welt Heil empfangen soll,
und jubeln und danken, nachdem sie es empfangen. In
der That, ziemte Sehnsucht nach, und Jubel und Dank
ob der Empfängniß der seligsten Jungfrau etwa blos
den Aeltern derselben? —

Die Empfängniß der Mutter Samuels, der hl. Elisabeth und Anna war etwas Ausserordentliches. Aber
ist es am Ende nicht jede Empfängniß? — Wahrlich,
es ist jede ein unergründliches Wunder Gottes. Es läßt
sich vielleicht einigermaßen begreifen, wie vom Leibe der
Leib sich fortpflanzt, aber wer faßt, wie mit dem Leibe
auch ein unsterblicher Geist da ist? — So ist jede Mutter
die Stätte, wo Gott ein großes Werk und Wunder
wirkt. Siehe und fasse es, wie hoch du geehrt bist!

Die Mutter, welche empfangen, hat ein großes Geschenk von Gott erhalten, einen Keim, der sofort wachsen, und zu einer Pflanze werden soll, die die Welt
mit Wohlgeruch erfülle, und in Ewigkeit bleibe. Sie
ist des empfangenen Keimes Pflegerin von nun an.
Womit wird sie ihn nähren unter ihrem Herzen? Vielleicht mit bösen Leidenschaften und Affecten, mit denen
sie ihn wie mit giftigem Thau begießt? — O, nicht
doch! Ihre Seele sey voll Liebe, Friede und Freude im
hl. Geiste! Das wird sich in das Menschenwesen ein-
senken, das unter ihrem Herzen ist.

Das Kind, welches Anna empfangen, hat eine
große, eine völlig einzige Bestimmung. Diese Bestimmung ist ihm gegeben schon vor seiner Empfängniß.

Aber gilt das nur bei Kindern großen und außerordent-lichen Berufes? — Nein! Auch dein Kind, du fromme Mutter! hat seine Bestimmung vom Tage seiner Em-pfängniß an. Welche wird diese seyn? — Die eine weißt du: es soll Gott erkennen, ihn lieben, ihm dienen, und ewig selig werden. Aber die andere, die besondere? — Diese weißt du nicht. Sei du darauf bedacht, daß dein Kind die Bestimmung er-reiche, die du kennst, die andere überlasse Gott. Nur daß es sie seiner Zeit nicht etwa aus deiner Schuld verfehle!

Warum giebt es Mütter, welche keine Kinder haben? — Ein Hauptgrund ist ganz gewiß auch der, daß die Welt erkenne, Kinder kommen nicht von den Menschen, sondern von Gott. Nun muß Jede, die solche em-pfängt, dieselben anerkennen als ein Geschenk der Gnade Gottes. Warum ist sie gesegnet, und die Schwester neben ihr nicht? Womit hat sie das Gnadengeschenk verdient? Wodurch wird sie ihren Dank bethätigen? Was berechtigt sie, stolz auf die Schwester neben ihr herabzuschauen? ja vielleicht noch zum Kummer den Hohn hinzuzufügen?

Selig die Unfruchtbaren! Auch dieses Wort ist schon aus dem Munde von Müttern gekommen. Wie tief mußte ihre Seele verwundet, wie ganz Herz und Hoffnung gebrochen seyn! Siehe, der höchste irdische Segen ist zum Fluche geworden. Darum freue dich, du Gesegnete, deiner Kinder, aber vergiß nicht, daß es zweierlei ist, Kinder empfangen, und Freude und Segen in ihnen empfangen. Ja, so lang sie klein sind, machen sie fast nur Freude. Aber wenn sie herangewachsen, oft schweres Herzeleid. Bethe darum und wache, daß du nicht etwa einst dem Tage zürnen müssest, an welchem du dein Kind empfangen.

Keine Kinder empfangen, galt im alten Testamente als Unglück und Schmach, ja als göttliche Ungnade. Es ist daher gut, daß uns in eben diesem Testamente Frauen begegnen, welche in besonderer Gnade bei Gott standen, und dennoch, wenigstens bis in ihr hohes Alter ohne Nachkommen blieben. Das widerlegt alles herbe Urtheil, welches über solche Frauen gefällt werden möchte. Uebrigens haben dieselben immerhin im Stillen manchen stummen Kummer, und selbst das häusliche Glück kann kränkeln.

Womit mögen sie sich trösten? — Der erste, beste und am Ende auch einzige Trost ist die demuthvolle Unterwerfung unter den göttlichen Willen. Gott allein weiß, warum es so ist, und nicht anders. Beuge dich in Ergebenheit seinem Rathschlusse, welcher jedenfalls weise ist und gnädig. Vielleicht hättest du deine Kinder, wenn du solche empfangen hättest, verzärtelt, oder sonst übel erzogen; vielleicht wären sie auch bei guter Erziehung dennoch ausgeartet, und hätten sich und dich sehr unglücklich gemacht. Wer weiß das? Gott allein weiß es. Vielleicht auch wird dir Gott später noch Kinder bescheeren. Sein Wille geschehe! Vielleicht ist deine Kinderlosigkeit deine Prüfung, und du hast sie zu tragen und für deine Seele zu benüzen, wie eine Andere Armuth, Krankhaftigkeit, Geringachtung oder einen ungerathenen Gatten zu tragen hat. — Be-

denke auch, wie viele tausend Mütter Kinder hatten und
sie starben ihnen. Siehe, ihr Schmerz ist weit größer,
als der deine. Und siehe, wie viele tausend unverehe-
licht bleiben müssen. Sie alle sind (wenn sie Gottes
Geboth achten) auch kinderlos, ja haben oft weder eine
bleibende Stätte, noch erfreuen sie sich eines fürsorgenden
Gatten. Um wie Vieles sind die Alle übler daran,
als du! Sei nicht undankbar für Das, was du hast.
Und zudem, bist du besser, als sie? — Auch das erwäge,
wie wenig du das Schicksal weißt, welches deine Kinder erwartet hätte. Wie viele Kinder werden in der
Folge unglücklich, ja sehr unglücklich! Ihre Mütter
aber müssen all dieses Unglück schmerzlich mitfühlen
— oft jahrelang. Vielleicht hat dir Gott solchen herben und langen Mutterschmerz ersparen wollen. Du
Kinderlose! Bitte immerhin, von Gott mit Nachkommen
gesegnet zu werden, aber stelle es glaubenvoll Gott an-
heim, ob er dich erhöre, ob nicht.

Die Kinderlose hat leichtlich um ihrer Kinderlosigkeit willen eigene Versuchungen zu bestehen, und eigene
Leiden zu tragen. Es liegt ihr nahe, daß sie die mit
Kindern Gesegnete neben sich beneide. O, nicht doch!
Soll diese Andere denn auch den Kummer haben, den
du hast? Und willst du sie um die göttliche Gnade beneiden? Freue dich mit ihr, so hast du den Teufel
des Neides überwunden, und offenbarest ein schönes
und edles Herz. — Vielleicht mußt du von deinem Gatten Geringachtung, selbst Vorwürfe ertragen, oder auch
du selbst bist zu Vorwürfen versucht. Das ist deine
Prüfung. Zu deinem Kummer von innen kommt noch

der Unverstand und die Härte von außen. Bestehe die Prüfung standhaft, und laß über dich ergehen, was Gott über
dich verhängt hat! Klage Gott dein Leid! Er wird dich
trösten. — Vielleicht geht die Nachbarin stolz an dir
vorüber, und Nachbarn necken und reizen deinen Gatten.
Das ist Dummheit, Herzlosigkeit und Bosheit in Einem.
Sprich: sie wissen nicht, wessen Geistes Kinder sie sind; sie
wissen nicht, wie wehe sie mir thun: vergieb ihnen! Halte
du fest an dem Worte: „Des Herrn Wille geschehe; er wird es wohl machen".

Kinderlos seyn war im alten Testamente Schmach;
nicht so im neuen. Jetzt giebt es Viele, die freiwillig
Jungfrauen bleiben und darob hoch geehret werden.
Bist du aber verehelicht, und hast keine Kinder, und
wünschest solche: siehe: es sind Arme, Kranke, Wittwen und
Waisen genug um dich her. Werde ihnen Mutter!
Heilige sie in der heiligen Erkenntniß und christlichen
Gesinnung zu einem würdigen und nützlichen Leben.
Stehe ihnen in ihrer Noth bei. So hast du Kinder.
Du hast sie geboren zu einem guten Daseyn und einer
großen Hoffnung. Nur kurze Zeit; und du wirst sie
in jenem Leben wieder finden. Sie werden dich als
ihre Mutter begrüßen, und deine Ehre und dein Stolz
seyn. Die Glückliche neben dir, die du itzt beneiden
möchtest, wird sie dann glücklicher seyn, als du? —
O, vielleicht kennt sie dann ihre Kinder nicht mehr, und
ihre Kinder nicht mehr sie; denn sie war ihnen vielleicht
nicht weise Mutter, und ihre Kinder waren ihr nicht
folgsame Kinder. Das Angesicht der Welt vergeht.

Zum Schlusse nur noch einen Blick auf die hohe

Wichtigkeit der Empfängniß Mariens. Diese Empfäng=
niß war die erste That Gottes zur Ausführung der
Menschwerdung und des Werkes Christi. Ist Christus
aber das Licht — die Sonne der Welt, so ist die
Empfängniß Mariens das erste leise Aufdämmern der
Morgenröthe. Denen nun, die in Nacht und Todes=
schatten sitzen, und dem endlichen Kommen des Tages
schon durch Jahrtausende entgegenharrten, wie muß ihnen
seyn, wenn das erste leise Frühroth am Himmel auf=
geht? Und wie ist den Schiffenden auf wilder See, in
leckem Fahrzeug und bei mangelnder Nahrung, wenn
in matter Ferne eine Bergspitze aus dem Meere auf=
taucht, und Land! Land! verkündet? — Nun, wohlan,
die in Nacht und Todesschatten sitzen seufzen und har=
ren, und die in leckem Schiffe auf wilder See dem
Hungertode verfallen, umherirren — das ist die Mensch=
heit, das sind wir. Werden wir uns also der auf=
dämmernden Morgenröthe nicht freuen? — Wer ob
der beginnenden Morgenröthe nicht jubelt, hat weder
je die Widernatur der Nacht, noch die Segnungen der
Sonne erkannt und gefühlt. Darum Weh den Gleich=
giltigen! Die Nacht, die Finsterniß und die Werke
der Finsterniß sind ihnen natürlich. Sie fühlen sich be=
haglich als Schweine, die sich im Kothe wälzen, oder als
Maulwürfe, die in der Erde graben, oder als Pfauen,
die ihr Gefieder ausbreiten: was brauchen sie eine Mor=
genröthe und eine Sonne? Weß sollen sie sich freuen?! —

2.

Mariä unbefleckte Empfängniß.

Der allgemeine Kirchenrath von Trient sprach die katholische Lehre in Betreff der Erbsünde dahin aus, daß die Sünde Adams, durch die derselbe an Seele und Leib verschlechtert wurde, auf alle Menschen, und zwar auf dem Wege der Fortpflanzung übergehe, und darum schon in den neugebornen Kindern dasey. Dabei erklärte der hl. Kirchenrath jedoch ausdrücklich, daß er die selige und unbefleckte Jungfrau Maria, die Gottesgebährerin unter seinen Lehrausspruch nicht mitbegriffen haben wolle, sondern daß man sich dießfalls an die Constitutionen des Papstes Sixt des vierten zu halten habe.

Nach diesen und anderen Constitutionen nachfolgender Päpste sollte es zwar nicht als Kezerei angesehen werden, so Jemand in Rede oder Schrift behauptete, die seligste Jungfrau sey nicht ohne die Erbsünde gewesen: es sollte so lang das Oberhaupt der Kirche sich nicht ausgesprochen habe, Freiheit der Meinung seyn. Doch wurde endlich verordnet, daß Niemand diese Behauptung in Rede oder Schrift, öffentlich oder privat fortan aufstellen und vertheidigen dürfe, es wäre ihm denn ausdrücklich vom hl. Stuhle gestattet. Der vielfache und herbe Anstoß, welchen die Gläubigen an dem Vortrag gedachter Behauptung genommen hatten, veranlaßte diese Verordnung.

Also fand man die Lehre, daß die seligste Jungfrau gleich andern Kindern in und mit der Empfängniß auch der Erbsünde theilhaftig geworden sey, anstößig? — So ist es; und es läßt sich leicht begreifen, daß es so ist. Es stammte das Aergerniß ob dieser Lehre aus einem höchst würdigen, tiefsittlichen Gefühle. Je inniger nemlich die Idee der göttlichen Heiligkeit von einem Herzen erfaßt, und je aufrichtiger die Menschwerdung des Sohnes Gottes geglaubt war, desto unzulässiger, man möchte sagen, undenkbarer erschien es, daß jene Auserwählte, von welcher der Sohn Gottes — der unendlich Heilige Fleisch annehmen wollte, durch irgend einen Hauch von Sünde befleckt sey. Wie? dachte man, Der, welcher die unbegränzte Reinheit ist, und Mißfallen hat an der leisesten Befleckheit, sollte sich eine Befleckte, eine durch die Erbsünde Verunreinigte zur Mutter erwählen, und mit ihr in jene innige geheimnißvolle Gemeinschaft treten, in welche ein Kind zu Jener tritt, von welcher es zur Geburt genährt wird? — Man fühlte darin etwas Undenkbares, etwas (wie schon gesagt) mit der Heiligkeit und Menschwerdung des Sohnes Gottes Unvereinbares, ja dem tiefsten Gefühle geradezu Unerträgliches.

Nun, wird dieses hochwürdige, dieses tiefsittliche Gefühl täuschen? Wird Die, welcher der ewig Reine in solcher Weise nahet, nicht in der That rein seyn

und ohne Makel durch und durch? — Oder sollte
der Allheilige und Schöpfer, durch Den alle
Dinge gemacht sind, die nicht makellos erschaffen und
darstellen, welche Er zu seiner Mutter und zum Organe
seiner Menschwerdung erkohren? Durfte es eine Unreine
seyn, die Er zur Mutter wählte? — Nimmermehr.

Wenn Eva, der Zeit nach die Erste ihres Geschlechtes rein aus der Hand Gottes hervorging, kann
die, welche nicht blos der Zeit, sondern der Würde
nach die Erste ihres Geschlechtes ist, minder begabt
und begnadigt seyn? Ich dächte, es dürfe es Niemand
wagen, die Mutter des Herrn unter Eva herabzu-
setzen, und ihr die ursprüngliche Heiligkeit und Gerechtigkeit abzusprechen, mit welcher diese ausgestattet ward.
Ja, wir halten uns versichert, Maria sey nicht nur
eben so rein aus der Hand ihres Schöpfers hervorge-
gangen, als Eva, sondern sie würde auch den Lockungen
Satans, denen Eva erlag, widerstanden haben, wenn
dieser sie versucht hätte: wie sie ihm denn auch wirklich widerstand in den zahllosen Versuchungen ihres
Lebens. *)

So steht an der Spize des weiblichen Geschlechtes
das Ideal der Makellosigkeit, zu welchem Alle
dieses Geschlechtes für und für aufschauen sollen. In

---

*) Bekanntlich ist, seitdem Vorstehendes geschrieben worden,
nach Anhörung des gesammten katholischen Episcopates die
unbefleckte Empfängniß der seligsten Jungfrau und
Gottesmutter vom Oberhaupt der Kirche als Glaubenssaz
festgesezt und ausgesprochen worden.

der That, warum sollte dieses ganze, auch zur Heilig=
keit und Seligkeit berufene Geschlecht nicht sein eigenes
Ideal haben? Oder wer bist du, der du ihm dasselbe
bekritteln, oder rauben willst? — Umgekehrt. Eben
im Wendepunkt der Geschichte, eben als die alte
Zeit vorüber war, und die Menschheit kraft eines
großen Umschwunges von der Sünde heimkehren und
in Reinheit des Herzens und in hl. Liebe Gott dienen
sollte, mußte das Ideal der Reinheit und Gottesliebe
in der Welt auftreten, und namentlich dem ge=
sammten weiblichen Geschlechte vorleuchten. Alle
dieses Geschlechtes — Jungfrauen und Frauen, die in
die Welt eintreten würden von nun an, sollten auf
die Reinste der Reinen, auf die allein Reine als auf
ihren Leit= und Lebensstern hinschauen.

Die makellos Empfangene wird abgebildet in lilien=
weißem Gewande, mit der Schlange, die den Erdkreis
umschlungen hält, unter den Füßen. Schönes Bild!
Die alte Schlange zischelt wohl wider die Unbefleckte,
konnte sie aber nicht verwunden. Sie krümmt sich viel=
mehr besiegt zu den Füßen der allzeit Reinen. Diese
aber strahlt in jener unversehrten Schönheit, in welcher
die gnadenvollste der Seelen geschaffen ist. Ihr
himmlisches Antlitz, und ihr lilienweißes Gewand sind
der Ausdruck dieser Schönheit.

Das lilienweiße Gewand, welches die heiligste Jung=
frau trägt, gehört einzig ihr — der unbefleckt Empfan=
genen. Dennoch hast auch du meine Tochter in der
hl. Taufe ein weißes Gewand — das Sinnbild der

Reinigung und Reinigkeit, das Zeichen reiner Jungfräulichkeit empfangen. Wie blühend ist dieser dein
Schmuck! Ach bewahre ihn! — Weiß ist der Strahl,
welcher sich in die sieben Farben des Regenbogens zer-
theilt, und weiß ist die Farbe der Jungfräulichkeit, aus
welcher sich alle deine Tugenden ablösen.

Die hl. Jungfrau wird in Gewändern der ver-
schiedensten Farben abgebildet, aber am reizendsten erscheint uns an ihr die Farbe der Lilie. Und willst
du, christliche Jungfrau dich recht festlich kleiden, so
wählest du weiß. Wie herrlich erscheinst du mit deinen
Freundinen im blendend weißen Gewande, weiße Rosen
um dein Haupt! Von allen Seiten begegnet dir Huldigung. Zwar die Huldigung Vieler ist eine gemeine,
und gilt blos deiner blühenden Gestalt. Lass dich nicht
bethören: deine Leibesblüthe ist mehr nicht als Staub,
der die Schmetterlinge anzieht. Aber die Huldigung
Anderer — der Edelsten und Besten gilt deiner Jungfräulichkeit, deinem unbefleckten Herzen. Nimm diese
Huldigung immerhin an: sie muß seyn, immer und
überall, wo und so lang noch die Unschuld und Tugend
unter den Menschen Ehre hat. Nur daß du dabei dich
selbst nicht etwa in deinem Herzen aufblähest, und
deinem Verdienste zurechnest, was Gabe und Geschenk
dessen ist, welcher die Jungfräulichkeit erschaffen hat
und austheilt.

Wenn deiner Jungfräulichkeit von würdigen Männern oder Frauen gehuldigt wird, wie müßte dir seyn,
wenn du die Farbe der Engelreinen unwürdig trügest,
wenn du ein geschmücktes Grab wärest innen voll

Mode? wenn du dich der empfangenen Huldigung unwürdig fühlteft? —

„Weiß" ist unter allen Farben die heickelste.
Die kleinste Verunreinigung wird an ihr sichtbar. Vergiß das nicht, meine Tochter! — Aber das Weiß, welches du trägst, o Jungfrau! hat noch das Eigene,
daß es sich nicht waschen läßt. Einmal befleckt kann
man ihm den ersten Glanz nicht wieder geben. Drum
wahre dein Gewand — das lilienweiße, von aller auch
geringer Verunreinigung. Die befleckte Unschuld wird
nie wieder die unbefleckte, und in das Paradies,
wenn man ausgestoßen worden, giebt es keinen Rück-
weg. Man kann büßen, man kann Vergebung erhalten,
man kann und soll wieder tugendsam werden, aber das
Lilienreine der Jungfräulichkeit kehrt nicht wieder. Junges
Gras und Laub, wie saftig grün und rein steht es da!
Die sich öffnende Blume, wie reizend, wie keusch und
unversehrt ist Blatt und Farbe! aber wenn ein böser
Thau gefallen, oder Frost über sie gekommen ist, oder
Raupenfraß sie betroffen hat, so ist Frische und Schönheit dahin, und nichts kann sie wieder geben.

———

Ich habe mehrfach Lebensgeschichten von Heiligen
gelesen. Wenn da angegeben wurde, welche Aeltern
sie gehabt haben, fand ich immer, daß gesagt wurde,
es seien ehrbare Leute gewesen, fromm, wohlthätig, geachtet ꝛc. Besonders oft werden die Mütter als
gottselige Frauen bezeichnet. So fällt der Apfel nicht
weit vom Stamme. Auch Joachim und Anna sind als

gottesfürchtige edle Charaktere bezeichnet. Wir lernen daraus, daß von der frommen Gemüthsart und Tugend der Aeltern insbesondere der Mütter gerne etwas — mehr und weniger — auf die Kinder über= geht. Aber freilich auch von der bösen Gemüthsart, von den Leidenschaften, von der Sünde gilt dieses. Es giebt außer und neben der allgemeinen Verschlim= merung des Menschen, der er vermöge der Erbsünde unterworfen ist, noch eine besondere, die sich gewöhn= lich auf jene fortpflanzt, die das Unglück haben, von verdorbenen Aeltern abzustammen. Darum, wer sich verehelichen will, und Nachkommen, und Freude in seinen Nachkommen wünscht, heilige sich selbst und verehelche sich im Herrn. Mag er es auch nicht um seiner selbst willen, so thue er es wenigstens seiner Kinder wegen und aus Liebe zu ihnen, daß sie nach Seele und Leib ein gesundes Erbtheil von ihm empfangen. Es ist eine Sache von schwerer Verantwortung und unberechenbaren Folgen, wenn man in den Ehestand tritt mit einem bösen Herzen und ungesundem Leibe. Ist es nicht genug, daß du selbst jenes und diesen hast, willst du davon auch auf Andere übertragen, und zwar auf die, welche du deine Kinder nennst? — Deine siechen Kinder, deine Kinder voll Leidenschaft und Un= gebühr sind vielleicht ein unvertilgbarer, vor deinen Augen wandelnder, und dich täglich neu verklagender Vorwurf.

3.

Mariä Geburt.

Die Schmach ist von Anna genommen. Freudig sieht sie der Stunde entgegen, wo der verheißene Sprößling daseyn wird!

Endlich ist er da. Schon liegt das holdselige Kindlein in ihren Armen. Es ist ein Mägdlein. Kaum sie es genug ansehen, genug liebkosen! Keine Bewegung der Augen, der Händchen oder Füßchen, kein Laut der Stimme bleibt von ihr unbemerkt, Alles ist lieb und eine Wonne. Freuen wir uns mit der Ueberglücklichen!

Aber es ist ein Mägdlein. Wie kann sich erfüllen, was der Mutter gesagt ist, daß nemlich ihr Sprößling die Bewunderung der Welt werden würde? — Gewiß begriff die Mutter nicht, wie das geschehen könne, aber sie glaubte es. Denn sie hatte an sich erfahren, daß der, welcher es ihr gesagt, Wahrheit rede. Was indeß die Mutter damals nicht begriff, liegt nunmehr in seiner glorreichen Erfüllung vor unsern Augen. Dieses eben zur Welt gekommene Mägdlein ist die jungfräuliche Mutter unseres Herrn und Heilandes. Und wir freuen uns ihrer Geburt und begehen diese festlich in unsern Kirchen, weil in und mit derselben jene

Gnadenvolle in das Daseyn eingetreten ist, von welcher
der Sohn Gottes, unser Erlöser und Seligmacher, Fleisch
und Blut annehmen wollte. Wie unaussprechlich er=
haben ist ihre Bestimmung, wie unendlich und in die
Ewigkeit dahinreichend das an diese Geburt geknüpfte
und uns durch sie vermittelte Heil! —

Sey uns darum gegrüßt, holdseliges Kind! Du bist
die Morgenröthe des Tages, welcher nach einer Nacht
von Jahrtausenden folgte; du bist der Morgenstern,
welcher der Welt die nahende Sonne verkündet. Und
wie das Aufgehen der Morgenröthe sanft und leise, und
wie das Wandeln des Morgensterns still und einsam,
so dein Kommen. Du zartes Mägdlein, wer ahnt in
dir die Große und Glückliche, die gepriesen werden wird
von allen Geschlechtern! Und doch bist du dieselbe. Wir
loben Gott und danken Ihm für die in dir vorbereitete
nahende Erlösung.

Anna fühlte sich (wie gesagt) unaussprechlich glück=
lich. Aber eben so und mit ihr Joachim. Sie hatten ein
Kind; es war das erste und einzige; sie hatten es nach
langer Kinderlosigkeit empfangen; und es sollte aus
demselben etwas Großes werden.

Schon das ist eine große Freude für Aeltern, ein
Kind zu empfangen, besonders wenn es das erste ist.
Die Mutter besonders, sie gedenkt ihrer Wehen nicht
mehr, denn es ist ein Mensch zur Welt geboren, es
ist Fleisch von ihrem Fleische, ihr Eigenthum, ihr
erstes und kostbarstes Besizthum. Wie beschaut sie es,
gleich der hl. Anna, wie liebkost sie es, wie pflegt
sie es! Ob es schlafe: sein Schlaf ist ihre Lust; ob

es wache: sein Wachen, sein Regen und Wegen ist ihre Lust. Bald wird es ihre Liebe verstehen; ihr Lächeln erwidern; seine Händchen nach ihr ausstrecken; freundlich in ihr Auge blicken, lallend mit ihr reden: welch eine Seligkeit! — Und ist die Mutter nicht nur Mutter, sondern eine fromme Mutter, so sieht sie überdieß in dem süßen Geschöpfe ein kostbares Geschenk der göttlichen Huld, ein ihr anvertrautes unsterbliches Gut, ein Besitzthum, das ihr nie verloren gehen soll, ein Glied und Eigenthum Christi, befähigt und berufen, Ihn zu erkennen, Ihn zu lieben, und dereinst zu seyn, wo Er ist.

Wie glücklich fühlest du dich also, o Mutter! und du besonders, du fromme Mutter! Wie gut ist der Herr! wie hat Er dich geliebt! Welche Freuden hat Er an die Fortpflanzung des menschlichen Geschlechtes geknüpft! Verstehe, wie er dir ein fühlend Mutterherz, und diesem Herzen solches Gut bereitet hat! — Liebe Ihn darum, lobpreise Ihn darum, danke Ihm darum, nimm dein Kind und hebe es empor vor Ihm und sprich: Vater, du hast mir dieses dein Geschöpf geschenkt — es ist mein, deine arme Magd ist reich; ich juble und danke dir. Du hast mir dieses dein Geschöpf geschenkt — es ist dein: deine Magd ist hochbegnadigt; ich heilige es dir, ich opfere es dir.

Und bist du allein eine glückliche Mutter? Sind es nicht noch Tausende um dich her? — Freue dich mit ihnen, und preise Gott auch um ihrer willen! —

Aber du hast ein Mägdlein empfangen, und hättest lieber ein Knäblein gehabt. Wohl! willst du vielleicht darum weniger dankbar seyn? — Doch, seitdem

ein Mägblein zur Mutter Gottes erhöht wurde, ist es
wenig, ein Mägblein zu haben? Und ist dessen Be=
ruf und Wirken in der Welt gering? — Wahrlich
nein! Die Würde einer Jungfrau und Mutter ist
groß und ihr Einfluß in der Welt unermeßlich. Möge
nur dein Mägblein eine fromme Jungfrau und christ=
liche Mutter werden! Nur daß es vor der Sünde be=
wahrt bleibe! Denn das Zarte kann den Frost nicht
ertragen und die Raupen suchen es auf. — Aber viel=
leicht hast du bereits Knaben, und hättest nun auch
ein Mägblein gewünscht. So ist des Menschen Herz:
es kann nicht lassen vom Wünschen. Aber wenn deine
Nachbarin von einem Freunde reich beschenkt wird, und
sie sagt: Das und Jenes hätte er mir wohl auch noch
geben können, oder: Das und Das wäre mir lieber
gewesen, denkst du nicht in deinem Herzen: das ist eine
unbescheidene und undankbare Seele? Wohlan, so hüte
dich, daß du nicht auch eine solche seyest! — Und dann,
weißt du auch, was du wünschest und ob es dir gut
wäre? — O, überlaß doch Alles dem Allweisen und
Allgütigen! —

Aber vielleicht ist dein Gatte unzufrieden, daß
er keinen Knaben empfangen hat: und dein Herz
ist darum bekümmert? Doch, wenn dein Gatte auch
nur ein wenig Verstand hat, so kann er nicht dir (der
unschuldigen) zürnen, sondern muß Gott anklagen.
Wer wird aber mit Gott rechten? Und wer mit Ihm
rechtet, gleicht dem Bettler, welcher über die empfangene
Gabe murrt: er war derselben nicht werth. Möge der
Geber nicht des Murrens gedenken!

Das Kindlein, welches die hl. Anna in ihren Armen hält, hat eine glorreiche Zukunft. Gewiß sinnt die glückliche Mutter, worin diese glorreiche Zukunft bestehen möchte. So liegt es dem Mutterherzen nahe. Auch du, o Weib! blickest nicht auf deinen Säugling ohne den Gedanken, was wohl aus dem Kinde werden, und welches Geschick dasselbe haben möge? Ach, vielleicht wird es fromm, tugendhaft, eine Freude und ein Segen der Welt, hochgeehrt und reich gesegnet seyn; vielleicht auch gottlos, von ausgelassenen Sitten, eine Geißel seiner Mitmenschen, arm, verachtet, gehaßt, der Hölle verfallen. So Verschiedenes, so Entgegengesetztes schläft in dem kleinen Wesen, das am Mutterherzen liegt. Das stimmt dich ernst. Ach, du weißt nicht, was aus dem Kinde werden wird, welches du mit Herzensfreude das deine nennst. O diese Freude, wie kann sie in Wehklagen verwandelt werden!

Blicke daher im Anschauen deines Säuglings oft zum Himmel empor, und sprich: Laß, o Vater, dieses Unmündige dir geweiht seyn! Bewahre es vor Verführung und Sünde! Heilige dasselbe in deiner Erkenntniß und Liebe! Laß es gut, brauchbar und glücklich werden auf Erden, und selig bei dir! —

Aber nun ist es an dir, du christliche Mutter, treu und eifrig mitzuwirken, daß dein Gebet in Erfüllung gehen könne. Es ist wenig, Kindern das Daseyn geben: das thut auch die schlechteste Mutter. Das Größere ist, die Vorhandenen erziehen. Ja, das Daseyn ist für die Geborenen und für die Welt ein Unsegen und Unglück, wenn nicht ein Gotteskind, sondern ein

Teufelsknecht zur Welt gekommen ist. Du fragst: was muß ich thun, daß mein Kind auf Erden gut, und glücklich, und dereinst selig werde? —

Ich antworte: Das Erste ist, daß du einen vollen Willen, ja eine Begeisterung habest, dein Kind, welches dir von Gott geschenkt ist, Gott zuzuführen. Wie magst du aber zu solcher Begeisterung kommen? — Der Weg ist einfach. Sobald du selbst Gott von ganzem Herzen liebest, und in dieser Liebe dich groß und glücklich fühlest, und weißt, daß man nur in dieser Liebe gut und glücklich und ewig selig werden kann, so willst du deinem Kinde, und zwar mit großer Angelegentlichkeit dieselbe Liebe einflößen, denn sie ist das Beste, was du ihm zu geben weißt. Deine Liebe lehrt dich, was du lehren sollst; deine Liebe gibt dir Interesse und Geschick zum lehren. Wenn dein Gatte, welchem du herzlich anhängst, lange abwesend ist, so hast du eine Art Leidenschaft, mit dem Kinde von seinem Vater zu reden, und ihm die Liebe desselben einzuflößen.

Mit der Begeisterung dann, womit du dein Kind Gott und seiner Bestimmung zuführen willst, ist schon die Hälfte der Erziehungsarbeit gethan. Itzt nämlich hast du jene Aufmerksamkeit auf Alles, was, wie dem Leibe, so der Seele des Kindes nützen und schaden kann, jene Aufopferung ohne Scheu vor Mühe und Sorge, und jene Ausdauer und Gleichmäßigkeit im Wirken, welche aller Begeisterung eigen, und welche bei aller fruchtbaren Erziehung die erste und unerläßliche Bedingung ist.

Sofort mußt du deine Aufmerksamkeit auf vier

2*

Punkte richten: daß nämlich dein Kind 1. Frömmig=
keit, daß es 2. Gehorsam, daß es 3. Ehrgefühl
und Schaamhaftigkeit, endlich 4. daß es Arbeit=
samkeit und Selbstverläugnung lerne und habe.
Auf diesen vier Punkten beruht alle gesunde Erziehung,
und Tugend und Werth deines Kindes.

Damit du dein Kind fromm machest, habe nicht
Sorge, wie du das angeben mögest. Ein Kind ist in
der Regel fromm von Natur, so, daß du nur seine
natürliche Frömmigkeit zu pflegen brauchst. Rede da=
her, wie ja schon deine eigene Frömmigkeit dich treibt,
mit deinem Kinde gern und oft von Gott und seinen
Werken. Wie leicht ist das! Alles ja, was dich um=
gibt, Alles, was du mit deinen fünf Sinnen wahr=
nimmst, ist Werk Gottes. Du selbst bist es, mit deiner
Mutterliebe, du selbst bist es, mit Allem, was du kannst
und thust. Dein Kind ist es, mit allen seinen Sinnen
und Gliedmassen, mit allen seinen Fähigkeiten, Gütern
und Genüssen. Und die Menschen um dich her sind
es, mit Allem, was sie Gutes thun, rathen und helfen.
Und die Welt, die dich umgibt, ist es, reich an Thie=
ren und Pflanzen, reich an Gütern und Herrlichkeit,
reich an Schönheit und Nutzen. Wenn nun das Alles
vom Größten bis zum Kleinsten und vom Herrlichsten
und Besten bis zum Geringsten Werk Gottes ist, wie
unendlich Vieles ist dir gegeben, und vor deine und
deines Kindes Augen hingelegt, was dir täglich, ja
stündlich Stoff gibt, von Gott zu reden, und von seiner
Macht, Weisheit und Liebe! Benütze es nur. Du ver=
schaffst deinem Kinde damit einen doppelten Vortheil:

du machst dasselbe mit Allem, was es hat und ist, und mit Allem, was es um sich her sieht, bekannt, und machst es zugleich fromm. Indem du seine Frömmigkeit pflegst, weckest und bildest du zugleich seine Verständigkeit. Ich wiederhole: Benüze es nur! Sei nicht stumm, aber auch nicht albern. Die stumme Mutter läßt ihr Kind unentwickelt; die alberne redet mit demselben tausend Dinge, aber lauter kindische und abgeschmackte, und macht es kindisch und einfältig. Rede du viel, aber rede zugleich verständig. Rede also von den tausend und tausend Dingen, die dich und dein Kind überall umgeben, und die Gott gemacht, und so liebend und weise eingerichtet hat. Auf diese Weise wird dein Kind fromm werden, und verständig zugleich. Dir zwar sind alle diese Dinge alltäglich; was wirst du immer von ihnen reden? Doch, nicht so deinem Kinde. Ihm ist alles neu, alles interessant, alles Gegenstand seines Nachdenkens, alles Weckung und Befriedigung seiner angeborenen Wißbegierde und Frömmigkeit.

Dann und weiter rede, wie schon deine eigene christliche Frömmigkeit dich treibt, mit deinem Kinde gern und oft von dem Sohne Gottes, unserm Herrn und Heiland. Auch hier, welch reicher Stoff! Angefangen vom hl. Kinde in der Krippe bis zur Auffahrt gen Himmel, welche Menge von Begebenheiten, Reden, Handlungen und Erduldungen! Nimm die biblische Geschichte, und erzähle daraus! Laß dein Kind wieder erzählen! Sprich mit demselben über das Erzählte. Bringe ihm, wenn du kannst, die Handlung oder Begebenheit in Abbildungen zur Anschauung. Dein Wort wird dem Herzen des Kindes wohlthun; der Inhalt hat für dasselbe etwas Heimisches; es wird noch mehr wissen wollen und dich fragen; seine Phantasie wird angenehm und wohlthätig angesprochen seyn, sein Herz wird warm werden, und seinen Herrn und Gott still innerlich verehren und lieben.

Soll dein Kind fromm werden, so mußt du weiter mit demselben Handlungen der Frömmigkeit vornehmen; du mußt mit ihm bethen, und es dabei zu einer bethenden Stellung anhalten. Am besten, wenn du diese Stellung selbst beobachtest. Du mußt mit ihm bethen am Morgen. Wenn du eine andere Zeit nicht hast, thue es während dem Ankleiden. Du mußt es zum Mitbethen anhalten beim Tischgebethe und anderen häuslichen gemeinsamen Gebethen. Du mußt mit ihm bethen vor dem Schlafengehen, oder wenn du gehindert bist, mußt du ihm das Nachtgebeth zu verrichten auftragen. Und es muß dieses Gebeth laut verrichten, damit du es hörest. Du mußt es aber nicht zu langen Andachten anhalten, denn nie darf ihm das Gebeth lange Weile verursachen und eine Widerlichkeit werden, sonst leitest du dasselbe statt zur Frömmigkeit zum geraden Gegentheil. Lehre dein Kind die gewöhnlichen Gebetsformeln, besonders das Vater unser! Wenn dein Kind sie auch mehr oder weniger blos mechanisch spricht, so denkt es doch immerhin an Gott, und widmet ihm darin seine Ehrfurcht und Liebe. Aber erkläre deinem Kinde auch die Gebethsworte. Es ist z. B. im „Vater unser" keine Bitte, die nicht schon für das Kind einen wichtigen Inhalt hätte, ihm erklärt und ans Herz gelegt, und von ihm mit Verstand und Empfindung gebethet werden könnte, und barum auch gebethet werden soll.

Wie aber, o Mutter, wenn du selbst nicht bethen magst, wenn in deinem Hause nicht gebethet wird — weder am Morgen, noch bei Tisch, noch beim Glockenzeichen, noch beim Schlafengehen, weder heute noch morgen, weder an hohen noch gemeinen Tagen? Wie, wenn dein Kind ob dem und diesem belobt, von Schmeichlern wohl gar bewundert wird, aber vielleicht mit sechs Jahren noch das Vaterunser nicht kann? — Siehe, eine Christin bist du nicht. Denn wärest du es auch nur halb, so würdest du dem Herrn die Erstblüthen nicht zurückhalten, die dein Kind ihm bringen wollte, und du würdest dein Kind nicht schon zu einer Zeit verweltlichen lassen, wo es noch so ganz dem Himmel gehören könnte.

Das Zweite, was dein Kind haben muß, ist Gehorsam. Der Gehorsam ist für dein Kind unendlicher Gewinn, weil Sieg über sein Fleisch, d. h. über das unordentliche Gelüsten seiner Sinnlichkeit und Eigenmächtigkeit. Der Gehorsam ist für dein Kind unendlicher Gewinn, weil zugleich Erstarkung und Stärke seiner eigenen das böse Gelüsten niederhaltenden Kraft. Der Gehorsam macht das Kind zum Menschen, denn ein Kind ist in dem Maße kein Mensch, sondern ein seinen Einfällen und Gelüsten unterworfenes Thier, als es nicht gehorsam ist. — Aber noch mehr: Der Gehorsam des Kindes gegen seine Aeltern

schließt schon jene Achtung vor Gott Gesez und Obrig=
keit in sich, welche die Grundlage und Bedingung ist
der Religion des Staates und der Familie. Dein
Kind wird später in dem Maße religiös, und ein treuer
Bürger, und ein gutes Familienglied seyn, in welchem
es izt gehorsam ist. Die Beherrschung des Eigen=
willens der Herrschsucht und Gewaltthätigkeit,
welche im Gehorsam liegt, erbaut Staat und Familie.

Aber im Gehorsam des Kindes liegt außerdem eine
Reihe der schönsten tugendlichen Eigenschaften einge=
schlossen: so namentlich Gutmüthigkeit, Demuth, Freund=
lichkeit, Friedfertigkeit, Wohlwollen rc. Wer das Kind
zum Gehorsam erzieht, pflegt diese Tugenden in ihm.
Ein ungehorsames Kind ist nie ein freundliches de=
müthiges und liebevolles, eben weil es sein eigenwilli=
ges, störrisches, grobes und gewaltthätiges Wesen nicht
überwunden hat.

Wenn darum der Gehorsam von so unendlicher
Wichtigkeit ist, was wirst du thun? — Du wirst dein
Kind zum Gehorsame anhalten. Aber wann? —
Vielleicht sagst du, wenn es nur erst den Verstand hat.
Dann kann es das Gute und Böse unterscheiden, und
wird sich mir und dem Gebote unterwerfen, weil es einsieht,
daß es so recht und gut ist. — Also willst du erst den
Eigenwillen deines Kindes, und alles Gelüsten seiner schlim=
men Natur groß und stark werden lassen, eh du weh=
rest und zügelst? Also denkst du den jungen bereits
erstarkten Stamm beugen zu wollen, indeß du das
zarte Pflänzchen zu biegen noch für unnöthig und
allzu früh erachtetest. Nicht doch. Izt beuge das

Stämmchen und gib ihm die rechte Richtung, wo es verhältnißmäßig noch so leicht geht.

Aber vielleicht ist dein Kind ein gar so gutes und liebes Kind: es hat nur Tugenden, und du besizest an ihm einen wahren Engel. Was brauchst du ihm durch Lehr und Wehr lästig zu fallen? — Ich erwidere: Bedenke doch, wenn du nicht etwa eine Mutter bist mit unbeherrschten Leidenschaften und ungebeugtem Sinn, wenn du vielmehr eine fromme, innerlich freie und tugend= liche Mutter bist, wie viel du in deinem Leben schon zu kämpfen hattest mit unordentlichen Regungen, Empfin= dungen und Gelüsten: denn in deinem Fleische ist ein Gesez, welches dem Geseze des Geistes widerstreitet. Nun siehe, dieses widerspenstige Gesez ist in dieser oder einer anderen Gestalt auch in deinem Kinde. Dein Kind ist kein Engel. Zweifle nicht! Es muß darum dieses widerspenstige Gesez einmal überwunden, und das Gesez des Geistes herrschend werden — izt oder später. Aber warum nicht izt?

Willst du daher dein Kind, und zwar von früh an zum Gehorsam erziehen, wie mußt du es angehen? — Kinder sollen selbstständige Personen werden, mit der eigenen ihnen anerschaffenen Individualität. Daher ihre ewige Rührigkeit, ihr Widerstand gegen Alles, was ihnen unbehaglich, ihr Trieb zum Selbst= gehen, Selbstessen, Selbstschaffen 2c., und die eigene Weise, die Jedes hat. Hindere nicht das Gebahren ihres Selbstständigkeitstriebes, auch wolle nicht ihr be= sonderes Temperament unterdrücken. Aber in dem, worin ihr Selbstständigkeitstrieb hervortritt, findet sich

doch auch schon Hartnäckiges, Unbeugsames und Ge=
waltthätiges. Schon das Kind, das noch weit kein
Jahr alt ist, hat bereits mitunter seine Gewalttthätig=
keit, auf der es schreiend beharrt, bis es seinen Willen
durchgesezt. Hier schon gilt es, ihm zu widerstehen,
und seinen blinden Willen unter den vernünftigen Wil=
len der Mutter zu beugen. Nur dem kleinen Tirannen
nicht schwächlich dienstbar seyn! — Hat nun aber das
kleinste Kind schon seine Gewalttthätigkeit, um wie viel
mehr das größer gewordene. Da zeigt sich schon un=
gestümes Schreien, schreiendes Widerstreben, Kopfhän=
gen, Trozen 2c. Es zeigt sich um so gewisser, je mehr
du dem einjährigen Kinde nachgegeben hast. Aber nun
ist es höchste Zeit, dir nichts abschreien oder abtrozen
zu lassen. Umgekehrt: greife nach der Ruthe und spare
sie nicht.

Wenn du das Gebahren des Selbstständigkeitstriebes
nicht hindern, und im allgemeinen blos dem Eigensinn
und der Gewalttthätigkeit darin wehren sollst, so
mußt du das Kind im Gehorsam doch auch oft da üben,
wo Ungebührendes in seinem Treiben nicht ist. Es muß
sein Jagen, Rennen, Spielen, Klettern 2c. aufgeben
auf der Stelle, da du es befiehlst, weil du es befiehlst.
Du bist sein Gesez: es liegt Alles daran, daß es
seinen Willen dem Geseze unterwerfe. Laß nicht
zögern, laß nicht mit dir markten! Dadurch er=
schwerst du nur dir und dem Kinde die Sache. Am
Ende mußt du ja doch mit Ernst kommen. Unendlich
besser, wenn dein Kind verlernt hat, zu wissen, daß
man auch nicht folgen könnte.

Das jugendliche, lebenslustige, selbst muthwillige Gebahren des Kindes ist (wie gesagt) im allgemeinen nicht zu hindern; aber es mischt sich (wie oben bemerkt) überall auch Solches ein, was innerlich und ewig unstatthaft ist. So, außer dem schon Bemerkten, Unfreundlichkeit, Unwahrhaftigkeit, Neid, Ausgelassenheit, Uebervortheilung, Unschaamhaftigkeit, Rohheit und Grobheit ꝛc. Die nimm wahr, dieser wehre! Der harmlose Ausbruch überfließender Lebenskraft und Lebenslust kann beschweren, aber er hat nichts Strafbares. Dagegen die angegebenen Gebrechen, welche sich von frühester Zeit an, besonders beim Spiele wahrnehmen lassen, seyen der eigentliche und dringendste Gegenstand deiner Zügelung. Leider, daß oft Mütter mehr darauf sehen, daß ihre Kinder vor der Welt artig erscheinen, als darauf, daß sie innerlich gut seyen.

Wie aber, wenn dein Kind nicht folgen will? — Vielleicht machst du ihm Versprechungen: es soll das und dieß erhalten, wenn es brav ist. Ich will Verheißungen nicht überhaupt verwerfen; sie mögen auch beihelfen, den schwachen Willen des Kindes zu unterstützen. Aber einen eigentlichen Gehorsam, eine Ueberwindung des Eigenwillens, eine Unterwerfung unter das Gesetz erzielest du damit nicht. Das Kind, welches durch süße Versprechungen zum Gehorsam vermocht worden ist, hat nichts weniger, als seinen Willen gebrochen und denselben unterworfen, es hat ihn vielmehr behalten, es hat ihn standhaft dir entgegen gesetzt, und wenn es endlich deinen Willen gethan hat, so hat es nur gut gefunden, ein anderes eben so reizendes

ober noch reizenberes Gut für das anzunehmen, welches
du ihm versagt haft. Aber gethan hat es in Wahrheit
nicht deinen, sondern feinen Willen. Was es be-
gehrte, mußte ihm werden, oder ein Erfaz. Immerhin geschah fein Wille.

Ich wiederhole die Frage: Wie? Wenn das
Kind nicht folgt? — Den Ungehorsam mußt du
strafen: unnachsichtlich, allezeit und nach Verhältniß der Schuld. Bedenke: Du bist Vertreterin
der göttlichen Strafgerechtigkeit an deinem Orte. Dein
Kind muß die Sünde als etwas, das nie der Züchti-
gung entgeht, fürchten lernen. Wäre wohl so viel
Leichtsinn im Sündigen in der Welt, wenn man von
frühester Kindheit an die Strafe unnachsichtlich
hätte folgen sehen auf seinen Ungehorsam? — Und
bedenke: Dein Kind wird von allerlei bösen Gelüsten
gelockt. Wie soll es da widerstehen, wenn nicht die
Furcht vor der Strafe seinem besseren Willen zu Hilfe
kommt? Strafest du daher dasselbe gar nicht, oder gering, oder zuweilen nur, so entziehest du feinem besseren
Wollen Sporn und Stütze, und verschuldest seinen Ungehorsam.

Den Ungehorsam mußt du strafen, und zwar von
seinem ersten Erscheinen an. Sag' nicht: es wird
mit dem Bravseyn schon gehen, wenn das Kind älter
ist und den Verstand hat. Ich sage, es wird nicht
gehen. Später kommt wohl der Verstand, aber blos
um zu beschönigen, was man Unrechtes thut. Später
kommt wohl der Verstand, aber der Verstand, wenn
er auch das Strafbare erkennt, hebt die Macht der

Gelüſte nicht auf, die man bis dahin hat gewähren
laſſen. O, wer früh ſtraft, erſpart ſich neun Zehn-
theile ſpäterer Strafe. Das Gutſeyn iſt zunächſt Sache
der Eingewöhnung, dann erſt Sache des Verſtan-
des und ſittlichen Grundſazes.

Du ſiehſt das ein und möchteſt ſtrafen, aber du
biſt ſo weich, dein Kind ſo lieb. Wohl. Doch wenn
dein Kind ſo lieb, vergiß nicht, die Strafe iſt Liebe.
Schäme dich der Weichlichkeit, welche nicht die Kraft
hat, Liebe zu üben, wo dieſe ein Opfer fordert. Sey
es, daß es deinem Herzen weh thue; dieſe herbe Empfindung iſt das Opfer, das du bringen mußt, um an
deinem fehlenden Kinde Liebe zu üben. Scheueſt du
dieſes Opfer, ſo biſt du eine harte Mutter. Du biſt
es gegen das Kind, weil du deſſen Sünde trägſt und
wachſen laſſeſt, und biſt es gegen dich ſelbſt, denn unendlich weh wird deinem Herzen einſt das ungerathene
Kind thun, das vielleicht noch überdieß deiner unſeligen
Nachſicht fluchen wird. Biſt du ſelbſt allzu ſchwach, ſo
rufe wenigſtens den Vater zu Hilfe.

Vielleicht fürchteſt du, dein Kind zürne dir, wenn
du es geſtraft; und nun eileſt du, daſſelbe durch Schön-
thun wieder zu gewinnen. Gut. Das iſt die beſte
Art, dem Kinde das Gefühl beizubringen, daß du
unrecht gethan. So wirſt du, ſtatt Gehorſam, ſtör-
riſchen Sinn gepflanzt haben. Dein Kind wird beleidigt ſeyn, oder doch den Beleidigten ſpielen, wohl
wiſſend, daß du kommen, ihm ſchön thun, und ſo dein
verübtes Unrecht gut machen wirſt. So eile denn, und
gieb dem Trutzkopfe gute Worte, und nähre und pflege

ihn. O du schwache Mutter! — In Wahrheit aber
erbittert die gerechte wenn auch sehr herbe Strafe
nie. So viel Schuldgefühl ist von Natur im
Kinde, daß es die Strafe als etwas Verdientes hin=
nimmt, und, wenn es halbweg nur ein Herz hat, darob
betrübt ist, daß es seine Aeltern beleidigt hat. Das
halbweg gute Kind wird der erzürnten Mutter schüch=
tern nahen, und wenn es ihrem verzeihenden Blicke be=
gegnet, sich glücklich fühlen.

Die gerechte Strafe erbittert nicht. Aber das er=
bittert, wenn du heute strafest und morgen nicht strafest,
denn izt erscheint die Strafe als Willkühr. Und das
erbittert, wenn du im aufgeregten Zustande drein schlägst,
im ruhigen Zustande gelind verfährst; denn izt erscheint
die Strafe als Sache der Laune und Aufgeregt=
heit. Und das erbittert, wenn du Fehler aus Ver=
sehen oder Unüberlegtheit wie Boßheitssünden
behandelst; denn izt wird die Strafe unverdient und
ungerecht. Siehe, das erbittert.

Das Dritte, was du in deinem Kinde pflegen
mußt, ist Ehrgefühl und Schaamhaftigkeit. Der
Mensch ist Gottes Ebenbild und hat eine hohe Würde.
Das Ehrgefühl und die Schaam sind das Innewerden
dieser anerschaffenen Hoheit, und beide sind dazu in die
Natur des Menschen gelegt, daß der Mensch, das Hohe
und Heilige seines Wesens fühlend, mit natürlichem
Abscheu sich gegen alles Entwürdigende erhebe. So
weit daher Ehrgefühl und Schaam im Menschen ent=
wickelt sind, so weit ist das Gottverwandte in der
Menschennatur zum Selbstbewußtsein erwacht.

Und so lang Ehrgefühl und Schaam bewahrt werden, so lang ist Selbstentwürdigung durch Schlechtigkeiten unmöglich. Wo dagegen Ehrgefühl und Schaam unentwickelt oder irregeleitet sind, fehlt dem Menschen die Entwickelung und das Bewußtsein seiner höheren Natur, es fehlt ihm der Maßstab und Sporn edler Strebungen und Werke, und er ist ohne den inwohnenden Hüter der hl. Zucht und ohne die anerschaffene Wehr gegen das Gelüsten der niederen Natur. So mußt du also die Entwickelung und Pflege des Ehrgefühles und der Schaam als eine große hochwichtige Mutterpflicht ansehen.

Allein wie wirst du diese Pflicht erfüllen, wie wirst du es angehen? — Du mußt dein Kind loben und ihm dein Wohlgefallen ausdrücken, aber allein wegen seinem braven Betragen. Lege nicht Werth vor ihm auf seine Schönheit, auf seine Kleider, auf den Stand und Reichthum seiner Aeltern ꝛc. Durch Solches leitest du seinen Ehrtrieb irre und lehrest es, seinen Werth setzen in zufällige und zweideutige Dinge. Dein Kind wird sich um seiner äußeren Stellung und Glücksgüter willen bereden, etwas zu sein, da es doch nichts ist, und wird Jenes zurückstellen, wodurch es allein ehrenwerth dastünde. — Du mußt weiter dein Kind tadeln und ihm Mißachtung und Unwillen ausdrücken, aber allein wegen entehrendem Verhalten. Belege das Lügen mit Abscheu und behandle dasselbe als etwas Häßliches und Beschimpfendes; ebenso Betrug, Hinterlist, Falschheit; deßgleichen den Bruch von Versprechen, die Faulheit, und Gleichgültig-

keit gegen Lob und Tadel. — Du mußt ferner dein
Kind, damit es sich fühle, vor ihm selbst und vor der
Welt in Ehren halten. Du darfst es nicht zulassen,
daß es ungekämmt, ungewaschen, in schmuzigen oder
zerlumpten Kleidern einhergehe oder gar in solchem
Zustande außer dem Haus erscheine. Wie arm du
auch seyest, das kannst du machen. Je mehr dir und
deinem Kinde jenes Ansehen, welches Stand und Reich=
thum geben, fehlt, desto mehr mußt du auf jene Würde
halten, die dir und deinem Kinde angeboren und durch
Christus zu Theil geworden ist. — Laß auch, wenn
du etwa eine gar arme Mutter wärst, dein Kind nicht
betteln, noch weniger sende es zum Betteln aus.
Das ertödtet sein Selbstgefühl. Ueberwältigt dich die
Noth, so gehe du selbst und sprich die Milde deiner
Brüder an. Dich verunehrt das nicht, aber der Sinn
deines Kindes wird durch den Bettel niedrig, und die
Gemeinheit wächst in ihm leichtlich zum Character
heran. — Weiter mußt du in Gegenwart deines Kin=
des für und für über Andere urtheilen nach ihrem
sittlichen Werthe. Du mußt vor seinen Ohren und
Augen den vornehmen und reichen Mann, wenn er
sündhaft ist, mißachten und tadeln, und darfst nicht
Bücklinge vor ihm machen, und mußt den armen aber
fleißigen und rechtschaffenen Bürger und Taglöhner
achten und ehren und darfst nicht vornehm auf ihn
herabsehen. So bildest du das Ehrgefühl und sittliche
Urtheil deines Kindes. — Auch mußt du dein Kind
lehren, den Beifall der Würdigen zu suchen, den Hohn
aber, die Mißachtung und das Gelächter der Sünder

zu verachten. Wie viele junge Leute machen die Sünde mit, blos weil sie nicht gelernt haben, der Tugend, troz der Verhöhnung ihrer Gespielen, treu zu seyn und ihrem Spotte Verachtung entgegen zu sezen!

Was sodann die Schaamhaftigkeit betrifft, so mußt du mit ihrer Pflege gleichfalls sehr früh anfangen. Halte dein Kind, schon ehe es lallen kann, seitwärts, wenn es sein natürliches Bedürfniß verrichtet. Gieb nicht zu, daß dasselbe, wenn es einmal auf eigenen Füßen stehen kann, diese Verrichtungen vornehme vor Andern: es müsse im Verborgenen geschehen! Dulde nicht, daß dein Kind beim Aufstehen, An = oder Auskleiden nackt vor dir oder Andern dastehe, immer muß dasselbe wenigstens seine Schaamtheile bedeckt halten. Nimm es mißfällig auf, wenn dein Kind sich muthwillig entblößt, verweise es ihm streng und laß es bei Wiederholungen nicht ungestraft.

Wenn dasselbe zufällig Lagen oder Stellungen einnimmt, die nicht schaamhaft sind, so table und bessere es unverzüglich. Du brauchst überall keine Gründe anzugeben, ein dunkles Gefühl des Kindes rechtfertigt dich, und an der Gewöhnung erstarkt dieses Gefühl. Wo etwas Schaamwidriges gethan wird vor den Augen deines Kindes, so rede davon mit Unwillen, heiße es seinen Blick mit Verachtung abwenden und entschuldige das Geschehene oder Geschehende mit dem Mangel an empfangener Lehre und Zucht, beklagend die Rohheit und Schaamlosigkeit der Betreffenden. Bewache dein Kind, daß seine Schaamhaftigkeit nicht durch schlechte oder leichtsinnige Dienstbothen leide. Entferne den Anblick anstoßerregender Thiere. Laß dein Kind nicht in Gesellschaft und unbewacht zum Baden gehen 2c. Vor Allem aber sey du selbst ein Muster keuscher Schaam. Geh du selbst nicht halb gekleidet vor deinen Kindern umher, thue du selbst im Verborgenen, was nicht vor Anderen geschehen soll, am wenigsten thue oder gestatte vor den Augen auch der Kleinsten, was in das Gebiet des Gattenverhältnisses gehört. Hüte dich vor dem Wahne, daß Kinder das und dieß nicht merken oder verstehen. Alles merken sie, und was sie nicht verstehen, fühlen sie, und was sie nicht verstehen heute, werden sie zu ihrem Verderben verstehen nach= her. Sage auch nicht: die Unmündigen sind wie un= sere Stammältern im Paradiese, wenn auch nackt, so doch harmlos und unschuldig. Ach, es ist nicht genug, daß sie bei ihrer Nacktheit nicht fleischliche Em= pfindungen haben; sie sollen durch ihre Bedeckt= heit schaamhafte Empfindungen erhalten. Und dann ist es nicht wahr, daß sie harmlos sind, wie un= sere Stammältern im Paradiese. Das Thierische säumt nicht, sich zu regen, und der lose Muthwille giebt bald kund, daß der erbsündliche Zustand kein Stand der Unschuld ist. Gestehen wir daher die Pflicht, von früh an die in der Menschenseele wohnende, von Gott ge= gebene, vom Himmel stammende Jungfräulichkeit zu wecken und groß zu ziehen. Geschieht es nicht von Anbeginn, so geschieht es nimmer. Und geschieht es nicht, so ist das Kind, der Jüngling, die Jungfrau, der Mann, das Weib ihrer eigentlichen und innersten Heiligung verlustig gegangen, und es folgt entweder

die Unfchaambaftigkeit in Empfindung, Wort und Wan=
del, oder es fehlt der Seele wenigſtens jener ganz ei=
gene unausſprechliche Adel und Liebreiz, welcher der
Jungfräulichkeit eigen iſt.

Das Vierte endlich, wozu du dein Kind anhalten
und gewöhnen mußt, iſt Arbeitfamkeit und Ent=
haltfamkeit. — Wirken und dulden — in den
zwei Worten liegt fein ganzer Lebensberuf. Dein Kind
muß in der Folge fein Brod effen im Schweiße feines
Angeſichtes. Wer nicht wirkt, iſt ein faules und ver=
ächtliches Glied der Gefellſchaft. Du mußt dein Kind
alfo zur Arbeüfamkeit erziehen. Das iſt das Erſte.
Und dein Kind muß in der Folge viele Widerwärtigkei=
ten dulden, heftige Triebe niederhalten, liebe Neigungen
opfern, werthvolle Güter entbehren und neidlos Glück=
lichere neben ſich fehen. Du mußt daffelbe alfo früh
gewöhnen, zu laffen zu miſſen zu tragen zu entfagen
u. f. w. Das iſt das Zweite. Und zwar iſt dieſes
Zweite eine Kunſt, die man zu lernen nicht früh genug
anfangen kann, und in der man nie auslernt.

Aber wie wirſt du es anfangen, daß dein Kind die
beiden Stücke lerne? — Die erſte Arbeit des Kin=
des iſt fein Spiel. In feinem Spiele empfängt feine
leibliche und geiſtige Kraft ihre erſte Entwickelung. Laß
es darum in feiner ruhelofen Geſchäftigkeit handthieren.
Aber das Leben iſt nicht Spiel, die Kraft des Menfchen
muß ſich fixieren und eine Aufgabe löfen. Halte darum
ſchon früh dein Kind an, nicht blos nach Laune zu ſpie=
len, fondern ein beſtimmtes Geſchäft zu thun und bei
demfelben auszudauern. Genug, wenn's im Anfang

auch nur eine Viertel- oder halbe Stunde ist. Später
kommt der Schulbesuch, und die Arbeit des Kindes ist
izt das Lernen. Halte streng darauf, daß die Schul-
aufgaben vollständig und mit Fleiß ausgearbeitet werden. Mache schon jezt den Grundsaz geltend: „Wer
nicht arbeitet, soll auch nicht essen, und noch weniger
Spiel und Vergnügen haben." — Auffer dem Lernen in der Schule und für die Schule giebt es aber
um diese Zeit schon manches Geschäft in Haus und
Feld, was dem Knaben, besonders aber dem Mädchen
gegeben werden kann. Uebersieh das nicht. Besonders
wenn du höherem Stande angehörst, lege den Irrthum
ab, als seyen die höheren Stände da für Essen und
Trinken, Puz, Spiel und Langeweile. Das Hinheften der Aufmerksamkeit auf eine Arbeit, das Ausdauern
bei derselben ist für jeden Menschen ohne Ausnahme nicht nur heilsam, sondern unerläßlich. Dasselbe ist Beherrschung der Laune, der Genußsucht,
der Weichlichkeit und ausschweifenden Phantasie.
Von dieser Beherrschung kannst du daher weder dich
selbst, noch willst du dein Kind frei machen. Es
handelt sich dabei gar nicht zunächst um ein Er-
arbeiten irdischen Gewinnes, sondern eben um
Beherrschung der Laune, der Genußsucht, der
Weichlichkeit, der Trägheit und ausschweifenden Phantasie.

Was sodann die Enthaltsamkeit betrifft, so übest
du diese, so oft du deinem lebhaften Kinde Ruhe ge-
bietest. Du thust das oft wegen Fremden, die da sind,
oder auch wegen dir selbst, um unbelästigt zu seyn.

Aber nun muß auch Ruhe seyn, nicht blos, damit du
Ruhe habest, vielmehr, daß das Kind sich beherrschen
lerne. — Du übest die Enthaltsamkeit, so oft du
einen Wunsch, eine Bitte abschlägst. Du thust das oft,
denn wie Vieles will ein Kind! Aber nun laß dir die
abschlägige Antwort nicht weh thun. Du durftest nicht
gewähren, und außerdem muß das Kind ja lernen zu
entbehren. — Du thust es, so oft du dein Kind von
Spiel und Müssiggang zur Arbeit rufst und bei der
Arbeit festhältst. Aber du mußt Folgsamkeit fordern
und dich um ein trübes Gesicht nichts kümmern. Das
eben übt seine Enthaltsamkeit, daß es gegen sein Gelüsten vom Spiele läßt und bei der Arbeit aushält. —
Du thust es, wenn du dein Kind aufforderst, sich das
oder dieß freiwillig zu versagen, oder das und dieß
freiwillig auf sich zu nehmen, z. B. statt zum Spiel
in die Kirche zu gehen, statt alles Vorgesezte zu
essen, etwas zurückzulegen, statt eine Luxusausgabe zu
machen, das Geld einem Armen zu schenken. Aber es
muß freiwillig seyn, keine Heuchelei! — Du thust es,
wenn du dein Kind anhältst, frischweg aufzustehen, sich
kalt zu waschen, rasch anzukleiden, Wind und Wetter
nicht zu scheuen. Dein Kind muß einen Stolz darein
sezen, etwas aushalten zu können und nicht weichlich zu
seyn. — Du thust es, so oft du einem der Geschwister
etwas giebst, schenkst, kaufst rc. Der Neid regt sich;
das Kind ist unzufrieden. Wohl sollst du Alle gleich
halten, aber doch dürfe kein Auge scheel seyn, weil du
gut bist. Dein Kind muß sich gewöhnen, nicht Alles
zu haben, und nicht Alles so gut zu haben, als Andere:

es muß entbehren lernen, und zufrieden seyn auch mit dem Geringeren. — Du thust es, wenn du deinem Kinde von den Leiden, Entsagungen und Entbehrungen Jesu Christi, seiner hl. Mutter, der hl. Apostel und der Heiligen der Kirche erzählest, und das Leben dieser gro= ßen Seelen im Gegensaze mit dem Leben deren darstellst, deren Gott der Bauch ist. Solche Vorbilder erheben und sind ein Sauerteig, der still im Herzen des Kindes gährt. — Du thust es, indem du schon izt dein Kind auf die Mühen seiner Zukunft und auf die Menge der Entbehrungen und Lasten hinweisest, die es zu tragen haben wird. Bist du nicht selbst vielgeplagt? Waren und sind es nicht Millionen Anderer, die gelebt haben, leben und leben werden? Auch dein Kind wird es nicht besser haben. Aber es werde vorbereitet darauf und erwarte nicht eine Ausnahme von dem schweren Geseze, das allgemein auf Evas Kindern liegt.

———

4.

Mariä Jugend.

Das ausserordentliche Kind wird sich auch in ausserordentlicher Weise entwickeln. Die alte Schrift, von
welcher schon die Rede gewesen, erzählt, wie folgt:
Mit drei Jahren brachten die Aeltern das Kind (wie
sie es gelobet hatten) zum Tempel, damit es daselbst
bleibe und erzogen würde. Schon war dasselbe so erstarkt, daß es wie eine erwachsene Person ohne Hilfe
die hohen Stufen zum Tempel hinanstieg; auch geistig
war dasselbe bereits so entwickelt, insbesondere so aus-
dauernd im Gebethe, daß es nicht ein Kind, sondern
volljährig zu seyn schien. Alles Volk erstaunte über
dasselbe. Ueber seinen Aufenthalt im Tempel heißt es
sodann in derselben Schrift: Von früh bis Morgens
neun Uhr lag Maria dem Gebethe ob, von da bis
Nachmittags drei Uhr beschäftigte sie sich mit Weben,
von drei Uhr an widmete sie sich wieder dem Gebethe,
bis ein Engel des Herrn erschien und ihr Speise
brachte; wogegen sie jene Speise, die sie vom Tempel
empfing, den Armen schenkte. Sie wurde in Allem,
was einem Jungfräulein wohl ansteht, unterrichtet,
stand aber keiner der ältern Jungfrauen nach im from-

men Wachen, in Kenntniß des göttlichen Gesezes, in
der Demuth, in der Liebe, in dem hl. Gesange, in
der jungfräulichen Keuschheit, oder in irgend einer Tu=
gend. Niemand hörte sie je Scheltworte aussprechen,
Niemand sah sie je zornig. Gebeth, Lesung und Er=
forschung der hl. Schrift war ihre angenehmste Be=
schäftigung. Auf ihre Gespielen war sie aufmerksam,
daß keine im Reden sündige, ein lautes unjungfräuliches
Gelächter aufschlage, oder Unziemliches wider ihre Ael=
tern rede. Ohne Unterlaß pries sie Gott, und den an
sie gerichteten Gruß erwiderte sie mit: Dank Gott!
womit sie dem Spruche: Deo gratias seine Entstehung
gegeben habe. Oft sah man Engel mit ihr reden und
mit zarter Aufmerksamkeit ihr dienen.

Man wird das, was hier von Maria erzählt wird,
als etwas ansehen, was jedenfalls eben an ihr — der
Einzigen ihres Geschlechtes, gefunden worden;
und in der That ist gewiß Vieles davon einzig: dennoch
ist die Hauptsache der Art, daß sie an jeder christ=
lichen Jungfrau gefunden werden soll. Es wird
nicht schwer seyn, dieses nachzuweisen.

1) Es wurde gesagt, wie Maria von früh bis neun
Uhr dem Gebethe obgelegen habe, eben so Abends,
und daß das Lob Gottes beständig in ihrem Munde
gewesen sey. Das ist aber in der Hauptsache bei
jeder tief christlichen Jungfrau eben so. Die Fröm=
migkeit ist ihr Leben, im Gebethe liegt ihre
Seligkeit. Nicht als ob sie stundenlang bethete, das
ist nicht erforderlich, und ihr häuslicher Beruf würde
das auch nicht erlauben. Aber doch ist beim Erwachen

Gott ihr erster Gedanke und die Liebe zu Ihm ihre
erste selige Empfindung. Eben so ist auch den weiteren
Tag hindurch das Gebeth ihre Speise. Wie oft sendet
sie im Laufe desselben liebende, lobpreisende, demuthvolle Empfindungen zum Himmel empor! Besonders
liegt ihr an, daß sie, wenn immer möglich, jeden Tag
die Kirche besuche und dem hl. Meßopfer anwohne.
Und was sie dann je heute erlebt, gestrebt, erwirkt,
unterlassen, gefehlt oder genossen hat, das Alles geht
sie im Geiste, da sie sich zur Ruhe legt, noch einmal
durch — dankend, preisend, bittend und bereuend. So
schläft sie ein, harmlos und kindlich im Herrn, behütet
vom Herrn, und geschützt von seinem hl. Engel zum
kindlich-frommen Wiedererwachen. Solches scheint zwar
der Tochter, welche sich dem weltlichen Sinne hingegeben, eine unerschwingliche Sache, langweilig, uner-
quicklich, bethschwesterisch. Allein da erfüllt sich, was
die Schrift sagt: „Der fleischliche Mensch faßt
nicht, was des Geistes ist." Wie der weltlich ge-
sinnten Tochter solches gebethreiche fromme Leben un-
faßlich erscheint, so der gottgeheiligten Jungfrau das
fade Leben eines Weltkindes. Die Frage ist nur, welche
von Beiden den besseren Theil erwählt habe? — Betrachten wir, wie es mit der Seele der Tochter beschaffen
sey, die vor dem Gebethe Scheu und beim Gebethe
Langeweile hat! Siehe, das Herz des Menschen, von
Gott erschaffen, hat einen natürlichen Zug nach Gott
hin erhalten, und weil alle Größe Liebe und Seligkeit,
kurz alles Gut in Gott ist, so fühlt sich dieses Herz
groß, liebreich und liebeselig, wenn es dem inwohnen-

3

den Zuge folgt, an Gott sich hingiebt und in Ihm lebt und bleibt. Die fromme Jungfrau befindet sich also in ihrer Frömmigkeit keineswegs etwa in einem mühlichen, freudelosen Zustande, vielmehr lebt sie in ihrer Frömmigkeit ihr eigentliches wahres Leben und fühlt sich erhoben groß und selig. Aber die Andere, welche hieran nicht Geschmack findet, vielmehr davon halb angewidert wird, ist außer Gemeinschaft mit dem Quelle dem Geber und Segner ihres Lebens, und steht gerade so tief, als die Weltgüter stehen, denen sie gehört. Wenn sich daher, du Arme! all dein Leben und Lieben etwa im Puze bewegt, in der Unterhaltung über Theater Tanz und Lustpartien, oder im Denken an, und im Schauen auf Diese und Jene, oder in eitel Haussorgen, in Neid und Klatscherei: Gott! wie tief stehst du! Meinst du etwa, du seyest eben nicht so fromm und könnest eben nicht immer so bethen wie Diese und Jene: ach, das ist es nicht. Das viele Bethen macht es auch nicht aus. Manche bethet we= niger in Worten, desto mehr in Arbeiten, Mühen und Leiden, die sie Gott opfert. Du aber bethest weder in Worten noch in Werken. Du bist gemein, kalt und (wenn man's genau untersucht) herzlos und freudlos, denn Alles, wozu du dich erhebst, ist Tand, Sinnlich= keit, Gefallsucht, Genußsucht und Neuigkeit des Tages. Was giebt das deinem Herzen für einen Adel, für eine Weihe und für einen Frieden?

Wie das Leben der heiligsten Jungfrau, so ist dem= nach das Leben jeder christlichen Tochter ein frommes, ein gebethreiches, ein innerliches und bei Gott verbor=

genes. Aber ist es darum ein abgeschlossenes, düsteres und unmittheilsames? — O nein! Die ächte Frömmigkeit ist nicht düster, und die fromme Jungfrau ist, wie innerlich freudig, so auch, ja eben darum nach Außen lebensheiter, herzlich zugethan guten Menschen und im innern, liebenden Verkehre mit ihnen, mittheilsam, theilnehmend, anspruchslos, ergeben. Unfehlbar ist sie namentlich die liebendste, gütigste, dienstwilligste Tochter und Schwester. — Noch mehr: wie in kindlich heiterem Verkehre mit den Menschen, so auch sie auch in sinnigem, fühlendem Umgange mit der Natur. Die Größe, der Reichthum, die Schönheit, die Macht und Weisheit in der Natur ergreifen sie in innerster Seele und erfüllen sie mit Bewunderung und heiliger Freude. Aber eigentlich nicht die Natur thut das, sonst müßte jede Beschauerin dieselbe Empfindung haben; ihre Frömmigkeit thut das, indem die fromme Seele nicht eine in Weltinteressen bereits versunkene und darum unempfindliche, vielmehr eine den großen Eindrücken der Natur offene ist, und weil die fromme Seele in den Naturerscheinungen zart das herausfindet und herausfühlt, was sie selbst liebend im Herzen trägt — die Größe nemlich Güte und Weisheit ihres Schöpfers.

Woher kommt das launenhafte, herbe, verdrossene Wesen Vieler? — Ach sie sind innerlich kalt, von allerlei Wünschen beunruhigt, von Neid oder Langweile gequält. Das macht sie wunderlich, herb und ungenießbar. Und warum kein eigentlicher Sinn für Natur und Kunst, vielmehr Empfindelei und affectirte Be-

3*

wunderung? — Ach, sie sind nicht fromm, darum, wo sie nicht gedankenlos vorübergehen, bewundern sie zwar das Erhabene und Schöne, aber ihrer Bewunderung fehlt die hl. Liebe, und damit die eigentliche Freudigkeit Herzlichkeit und Tiefe. — Indeß giebt ... nicht auch Fromme, die nichts weniger ... mittheilsam, dienstfreundlich und ... Menschen und Natur offen sind? — Aller... Aber ihre Frömmigkeit ist keine gesunde... fehlt das Merkzeichen der Aechtheit — ... Liebe.

2) Von Maria wird in unserer alten Schrift weiter erzählt, sie sey in Allem, was die Jungfrau schmückt, wohl unterrichtet worden, sey Keiner, auch der ältern Jungfrauen, in der hl. Erkenntniß nachgestanden, und Lesung und Erforschung der hl. Schrift sey ihre liebste Beschäftigung gewesen. Auch dieses finden wir bis heute mehr und weniger bei jeder christlichen Jungfrau. Je nach Stand und Vermögen wird gerne Alles auf Ausbildung der Tochter verwendet. Was muß sie nicht lernen — Geschichte, Geographie, Zeichnen, Musik, Sprachen, feines Benehmen in Gesellschaft ꝛc. und alle feine weibliche Arbeit! — Gut. Man trägt nicht schwer an Kunst und Wissenschaft. Und gewiß übt die christliche Jungfrau auch hiervon dieß und das nach Geschick und Neigung. Aber ihr Liebstes oder ihr Alles ist es nicht. Sie übt Gesang, auch weltlichen, aber innerlich vergnügt ist sie beim Vortrag hl. Psalmen und Lieder. Sie liest auch — Geschichte, Reisen, Erzählungen ꝛc., aber weit mehr Herzensgenuß gewähren ihr Lesungen in den Evangelien und in den Werken

erleuchteter gottseliger Seelen. Und will sie sich nach
gethaner Arbeit und erfüllten Haus = und Berufsge=
schäften etwas recht Angenehmes verschaffen, so geht
sie zum Gebeth, zu frommer Lesung, zu hl. Gesang,
oder zu gottseligen Freundinen. Wie das nun aber
ihre Lust ist, so hinwiederum auch ihre stetige Fort=
bildung. Dieser Umgang mit edlen Seelen, diese
unterrichtende und alle höheren Seelenkräfte anregende
Lesung, dieses hl. Nachdenken, dieser fromm begeisterte,
lobpreisende, dankende, bittende Gesang — das Alles
veredelt die Jungfrau mehr und mehr und giebt ihr
eine hohe geistige Weihe.

Es darf hier eine schwere Täuschung und Verirrung
nicht unerwähnt bleiben. Unsere Töchter nämlich ler=
nen, wie oben gesagt, Geschichte, Geographie, Sprachen,
Zeichnen, Musik, allerlei feine Arbeit ꝛc. und die Re=
geln des Umgangs. Wenn sie von alledem mehr oder
weniger inne haben, so heißen sie gebildet, sehr ge=
bildet, fein gebildet, und gewiß halten sie sich auch
selbst dafür. Aber das ist grober Irrthum. Es kann
eine Tochter in alle dem unterrichtet seyn und ist inner=
lich dennoch roh, und kann von alledem wissen und
ist dennoch ohne allen Adel in Empfindung und Ge=
sinnung, ganz alltäglich, wenn nicht selbst gemein. Das
zeigt sich meist am deutlichsten, wenn die Tochter Gat=
tin wird, und das durch Dressur theils, theils durch
den geschlechtlichen Zug hervorgebrachte süß = geschmeidige
Wesen ablegt, erscheinend rückhaltlos und ohne Hehl,
wie sie eigentlich ist. Da sieht man sie nicht selten
herrisch, grob, eigensinnig, launig, verdrossen, träg,

schwazhaft, sinnlich, neidisch, böszüngig, der Putzsucht dienstbar ꝛc. Ach, wo ist izt die gerühmte feine Bildung?! Und was giebt ihr Gatte um all die feinen Arbeiten, die fremden Sprachen, das Geklimper auf den Tasten, und den schmelzenden Gesang! was giebt er um die unerfüllbaren Erwartungen und leeren Empfindeleien eines durch weichliche Leserei überreizten Herzens! — Was er bewußt oder unbewußt gesucht hat, was seiner männlichen Seele wohlthut und täglich neu wohlthut, das findet er nicht, nämlich die Herzensreinheit, die Herzensgüte, den frommen Glauben, die stille Demuth, die Selbstverläugnung und stumme Erduldung, die Aufopferung für Andere, die Gewandtheit in Rath Trost und Hilfe, die Milde so wie den gemessenen Ernst gegen die Hausgenossen ꝛc.

O ihr verblendete Aeltern, was habt ihr euren Töchtern gegeben, wenn sie nichts durch euch empfangen haben, als was die Welt Bildung nennt! Ihr besonders, ihr Mütter, die ihr mit der Bildung eurer Töchter Staat machet, und die dressirten Pupen in die Gesellschaften führet, damit sie dort gesehen, und um ihrer Schönheit, Artigkeit und Kunstfertigkeit willen bewundert werden: euer Staat ist Flitter. Aber ihr bringet außerdem eure Kinder eurer eigenen Eitelkeit zum Opfer, denn was die gütige Natur denselben gegeben haben mag — an reiner Weiblichkeit, jugendlicher Schüchternheit, jungfräulicher Demuth, innerem stillem religiösem Sinn, an Zufriedenheit und Freude in Gott und Gebeth, das treibet ihr aus, da ihr eure Kinder zur Schau stellet. Dennoch lacht euch das Herz

im Leibe, wenn eure Töchter von jungen und alten
Gecken gehätschelt und in die unendliche Täuschung ein=
gelullt werden, als seyen sie etwas.

Und wie sieht es mit der Lectür? — Man sieht
es aus dem von dem Evangelisten Lukas aufbewahrten
Lobgesange, „Magnificat" genannt, daß Maria die
hl. Schriften des Alten Bundes nicht nur gelesen hatte,
sondern theilweise auswendig kannte. Diese Schriften
waren also ihre beständige theilnahmvolle Lesung. Wie
anders ist das bei uns! Kennst du diese Novelle, diese
Erzählung, dieses Gedicht, diesen Roman, fragt die
Gespielin, hast du jene schon gelesen? Und du willst
dich fast schämen, wenn du mit Nein! antworten mußt.
Hast du aber die hl. Evangelien vor dir, oder ein Er=
bauungsbuch, so ist dir, als solltest du es verbergen,
denn das fällt auf, und du fürchtest ein Naserümpfen.
Und doch macht leztere Lesung die Seele groß, edel,
stark, während erstere (wenn nicht mit großer Aus=
wahl und Mäßigung gepflegt) die Seele entnervt
und entsittlicht. — Wie? die viele und ungesichtete
Lesung von Novellen, Romanen u. dgl. soll entsittlichen
und entnerven? — So ist es. Muß denn die immer=
während Beschäftigung der Seele mit geschlechtlichen
Bildern und Gefühlen den Trieb nicht unordentlich
aufregen? muß nicht der geistige Umgang mit lauter
Liebeslust und Liebesjammer das Herz überreizen und
gänzlich verweichlichen? muß nicht das fürdauernde
Leben in einer Phantasiewelt über das wirkliche Leben
grauenhaft täuschen, und für lezteres völlig unbrauch=
bar, und in demselben mißvergnügt ja unglücklich

machen? — Nichts ist unfehlbarer. Und doch vergiften sich Hunderte und Tausende Tag für Tag mit der süßen Leserei. O wüßten sie doch, wie leer von aller hohen würdigen Empfindung, von aller schwunghaften Regung, von aller heiligen Begeisterung, von allem jungfräulichen Adel, von aller achtunggebietenden Tugend sie sind — seicht, schaal, sentimental, lüstern, fleischlich, unbrauchbar für Haus und Feld! — Leget die vergiftende Nahrung weg! Glücklicher jene Frauen und Jungfrauen der alten Zeit, die weder lesen noch schreiben konnten! Unter ihnen fand sich manches starke Weib; unter euch wohl keines.

3) Maria, heißt es, blühte vor Allem in jungfräulicher Keuschheit. Ja so ausgebildet war ihr Zartgefühl, daß sie ein lautes grelles Lachen ihrer Gespielen nicht leiden mochte. In der That war und ist sie gerade in der Tugend der Keuschheit das große Vorbild, welches von jeher vor dem gesammten jugendlichen Geschlechte aufgestellt worden, und die katholische Kirche nennt sie die Jungfrau der Jungfrauen. Möchte sie als Königin das ganze junge — zumal weibliche Geschlecht um sich versammeln können, und in dessen Mitte glänzen, die Reinste unter den Reinen! Welch ein blühendes hochherrliches Reich der Reinen, und sie dessen Königin! — Verweilen wir betrachtend bei dieser größten der weiblichen Tugenden!

Du hast, o Jungfrau! die Schaamhaftigkeit und Züchtigkeit schon von der Natur empfangen. Wenn man den Namen „Jungfrau" spricht, so denkt man sich dabei unwillkührlich eine schüchtern eingezogene und schaamhafte Persönlichkeit. Die Züchtigkeit ist der Jungfrau natürlicher Schmuck, und ist ihre Ehre bei allen Völkern, die irgend einen Sinn für Tugend und weibliche Würde hatten und haben. Alles, was du in der Welt bist und giltst, ist am Ende doch blos deine Jungfräulichkeit. Hast du diese getrübt oder gar verlezt, so sinkst du augenblicklich in dem Maße, als du es gethan, in der öffentlichen Meinung, und bist nichts mehr. Aber du bist nichts mehr nicht blos in der öffentlichen Meinung, sondern in dir selbst. Ach, fühltest du doch, du rein herangewachsene Jungfrau! den Schaz, welchen du in deiner Reinigkeit besizest! Man kann ihn nicht aussprechen, nur empfinden. Stehst du neben einer Unreinen, so glänzest du hoch, und indem man auf diese mit Wegwerfung oder Mitleid hinschaut, huldigt man dir und deiner keuschen Unversehrtheit mit unwillkührlicher Hochachtung. Das ist es auch, warum alle Geschlechter und Zeiten zu der Jungfrau der Jungfrauen mit lobpreisender Verehrung hinaufgeschaut haben und hinaufschauen.

In der Keuschheit verschwistert sich alle Tugend der Jungfrau. Mit der Unkeuschheit ist alle Tugend in Frage gestellt. Darum ist es nicht, als wärest du, wenn du von der Keuschheit weichest, blos in einem Stücke vom Guten abgewichen, du bist mit diesem Abfall insgemein durch und durch eine andere Person geworden. Es giebt wohl Keuschgebliebene, die im übrigen der Fehler genug haben: die Keuschheit ist nicht alle Tugend; wohl aber ist die

Unkeuschheit die Erschütterung aller Tugend. Wie gern
z. B., und wie herzlich, als du noch rein warst, mochtest du bethen, wie froh war dir zu Muth und wie
konnte dich Alles freuen, wie hingest du kindlich an den
Aeltern, wie herzlich war dein Umgang mit deinen Geschwistern, wie freundlich und harmlos verkehrtest du
mit deinen Gespielen und Nachbarn, wie schlicht und
gerade, wie wahr und treu war all dein Wesen! Aber
seitdem du unrein geworden, bist du viel in dich gekehrt, mürrisch und launig, verstellt und lügenhaft, tobst
für all die kleinen Dinge, die dich sonst erfreut. Du
bist neidisch, eifersüchtig, über Alle, die deiner Leidenschaft in den Weg kommen, aufgebracht, grob und
trozig. Du bist den Aeltern Geschwistern und Gespielen
fremder, und an Gott und Gebeth findest du nicht Geschmack noch Lust. Siehe, du bist eine andere geworden; du bist nicht blos in Einem, sondern durch
und durch herabgekommen. Die Eine Leidenschaft, der
du dich ergeben, hatte alle diese Veränderung zur Folge.
Darum, du gute Tochter, nimm zu Herzen, was du in
deiner jungfräulichen Harmlosigkeit bist, und vergeube
nicht unbedacht und dumm deinen würdigen und seligen
Zustand an einen entwürdigten und gramvollen.

Es gibt nichts Höheres, als den Umgang mit Gott,
dem höchsten dem allvollkommenen Geiste. Mit irdischen Fürsten umgehen, ist wenig. Was kann man
an Vielen derselben bewundern, verehren, lieben? Oder
um was wird man durch diesen Umgang besser? —
Anders verhält es sich mit dem Umgange mit Gott.
Was ist es schon für eine Auszeichnung, dem allmäch-

tigen Schöpfer Himmels und der Erde nahen zu dürfen!
Was ist es für eine Erhöhung, Ihn — den Geist der
Geister, den Allheiligen, Allsegnenden, den Majestät-
vollen und Vater anbethen, lobpreisen, lieben, Ihm sich
für Leben und Sterben hingeben und opfern zu können!
In und mit dieser Anbethung, Lobpreisung, Liebe und
Hingebung wird die Seele des Bethers erhoben, selbst
groß und liebreich. Selig, wer sich oft und mit
ganzem Gemüthe bethend zu Gott erheben kann
und erhebt! Nun, wer ist dieser Glückliche, der es
kann, und der es recht vorzugsweise kann? Es ist die
keusche Jungfrau. Der heilige Geist, dessen Tempel sie ist, hebt ihren Geist, ihre innerste Seele empor,
und wandelt ihr Athmen und Leben zur glühendsten
Andacht. Mit unendlicher Lust, mit tiefster Innigkeit
wendet sie Blick und Hände hinauf zu ihrem Gott und
Heiland, eine Magd des Herrn — lobpreisend, dankend,
vertrauend, ergeben, demuthvoll, reuig, muthvoll, zum
Wirken und Leiden bereit. Ja, wenn die alte Ur-
kunde von der heiligsten Jungfrau erzählt, daß Engel
mit ihr umgegangen seien, und ihr täglich Speise vom
Himmel gebracht haben, so erneut sich das, wenn auch
nicht in sichtbarer Weise, so doch unsichtbar bei jeder
reinen, tief innig bethenden Jungfrau. Engel um-
schweben sie. Und was sie aus tiefstem Herzensgrund,
in seligster Liebe und Hoffnung fühlt und redet, stammt
nicht aus ihr, sondern ist ihr von Oben gegeben, es
ist eine Speise ihrer Seele gebracht vom
Himmel.

Aber nun in dem angegebenen Zusammen-

hang mit der Frömmigkeit, welch eine Würde ist
in der Keuschheit des Herzens! — Die Keuschheit er=
scheint so als zusammenfallend mit dem höchsten Adel
der weiblichen Seele. Alles, wozu diese sich erheben,
entwickeln, emporschwingen kann, ist entwickelt und er=
schwungen von der keuschen, in Unversehrtheit und Un=
getheiltheit zu Gott erhobenen Jungfrau. Darum be=
glückwünschen wir dich, du Reine! Bewahre treu den
Schlüssel zum Himmel, den du besitzest.

Und nehmen wir an, daß nicht jede Jungfrau zur
höheren und höchsten Gottesgemeinschaft sich erhebe, so
erhebt sie sich wenigstens zum Verkehre mit Gott über=
haupt. Die Gefallene dagegen, so lang sie in der
Sünde bleibt, erhebt sich nicht und kann sich nicht er=
heben. Sie ist als solche jenes Adels unfähig, welcher
in der Frömmigkeit liegt. —

Der weiblichen Jugend ist leibliche Schönheit
und Anmuth verliehen. Sie übt dadurch eine große
Macht in der Welt, und hat die Kraft unwillführlicher
Anziehung. Sie will auch in der That anziehen, und
es ist ihr angeboren, daß sie Wohlgefallen er=
werben will. Das ist sehr gut, denn nun wird sie
alle jene Eigenschaften erstreben, welche Wohlgefallen
bringen. Aber unter den anziehenden Eigenschaften der
Jungfrau, welche ist die reizendste und gewinnendste?
Unfehlbar die Reinigkeit des Herzens. Die jung=
fräuliche Schüchternheit und Züchtigkeit der Tochter, die=
ser reine unschuldvolle Blick, diese bescheidene schaam=
hafte Kleidung, diese häusliche Zurückgezogenheit, dieser
gewählte Umgang mit den Reinsten, dieses ganze ein=

gezogene Wesen, dieses leise Erröthen, dieses kindlich
harmlose Reden und Schweigen zieht Jeden an, und
giebt der natürlichen Schönheit und Anmuth, und
den erworbenen ehrenden Eigenschaften erst ihren
höheren Gehalt und Reiz. Was ist leibliche Schönheit,
wenn die Sinnlichkeit und Lüsternheit, oder gar die
Rohheit und Sünde aus ihr herausschauen? Was ist
die blos natürliche Grazie, oder die buhlerische Schau-
stellung? Wer sieht nicht, daß dort der innere Kern
fehlt, hier die gemeine, niedrige und herzlose Begier-
lichkeit ihre Reize ausstellt? Wen kann das anziehen
oder gar fesseln? — Und werden gewisse Mücken vom
Unrath angezogen, so beweist das nur, daß sie für den
Unrath sind, und der Unrath für sie. — Sei rein
vom tiefsten Grunde deines Herzens, o Tochter! Aber
wärest du es nicht um der Reinigkeit willen, so sei es
wenigstens um deines Vortheils willen — daß du gefallest, und bleibend gefallest, und den Guten
und Besten gefallest. Du aber, befleckte Tochter,
wie bist du gegen dich selbst! Wie entblätterst du den
Baum deiner Schönheit, und wie raubest du deinen
Rosen Frische und Wohlgeruch! Du willst gefallen, und
ziehst doch höchstens nur die Raben an, die mit hung-
rigem Gekrächz von dem einen Anger zu dem andern
fliegen.

Gesundheit ist ein großes Gut. Ehre ist ein
großes Gut. Vortheilhafte irdische Versorgung
ist ein großes Gut. Muß ich dir auseinandersezen,
wie Gesundheit, Ehre und Versorgung mit der Keuschheit deines Wandels zusammenhangen? Sage nicht, die

Leichtsinnigen finden oft die beste Versorgung, und den
Frechen geht es wohl. O, blicke doch um dich. Wie
hat diese geblüht; nun ist sie welk. Wie hat diese
gelacht; nun wehklagt sie. Wie hat diese mit großen
Hoffnungen und Ansprüchen sich getragen; nun ist sie
arm, verlassen und verachtet für immer. Suche du
nicht dein Fortkommen in Nachgiebigkeit gegen sünd-
hafte Zumuthungen. Stell du deine Hoffnung auf
Gott. Diene ihm. Sein ist die Macht. Er wird
dich nicht verlassen, sondern dich versorgen, so oder so.
Hilf dir nicht durch Sünde. Laß Gott deinen
Helfer seyn! Und bist du vollends gering und unbemittelt, so hast du dennoch ein großes Gut — deine
Unschuld. Aber es ist dein einziges. Habe also
um so mehr acht auf sie, und verliere nicht in und mit
ihr dein Alles. Ach, sieh deine Armuth an, und verliere nicht auch noch das Einzige, was du hast: er-
barme dich deiner! —

Deine Unschuld, liebe Tochter, ist also, wie wir
gesehen haben, dein größtes Gut. Aber wie bist du
besorgt um sie? — Ach, vielleicht geht es dir mit derselben, wie vielen Menschen mit der Gesundheit. Sie
wissen erst, was sie in dieser besessen, nachdem sie dieselbe, vielleicht muthwillig, verloren. Du lachst und
scherzest, du lässest dein Auge, wie ihm's gelüstet, schwei-
fen rechts und links, du schlürfst begierig und vergnügt
alle süßen Schmeicheleien ein, die dir dargebracht werden, du gehst, wo du eingeladen wirst, unbesorgt hin,
und spielest mit der Gefahr, die du ahnst, aber nicht
fliehest, weil du sie (uneingestanden) liebst. Siehe du

bist auf dem geraden Wege zum Schiffbruche. Man warnt dich, aber im täuschenden Bewußtseyn, nichts Schlechtes zu wollen, verachtest du die Warnung, und in der Unkenntniß der Welt und der Tücke deines Herzens hältst du für unmöglich, was doch nahe, ja unausbleiblich ist. O gestündest du dir's selbst, daß du die Gefahr bereits liebst, und sie dir verbirgst, weil du sie nicht meiden willst. Wüßtest du doch, daß Alle, die ihre Tugend verloren haben, ganz so wie du, sich selbst und Andere stets versicherten, daß sie nie von der Pflicht weichen würden, daß aber gerade diese Selbstbethörung, diese unselige Sicherheit sie ins Verderben führte. Ja, seinen Gelüsten nachgeben, seinen Gelüsten mehr und mehr nachgeben, in und mit diesem Nachgeben bereits der Sünde überantwortet seyn, und dennoch sich bereden, man werde nie vom Pfade der Pflicht weichen, das ist der Verblendungen größte, und die Unrettbarkeit der Verblendeten. Siehe, du bist die Mücke, die in immer näheren Kreisen um das Licht flattert. Bald wird sie von dem herrlichen Scheine überwältigt: sie stürzt hinein und findet den Tod. Der herrliche Schein, der mächtig reizende war nicht Lust und Leben, sondern tödtend Feuer. Sollte sie sich nicht unrettbar in die Flamme stürzen, so mußte sie an die unentrinnbare Macht der Flamme glauben, und weise und stark genug seyn, derselben nicht nahe zu kommen. Darum, o christliche Jungfrau! Erkenne die Gefahr, welche in deiner trügerischen Sicherheit liegt. Laß nicht die sinnliche Lust Wurzel fassen, in der Meinung und dem Vorsaze, daß du sie beherrschen werdest.

Betrachte das als die gröbste Selbsttäuschung. Wache, und bethe! Und fühlest du dich lauer im Gebeth, weniger angezogen von den hl. Sacramenten, minder eifrig in hl. Lesungen, weniger abgestoßen von zwei= deutigen Reden ꝛc., so ist es hohe Zeit, daß du dich geistig erneuest. Leichtlich hat der Böse bereits mehr Raum in deinem Herzen, als du ahnest.

Der Herr spricht: Ich habe dir einen großen Schmuck gegeben — die Jungfräulichkeit; bewahre ihn treu! Ich habe dir das weiße Gewand der Unschuld angethan; halte es unbefleckt. Ich habe dich mir zum Eigenthum erkauft um theuern Preis; laß nicht mein Blut an dir verloren gehen. Ich habe dir den heili= gen Geist gegeben, den herzerhebenden, den reinen, den stärkenden, betrübe ihn nicht. Ich komme zu dir, und speise dich mit meinem Leib und Blute; aber ob ich dich rein finde? ob du mich liebest? ob du mir ein unbeflecktes Herz und einen unversehrten Leib entgegen bringest, daß ich Wohnung bei dir nehme? Iß dir nicht das Gericht hinein! Ich werde dich zum ewigen Leben erwecken, und dich mit einem himmlischen Leibe beklei= den. Aber es wird aus dem Grabe erstehen, was du hinein gelegt — Häßliches oder Glorreiches; verunehre und schände deinen Leib nicht!

Was willst du dem Herrn antworten, meine Toch= ter? — Sprich: Ich fühle den Schmuck der Jung= fräulichkeit, den du mir gegeben; hilf mir, daß ich ihn bewahre! Ich gedenke des weißen Kleides, womit du mich in der hl. Taufe angethan; verleihe, daß ich dasselbe unbefleckt vor deinen Richterstuhl bringe! Ich

bethe an das theure Blut, womit du mich dir erkauft
haſt; laß mich dir angehören und dienen mein Leben=
lang. Ich preiſe mich ſelig, ein Tempel zu ſein des
heiligen Geiſtes; laß es nicht geſchehen, daß ich den
Heiligen betrübe, oder gar die Behauſung werde un=
reiner Geiſter! Mit Demuth, Liebe und Zuverſicht trete
ich zu deinem hl. Tiſche, denn Herr! du willſt zu mir
kommen. Aber wie könnte ich nahen mit entehrtem
Herzen und Leibe? O, vereinige mich dir im heiligſten
Sacramente mit ſolcher Liebe, daß mir alle Sünde,
beſonders Unlauterkeit zum tiefſten Abſcheu werde! Ich
glaube feſt, daß aufgehen werde, was ich ins Grab
geſäet — Himmliſches oder Thieriſches. Erfülle mich
mit gerechtem Schrecken davor, als ein Scheuſal zu
erwachen und als ein Scheuſal dazuſtehen in jener Welt.
Herr, hilf mir, und erhalte mich im Chore der guten
und reinen Geiſter, in welchen du mich durch deine
Gnade geſezt haſt. Warne mich, wenn ich Gefahr
laufe; ſtärke mich, wenn ich verſucht werde; demüthige
mich, wenn ich mir trüglich etwas zutraue; laß mich
die Gefahr ſehen und ſcheuen von ferne; heilige mich
dir in ſteter, friſcher und freudiger Andacht; führe
uns nicht in Verſuchung, ſondern erlöſe uns
von dem Uebel, amen.

Dir aber, du Gefallene! was bleibt dir übrig?
Was willſt du thun? — Vielleicht wirſt du dich mit
der Größe der Verſuchung, oder deiner Schwachheit
entſchuldigen; vielleicht wirſt du dich mit dem Vor=
gange Anderer tröſten; vielleicht wirſt du im Vergleich
mit Dritten noch im Vortheil ſtehen; vielleicht biſt du

im Taumel der Lebenslust gar noch nicht zu Besinnung
und Nachdenken gekommen ꝛc. Allein was kann dir
das Alles helfen? Bist du deßwegen nicht doch,
wer du eben bist? — Darum laß das! — Dir
bleibt nur die Buße übrig. Wende dich zu ihr.
Siehe an die Sünderin im Evangelium! Sie weint zu
den Füßen Jesu, sie benezt dieselben mit reichlichen
Thränen, sie trocknet sie mit ihren Haaren ab, und
küßt sie. Ihr folge nach! War ihre Sünde verdamm=
lich, so sind ihre Thränen versöhnend. Und wendete
man sich mit Abscheu von ihrer Schuld, so kehrt man
mit Wohlgefallen zu ihr zurück in ihrer tiefen Zer=
knirschung und Demuth. Sie hat sich die Vergebung
und Liebe des Herrn erweint. Wer verdammt sie izt
noch? Höchstens der Pharisäer Simon. Also ihr
folge nach! Verzweifle nicht! Vielleicht erringst
du büßend einen Tugendernst, eine Liebekraft, und vor
Gott ein Wohlgefallen, wie es manche Nichtgefallene
nicht erreicht. Dein Bußkampf wird, wenn du ihn durch=
kämpfest, deine Stärke und Vervollkommnung. — Doch
ist das nicht gesagt, um dich leichtsinnig zu machen, denn
der Weg der Buße ist herb, und die Wenigeren
legen ihn zurück.

An dich, du Jungfrau aus niedrigem Stande,
zu der ich schon oben ein Wort gesprochen, nun noch
ein Wort im Besondern. Du bist unbemittelt, vielleicht
verwaist, vielleicht entfernt von den Deinen in fremdem
Dienste. Du bist da ohne alle oder doch ohne strengere
Aufsicht. Nun kommen Menschen, welche glauben, einer
Person deines Standes dürfen sie ungescheut Jegliches,

wornach sie's gelüstet, zumuthen. Sie achten dich ge=
ring, und nur gut genug, ihren Wünschen zu dienen,
doch lassen sie sich herab, dir zu schmeicheln und deine
Eigenliebe zu kizeln. Sie zeigen dir Geschenke, um
deine Eitelkeit durch sündebefleckten Schmuck zu reizen,
oder deine Dürftigkeit sich zu Nuzen zu machen. Ob
sie dein Herz bethören, deine Tugend zu Grund richten,
und dein Lebensglück zerstören, kümmert sie nichts, und
bist du noch unverdorben, gutmüthig, harmlos und
gläubig, nur desto willkommener für sie. — O, erhebe
dich mit Abscheu und Entrüstung gegen solche heuchle=
rische Wölfe! Fühle und ehre dich selbst! Du bist
weder arm noch gering, so lang du deinen großen und
reichen Vater und Herrn im Himmel, den heiligen Geist im
Herzen, deinen guten Schuzengel zur Seite, dein ruhiges
und frohes Gewissen in deiner Seele, die Achtung deiner
Vorgesezten Freunde und Gespielen neben dir, die Ge=
sundheit, Frische, Wohlgestalt und Unversehrtheit deines
Leibes und die Zuversicht des ewigen Lebens besizest und
bewahrest. Du wirst erst arm seyn, unendlich arm,
und gering und verachtet und elend, wenn du dich an
die Sünde weggeworfen hast, und herzlosen Verführern
zur Beute geworden bist. Dann wirst du den frohen
hoffenden und getrosten Aufblick zu Gott und deinem
Heiland, und den heiligen Geist den Tröster und Er=
freuer aus dem Herzen verloren haben, dann wird dein
Schuzgeist sich trauernd von dir abwenden, dann werden
deine Nachbarn und Gespielen mit Verachtung oder
Bedauern auf dich schauen, dann werden die Deinigen
um dich trauern und weinen, dann wird dein Gewissen

dich anklagen und verurtheilen, dann wird Freude und
Friede von dir gewichen und Laune, mürrisches Wesen,
Unzufriedenheit mit deinem Stande, oder auch Gemein=
heit, Verstellung und Lüge, Rohheit, Frechheit, Aus=
gelassenheit bei dir eingekehrt seyn. Dann wirst du
deine Gesundheit und Wohlgestalt gesunken, vielleicht zer=
stört, dann wirst du deine Zukunft — dein Lebensglück,
deine Versorgung ꝛc. vernichtet und deine Seele der
Verwerfung verfallen sehen. Siehe, noch hast du Reichthum und Würde, aber dann wirst du arm, sehr arm,
niedrig verachtet und elend seyn. Vergiß das nicht!
Laß dich nicht durch das Gelüsten deines Fleisches so
entsezlich so unbegreiflich verblenden und bethören. Laß
nicht deine irdische Armuth und Niedrigkeit dir zum Falle
werden. Bewahre, was du hast. Gott allein kann und
wird dich bereichern und erhöhen, die Sünde kann dich
nur ärmer machen und niedrigen, ja namenlos arm
und elend.

4) Die ganze Zeit des Tages, die Maria nicht
dem Gebethe widmete, brachte sie, wie wir oben lasen,
mit Weben, also mit nüzlicher Arbeit zu. So jede
brave Jungfrau: weß Standes sie auch sey. Sie ist
ein Glied der Familie; sie hat Kräfte: also muß sie
auch die Stelle, welche ihr angewiesen ist, werkthätig
ausfüllen. Es ziemt der Jungfrau Demuth, und de=
müthig liebevoller Gehorsam. Wie wohlthuend ist ihr
Anblick, wenn man sie früh und spät mit heiterem Muthe
geschäftig sieht, dienend den Aeltern und Geschwistern,
den eigenen Angehörigen und den Fremden! Für An=
dere zu leben zu sorgen und zu arbeiten ist nun ein-

mal ihr Ruf; aber nicht genug, es ist, wenn sie es
.. Demuth und Herzlichkeit thut um Christi willen,
auch ihr Adel, und vor Gott und Menschen ihr Ruhm.
Es giebt mühsame Arbeiten, harte, widrige, auch ge=
meine und beschmuzende: die brave Jungfrau scheut
deren keine; sie müssen gethan seyn, warum soll sie
sich also derselben weigern? Im Gegentheil, je noth=
wendiger und nüzlicher das Geschäft, desto williger
übernommen. Küche und Waschbank, Hacke und Besen
sind nicht gescheut. Es ist ein lächerliches Vorurtheil,
als ob Arbeit, nothwendige und nüzliche Arbeit
irgend Jemanden je herunter sezen oder für Jemand
unschicklich seyn könnte.

Leider begegnen wir hier einer großen Zahl von
Jungfrauen, welche uns die Frage abnöthigen, wofür
sie denn eigentlich dazusein glauben. Spät aufstehen,
und Stunden brauchen zum Anziehen, dann etwas Ver=
gnügliches liebe Gefühle Unterhaltendes die Phantasie
Aufregendes lesen, und in Gedanken umherschweifen,
oder eine Spielerei, ein Stück Puz ꝛc. als Arbeit vor=
nehmen, sofort zum Besuche gehen oder Besuch em=
pfangen, mit den Gespielen von tausend leeren und
müßigen Dingen plaudern oder die stillen Interessen
des Herzens austauschen, mitunter Langeweile haben,
launig seyn und Melancholie treiben, hier und dort
eine Lustpartie machen, auf dem Schaumarkt der Ge=
sellschaften producirt werden, etwa auch in die Kirche
gehen, und sehen und gesehen werden: das kann doch
keine Menschenbestimmung seyn, das kann doch keinen
Werth haben und kein Beruf heißen. Und doch ist

das die Lebens = und Tagesordnung ꝛc. Gewiß
kann man nur mit dem tiefsten Bedauern diese jugend=
lichen Seelen in ihrer unendlichen Verflachung und
Leerheit, und ihrer krankhaften Ueberreizung und lügen=
haften Weltanschauung betrachten. Sie verlieren schnöde
ihre schönen Jahre, sie sind so unnütz auf Gottes Welt,
sie taugen so wenig jemals einem Hauswesen vorzu=
stehen, das Leben in seinen prosaischen Ernste zu fassen,
und glücklich zu werden oder Jemand zu beglücken. Ja,
sie sind unendlich leer, leer nämlich von Allem, was
der jungfräulichen Seele Gehalt Adel und Werth giebt,
voll freilich von müßigen Gedanken, süßeluten Em=
pfindungen, schaalen Worten, liebeleeren Urtheilen, thö=
richten Hoffnungen, und voll von Eitelkeit, Launen und
sinnlichem Wesen. Um wie viel ehrenwerther steht die
Tochter des Bauern, des Taglöhners, des ge=
meinen Bürgers da, um wie viel nützlicher und
würdiger die geringste sittsame und fleißige Magd, als
die verbildete, verweltlichte, sentimentale, putz= und lust=
süchtige, aber arbeitscheue und Arbeit blos als Spiel
treibende Jungfrau! Die Töchter der Vornehmen und
Reichen, die Töchter schwacher und thörichter Mütter,
die Töchter emsiger, alle Arbeit selbst verrichtender Haus=
frauen sind vielfach schwer zu beklagen, weil sie durch
Standesvorurtheil, durch Mutterblindheit und Mutter=
emsigkeit ein müßiges, und darum werthloses Leben zu
führen verurtheilt sind. ——

Gott ist der ewig Thätige. Arbeit ist des
Menschen Vorzug und Ehre. Ist irgend eine Müßig=
gängerin für ein arbeitsames Leben zu vornehm, wenn

es Gott nicht ist? Oder ist das etwa Standessache
oder Mutterliebe, die das Kind dazu gewöhnt, nicht wie
ein Mensch zu arbeiten, sondern wie ein Thierlein
zu spielen und sich füttern zu lassen? — Die heiligen
Jungfrauen, Frauen und Wittwen der Kirche, insbesondere viele aus den höchsten Ständen, haben Kranke
gepflegt, für Arme Kleider verfertigt, Unwissende unterrichtet u. s. w. Diesen folge nach!

Und du, die du dem Stande der Dienstbothen angehörst, zürne deinem Geschicke nicht. Du bist vielleicht
viel geplagt, und gering geachtet, aber du füllest eine
Stelle aus, und verwendest deine Kräfte zum Nuzen
der Welt. Wenn einst dein mühevolles Daseyn zum
Ende gebracht ist, wird der Herr dein Richter sagen:
Du gute und getreue Magd! du warst getreu über
Weniges. Ich will dich über Vieles sezen. Gehe ein in
die ewige Ruhe, in die Freude deines Herrn.

5.

Maria verlobt.

Als Maria vierzehn Jahre alt war, wollte man sie (so erzählt die mehrerwähnte alte Schrift) gleich den andern Jungfrauen, welche im Tempel erzogen worden, einem Manne zur Frau geben. Aber Maria weigerte sich dessen, weil sie sich Gott gewidmet habe, und als eine Gottgeweihte leben wolle. Das fand Anstand, denn Solches war gegen Sitte und Herkommen des Volkes. Da fragte der Hohepriester bei Gott an, ob das Beginnen der Jungfrau zugestanden, oder ihre Vermählung der bestehenden Ordnung gemäß bewerkstelligt werden solle? Der göttliche Ausspruch billigte das Gelübde Mariens. Diesem nach erhob sich Abiathar, der hohe Priester, und sprach zu dem versammelten Volke: Wir müssen, da Gott eine neue Weise ihm zu dienen geordnet hat, den Mann aufsuchen, welchem wir die Jungfrau zu Schuz und Pflege übergeben. — Aber welcher wird das seyn? Der Priester, so lautet die Erzählung weiter, fragte Jehova, und es erfolgte der göttliche Ausspruch mit den Worten des Propheten Jesaias, da er sagt: „Es wird aufsprossen ein Zweig aus der Wurzel Isai, und eine

75

Blume aus derselben, und es wird auf ihm ruhen der Geist des Herrn. Diesen Worten gemäß verordnete der Priester, daß alle unverheurathete Männer aus dem Hause David Zweige zum Altare bringen sollen, und dessen Zweig blühen, und auf den sich eine Taube niederlassen werde, der soll die Jung= frau erhalten. So brachten denn alle bezeichneten Män= ner ihre Zweige. Nur Einer brachte sie nicht, Joseph nämlich, welcher sich ohne Zweifel scheute, unter die Bewerber zu treten. Allein es blühte von den dar= gebrachten Zweigen keiner, und der göttliche Ausspruch erklärte, daß gerade der, welchem die Jungfrau verlobt werden solle, seinen Zweig nicht dargebracht habe. Da nun Joseph seinen Zweig darzubringen genöthigt war, blühte dieser unverzüglich, und eine schneeweiße Taube vom Himmel ließ sich auf ihn nieder. So erkannten Alle, daß Joseph es sey, dem die Jungfrau verlobt werden soll: was denn auch nach der Sitte des Volkes geschah. Alle beglückwünschten Joseph. — So weit die alte Erzählung.

Es ist ausdrückliche Lehre der katholischen Kirche, daß Maria allezeit Jungfrau war und blieb. Mit ihr geht am sittlichen Himmel des Menschengeschlechtes ein völlig neues höchst glänzendes Gestirn auf, nämlich die ewige Jungfrauschaft. Bis dahin war die Verehelichung das Höchste, wornach die Hebräerin strebte. Von nun an aber ist die Ehe nicht das Höchste. Von nun an ist das Höchste Maria, die Jungfrau allezeit. Ihr folgten, als ihrer Sonne, seit ihrem Aufgang tausend und tausend Sterne — reine, ewig

4

gottgeweihte Jungfrauen, einen unermeßlichen Strahlen=
tranz um sie gestaltend. —

Die Vorstellung, als sei Maria nicht ewig Jung=
frau gewesen und geblieben, ist nicht nur häretisch,
sondern auch niedrig, herabziehend die Gebenedeite
in den Kreis gewöhnlicher Frauen. Aber so ist es:
der Mensch, der Fleischlichkeit verfallen, kommt leichtlich
so weit, daß er geistige Größe, unbefleckte Herzens=
reinigkeit, und himmlische Schwunghaftigkeit nicht faßt,
und darum läugnet. Allein, der unendlich Reine
wählt (wie schon oben bemerkt worden) zu seiner Mut=
ter nur eine durch und durch reine, eine Jungfrau
himmlischer Richtung; und wählt zu seiner Mutter nicht
nur eine durchaus Reine, die es izt ist, sondern die es
allezeit ist. Wie kann auch in der That die Gnaden=
volle, die Hochgebenedeite, die in himmlischen Er=
sehnungen und Strebungen Heimische je lassen
von sich selbst und ihrer Höhe, und herabsteigen zu den
Gelüsten des gemeinen Lebens? Solches zu denken ver=
unehrt nicht nur die Heilige, sondern auch den Herrn:
als ob die Gebenedeite unter den Weibern, die Einzige,
die Erkohrene ihres Geschlechtes nichts weiter gewesen
wäre, als eine gewöhnliche Frau, die ihre Selig=
keit gewinnt durch Kindergebähren? — O, der, durch
welchen alle Dinge gemacht sind, hat so hocherhabene,
so unaussprechlich reine Geister geschaffen, wie? und
Er sollte nicht die, von welcher er Fleisch annehmen
wollte, zur Reinen, zur allzeit Reinen, zur Rein=
sten der Reinen, gemacht haben? —

Ich habe gesagt, mit Maria der Jungfrau alle=

zeit, gehe im Menschengeschlecht eine neue Gattung sittlicher Virtuosität auf — die ewige Jungfrau-schaft. So ist es. Im alten Testament, und überhaupt in der vorchristlichen Zeit wußte die Jung-frau (wie schon gesagt) von nichts Höherem, als reich zu werden an Kindern, und fortzuleben in Enkeln und Urenkeln. Ihr Herz gehörte der leiblichen Nachkom-menschaft, und ohne solche zu seyn galt als schwere Schmach und Ungnade des Himmels. Ganz anders im Neuen Testamente. Hier ist die Menschenseele zu einer viel edleren Liebe, als die Geschlechtsliebe ist, erschlossen, und Tausende von Jungfrauen, indem sie von einem anerschaffenen tiefen Sehnen nach Liebe bewegt werden, finden den wahren Gegenstand derselben nicht unter den Menschen, sondern in Gott und dem theuren Heilande. Ihm weihen, Ihm ver-mählen sie sich also, und Ihm gehören sie an in un-begränzter Hingebung. Und je ungetheilter sie sich an Ihn hingeben, und je mehr sie von seiner Gnade und Liebe aufgenommen und erfüllt werden, desto seliger sind sie und desto weniger angezogen oder in ihren Seelen-bedürfnissen zu befriedigen von irdischer Liebe. Die Welt ist ihnen gekreuzigt. An der Spize dieser Tausenden nun, die sich dem Herrn in ungetheilter und ewiger Liebe geopfert haben, steht die seligste Jungfrau. Welch eine lilienbekränzte Schaar um ihre Fürstin! Mit hoher Verehrung blicken wir in unserer Beflecktheit auf sie, und bewundern in ihr das dem alten Testamente und überhaupt der Welt verborgene Werk des heiligen und heiligenden Geistes.

4 *

Allerdings fassen, wie der Herr sagt, nicht Alle das Wort, und jede Jungfrau hat ihre eigene Gabe und ihren eigenen Beruf. Ja fern sey, daß wir die, welche sich verehelichen will, tadeln. Sie thut gut, und ein Leben voll Mühen und Sorgen, welches ihr bevorsteht, wird (so hoffen wir) sie kräftig fortbilden und heiligen. Aber die es fassen kann, d. h. die die Gabe und den Muth von Gott empfangen hat, die fasse es! Sie ist eine würdige und schwunghafte Seele, und wird einen Frieden haben, den die Welt nicht geben kann.

Nur daß der Beruf wahrhaft, und die begeisterte ewige Hingebung an den Herrn eine reine sey! Die wahre, die unbegrenzte Hingebung an den Herrn ist stets zugleich wahres unbegrenztes Loslassen und Losseyn von sich selbst. Niemand kann zweien Herrn dienen. Prüfe dich darum selbst! Viele vermeinen von ganzem Herzen fromm zu seyn und sich dem Herrn mit aller Liebe ihrer Seele gewidmet zu haben, und doch ist es Selbsttäuschung. Sie mögen gern ihrer Frömmigkeit wegen im Munde der Leute seyn, sie schmälen selbstzufrieden über die Eitelkeit der Welt, und erheben sich im Geiste über Andere. Siehe, sie haben noch von ihrem Selbste nicht losgelassen — sie sind eigenliebig. Und ferner spüren sie den Fehltritten ihrer Mitmenschen nach, und in scheinbarer Betrübniß erzählen sie dieselben mit Emsigkeit ihren Freundinnen und Bekannten. Siehe, sie haben von ihrem Selbste nicht losgelassen — sie sind ohne entschuldigende und bedeckende Liebe. Auch pflegen sie zwar eifrig und lang der Andacht, und ist ihnen, wie sie sagen, nirgend wohler als in der Kirche. Aber ob sie nicht arbeitschen sind? Angenehmer ists wohl, in frommen Empfindungen leben, als saure Arbeit thun, aber ob es auch gut, ob auch vereinbar mit seinen Berufspflichten? Siehe, sie haben von ihrem Selbste nicht losgelassen: ihre Andacht ist arbeit- und mühescheue Weichlichkeit. — Und wohl erheben sie sich in langen frommen Betrachtungen und Gebethen, wie es scheint, ganz dem Herrn lebend, aber wenn sie in ihr Haus, zu den Ihrigen eintreten, sind sie empfindlich, verdrießlich, und ohne Kraft die Gebrechen Anderer zu tragen, und die Verdrießlichkeiten des Hauswesens lindernd und begütigend zu theilen. Sie sind noch befangen in ihrem Selbst, d. h. sinnlich. Sie suchen nämlich im Leben der gottseligen Seelen das Süße, aber scheuen das Bittere. Darum prüfe du dich selbst, ob deine Hingebung an den Herrn eine wahrhaft ächte sey.

Maria ward, wie auch die hl. Schrift sagt, einem Manne Namens Joseph aus dem Hause Davids verlobt. Luc. 1, 27. — Maria also wurde verlobt. Unter die Segnungen des Christenthums gehört auch diese, daß die Jungfrau, welche sich verehelichen will, nicht verlobt wird, sondern sich verlobt. Der Mann, welchem sie als Gattin angehören soll, ist der Mann ihrer freien Wahl. Das ist, wenn die Jungfrau sich nicht durch trügerische Gefühle und Rücksichten verblenden läßt, ein unschäzbarer Gewinn. Mit einem

aufgedrungenen Manne leben müssen, ist gewiß im All=
gemeinen ein hartes Loos.

Aber die durch Christus Freigewordene, Wem
wird sie sich verloben, Wen soll und wird sie zu ihrem
Manne wählen? — Sie soll und wird Den wählen,
der sie sammt ihren Kindern nähren und schützen
kann. Sie wird Den wählen, der sie zu führen und
zu leiten vermag. Sie wird Den wählen, der ihr
hold und treu seyn, und bis zum Grabe in Glück
und Noth anhangen wird. Sie wird Den wählen,
der sie in ihren innersten Bedürfnissen ver=
steht, der mit ihr zu Gott glaubt, mit ihr liebt, mit
ihr hofft, mit ihr bethet, mit ihr zum hl. Tische geht, mit
ihr das volle ganze innere Leben theilt, fähig, wie Ein
Leib, so auch Eine Seele mit ihr zu werden. Je mehr
sie eine verständige Jungfrau ist, und ihre Zukunft
sichern will, und je mehr sie eine fromme und ge=
müthreiche Jungfrau ist, und nicht blos einen Mann,
sondern einen treuen Freund und Führer, einen Ge=
nossen ihrer Frömmigkeit, und einen Mitpilger durch
Freud und Trübsal hindurch zum ewigen Leben will,
desto gewisser, desto mehr wird sie das thun. Die se=
ligste Jungfrau ward verlobt, aber Gott leitete die
Verlobung; und so ward der Verlobte der heilige
Joseph. Die christliche Jungfrau verlobt sich selbst,
aber weh, wenn sie es thut ohne Gott! Sie bethe
daher in dieser höchsten Angelegenheit ihres Lebens
eifrig um Erleuchtung und glückliche Wahl. — Sie be=
wahre sich so viel innere Ruhe und Selbstverläugnung,
um selbst zu überlegen, selbst zu ermessen, auch die Mah=

nung Gottes — komme sie ihr durch den Rath der Men=
schen oder durch inneres Gefühl — vernehmen zu können.
Sie sey nicht taub gegen die Erinnerung der Aeltern
und Freunde. Sie ist unerfahren. Im allgemeinen sehen
und urtheilen Aeltern und Freunde richtiger.

Woher kommen so viele tausend Mißgriffe, welche
in dieser folgereichsten aller Wahlen gemacht werden?
— Oft freilich hat die Tochter wenig Wahl, und so
mag sie auch das Mangelhafte hinnehmen, weil sie das
Vollkommene nicht erreichen kann. Oft läßt Gott auch
die Wahl eines fehlervollen Gatten absichtlich zu, weil
der Gatte durch seine edlere Gattin gebildet und für
ein würdiges Leben gewonnen werden soll, und auch,
weil der fehlervolle Gatte für die Gattin ein Mittel
ist großer sittlicher Fortschritte und herrlicher Bewäh=
rung. Wie es heißt: es müssen Aergernisse kommen,
so kann man auch sagen: es müssen hier Mißgriffe ge=
schehen. Aber oft liegt der Grund der Mißgriffe ge=
radezu in der Sünde. Manche Tochter ist nicht durch
Verhältnisse beengt, sondern hat ihre Wahl in freier
Hand, aber sie wählt thöricht, weil sie nicht einen
Mann sucht, der ihr Freund, Führer, Mitpilger und
Mitstreiter sey zum ewigen Leben, sondern den wählt,
welchen ihr die Sinnlichkeit, die Habsucht und der
Stolz empfehlen. Die Sinnliche wählt den Mann,
der ihrem Auge gefällt. Sie sieht vom Sinnenreize ge=
blendet an demselben nur Treffliches. Ihn zu besitzen,
ist ihr Alles. Was sie etwa gewarnt wird, glaubt sie
nicht, und was sie glauben muß, entschuldigt sie. Sie
ist entschlossen, nicht von ihm zu lassen, und vor ihrer

Leidenschaft verbleichen alle Forderungen, die die Jung=
frau sonst an den Gefährten ihres Lebens macht, oder
vielmehr: es scheinen ihr alle diese Forderungen erfüllt.
Der Erwählte ihres Herzens ist so lieb; was sollte ihm
mangeln? Sie glaubt Alles, nur nicht Böses; sie hofft
Alles, nur nicht mit Grund. Ach, wie bald wird die
Glückliche enttäuscht seyn und sich aus ihren schwelge=
rischen Phantasien in eine bittere, fried= und trostleere
Wirklichkeit hinuntergeschleudert sehen! — Nicht sage ich
das, als dürfte jugendliche Wohlgestalt die Wahl des
Gatten nicht mit=bestimmen; aber sie soll den Ver=
stand nicht verblenden und die Wahl nicht verstandlos
beherrschen.

Und die Habgierige hat ebenfalls keine höheren
Bedürfnisse, und die sie etwa haben möchte, müssen
weichen: ihr Ziel ist eine reiche Versorgung. Nicht
einmal ihrer sinnlichen Natur trägt sie Rechnung. Ob
der Mann Jugend hat, ob Tugend, ob Frömmigkeit,
ob Edelsinn wird nicht gefragt, sondern ob Geld? —
Nun, das wird eine schöne Ehe geben, wo der Mam=
mon der Gott ist in Herz und Haus! Nicht als ob
Wohlstand einer glücklichen Ehe im Wege stünde, um=
gekehrt: denn Armuth ist die Quelle vieler tausend herber
und unglücklicher Ehen; allein was kann da, wo nicht
der Mensch, wo nicht eine Mitseele, wo nicht für
Zeit und Ewigkeit eine Liebe= und Lebensgemeinschaft ge=
sucht, vielmehr das Geld geheurathet wird, Erfreuliches
werden? Herrscht ja gemeine Erbkästigkeit, und fehlt ja
Alles, was dem Leben Schwung, Adel und Würze giebt. —
O, verkauf dich nicht selbst und laß dich nicht verkau=

fen! Halte dich für mehr als eine Waare, und deine Verlobung für mehr als für ein Handelsge= schäft!

Und die Stolze — wie die Habgierige den reichen, so wählt sie den vornehmen Mann. Sie will Rang und Titel, Aufmerksamkeit und Ehrbezeugung in der Welt. Wohlan, sie blähe sich selbst auf und sehe sich im Geiste als Frau in Schmuck und Pracht einher= gehen, mit Bücklingen begrüßt, mit Huldigungen über= häuft! Was ist es nun? In die Stille ihres Hauses und ihrer Kammer zurückgekehrt, wie öd und leer, wie kalt und stumm vielleicht ist Alles um sie her! — Hat sie in ihrem Manne einen edlen Freund? Hat sie einen Gefährten ihres Lebens, den sie hochachtet, der sie durch den Adel seines Herzens erhebt und erfreut? Hat sie einen gottbefreundeten und gottseligen Christen, dessen Glaube, dessen religiöser Starkmuth, dessen heilige Ge= wissenstreue sie erbaut, stärkt und heiligt? Vielleicht nichts von alle dem, und es ist ihr so öd, so traurig, so friedlos, so weh; ihre innerste Seele schmachtet und verschmachtet. Aber vielleicht bedarf sie all dessen nicht, sie ist selbst kalt und leer, wie der Glanz, welcher sie umgibt. Nun wohl, so wird sie in ihrem Stolze eine großthuige, neidische, bittere, gestrenge, empfindliche, rechthaberische, streitsüchtige, nach innen und außen unzu= friedene Frau seyn, sich selbst zur Last, und ihrem Gatten und Hause zur Last, und ihrer Umgebung zur Last.

Zum Schlusse noch die Bemerkung: die Neigung ist eine unsichere Gewähr des künftigen ehlichen Glücks; die Abneigung aber ein nahezu unfehlbarer Vorbote einer unglücklichen Ehe. Laß dich weder bereden noch zwingen zu einer Verlobung, gegen welche du eine entschiedene Abneigung fühlst. Wenn etwa deine Aeltern so unverständig seyn sollten, dich drängen zu wollen, so sey hier in deinem Leben der erste Fall, wo du den Gehorsam verweigerst.

Wenn die Jungfrau verlobt ist, wie glücklich fühlt sie sich insgemein, und dann doch wieder wie ernst! Es ist Rosenzeit, Freude und blühende Hoffnung in Fülle. So hat es die segnende Hand des Schöpfers geordnet. Was sollte auch der Sommer und Herbst bringen, wenn der Frühling ohne Blüthen wäre und ohne Lust? Also freue dich immerhin in herzlichster Freude, du Verlobte! — Aber oft befällt dich auch ein leises Bangen, und mitten in deine Lebenslust mischt sich eine leise oder laute Sorge, ob du auch eine weise Wahl getroffen, und was dir in deiner Zukunft bevorstehen möge. Mit Recht. Die Blüthen des Frühlings fallen ab, es kommen des Sommers heiße Tage voll Arbeit, es folgen Ungewitter mit Sturm, auch Trockenheit und Dürre. Der Stand, in den du trittst, hat im besten Fall der Mühen viele, aber vielleicht hast gerade du besonders viel Herbes vor dir. Du hast vielleicht bei aller Vorsicht dennoch nicht glücklich gewählt, oder es trifft dich sonst vor Anderen Trübsal und Schmerz. Also laß immerhin nachdenklichen Ernst in deine Seele kommen! Dein Bangen ist vielleicht eine Aufforderung des Himmels, deine Wahl nochmal und ernster zu prüfen. Thue es! — Oder dasselbe ist eine Mahnung, dich, ob du die Eigenschaften und Befähigungen einer guten Hausfrau und Gattin habeſt, wohl zu erforſchen. Vielleicht fehlet dir Vieles und Weſentliches. Erforſche dich! — Oder dein Bangen iſt eine Erinnerung, daß du dir kein Paradies träumen, dich vielmehr auf Sorgen, Mühen und Schmerzen gefaßt machen müſſeſt. Benüze die Erinnerung und halte dich gefaßt! Jedenfalls iſt dein Bangen die Aufforderung, deine dunkle Zukunft fromm in die Hände des Allwiſſenden zu legen. Darum bethe viel und mit Inbrunſt. Flehe um eine gnadenvolle Zukunft, um Weisheit in deinem künftigen Stande, um Geduld und demüthige Fügung in ſeine Beſchwerniſſe, um ein reines und frommes Familienleben, um Kinder, geſund an Leib und Seele, um das tägliche Brod.

Nach der Verlobung gieng (nach dem Berichte unſerer alten Erzählung) Joſeph nach Bethlehem um ſeine Vorkehrungen für die Vermählung zu treffen, Maria aber mit ſieben neben ihr im Tempel erzogenen Jungfrauen, die ſie vom Prieſter erhalten hatte, gieng zu ihren Aeltern nach Galiläa. Welch freudiges Wiederſehen! Als dreijähriges Mädchen war Maria aus dem älterlichen Hauſe weggekommen, als Jungfrau kehret ſie in daſſelbe zurück, als reichunterrichtete, als tief fromme, als heilige Jungfrau, ein Wohlgefallen vor Gott und Menſchen. Man kann ſich die Glückſeligkeit der Aeltern bei dem Anblicke ihres Kindes denken. Ihre heiligmäßige Seele hatte Maria in den Tempel mitgebracht, aber die Ausbildung derſelben hatte ſie im Tempel erhalten, und nun ſtand ſie in aller Würde der reinen Jungfrau, in aller Anmuth der demüthigen gottſeligen und liebevollen Gottesmagd, in aller Blüthe ihres

jungen Lebens vor ihren Aeltern. Welch eine Freude!
— Mögen alle Aeltern, die ihre Töchter aus Erziehungs-
anstalten zurückempfangen, zu gleicher Freude berechtigt
seyn! Die Töchter haben da Sprachen, Musik, kunst-
reiche Arbeiten und andere wissenswerthe Sachen gelernt.
Das ist gut. Sie sind groß und blühend geworden:
das ist auch gut. Aber wir hoffen, sie sind außerdem
und zugleich in der Selbstverläugnung geübt worden,
in der Beherrschung der Zunge, in der Besonnenheit
und Bescheidenheit der Rede, in der Einfachheit der
Nahrung und Kleidung, in der Uebernahme und Er-
tragung körperlicher Unannehmlichkeiten, in der jungfräulichen Bescheidenheit und Züchtigkeit, in der Liebe der
Andacht und frommen Lesung, in dem frommen und
weihenden Empfang der hl. Sacramente 2c. Das ist
das Größere. Und gehest du, o Mutter! mit dir selbst
zu Rath, wohin du deine Tochter zur Erziehung geben
sollest, so entschließe dich für den Tempel, d. i. für
den Ort, wo man dein Kind unterrichtet, aber wo man
dasselbe nicht blos unterrichtet, sondern vor Allem —
heiligt, d. h. eben, in dem übt, was ich gerade gesagt habe. Scheue die Klöster nicht, wenn du darin
diese Uebungen findest. Fürchte wohl die Afterfröm-
migkeit, aber nicht die tiefinnige allopferude Gottseligkeit. Laß deine Tochter fromm seyn, durch und
durch fromm, durch und durch rein und jungfräulich.
Sorge nicht, die Welt wird sich schon ihren Antheil an
ihr erobern. Und erobert sie ihn nicht, desto besser.
Und ist deine heimgekehrte Tochter schüchtern und in Gesellschaft ungewandt und befangen, was thut's? Hohl-

köpfe mögen darob die Nase rümpfen; sie aber hat den beſſern Theil: sie hat ein frommes, reines, liebevolles, liebethätiges, d. i. hochgebildetes Herz. Läge ihr je an, auch die Kunſt ſich fein zu präſentieren inne zu haben, ſo hätte ſie dieſelbe in wenigen Wochen einge= lernt. Ach, die Flachheit und der Schein lernen ſich leicht. Ich hoffe aber, deine Tochter will ſie nicht lernen. Ihre natürliche Anmuth, ihre ſchüchterne Jung= fräulichkeit iſt ihr genugſamer Schmuck überall, wo ſie auftritt.

Maria zog nach Galiläa, Joſeph nach Bethlehem. Insgemein aber wohnen die Verlobten in derſelben Ge= meinde und genießen eines oftmaligen Umgangs. Wer wird das wehren, ſo es im Beiſeyn tugendhafter Per= ſonen und überhaupt in Ehren geſchieht? Gehören ſie ſich einander ja ſo nahe, und in Kurzem auf ewig an. Ihre Zukunft, ihr Glück und ihre Hoffnung machen un= fehlbar einen Hauptgegenſtand ihrer Unterhaltungen aus. — Iſt nicht Gefahr, daß ihre Sinnlichkeit eine unordentliche Macht über ſie übe? Sie ſoll, ſie darf nicht Macht üben, und wenn die gegenſeitige Liebe eine tiefherzliche iſt, wird ſie es auch nicht. Die wahre, die tiefherzliche Liebe des Jünglings und der Jungfrau iſt ihrer Natur nach nicht ſinnlich=be= gehrlich, ſondern eingezogen, und befriedigt und glücklich im Beſize der Gegenliebe. Sie geht auf die Perſon des andern Theils, auf ihr Herz, auf ihre ganze und ewige Hingebung, auf nichts Anderes. Wo fleiſchliche Zumuthung hervortritt, da iſt die Liebe eine mehr und weniger fleiſchliche, eine blos natürliche,

und wird ein Ende haben, sobald der Sinnenreiz auf=
hört. Erschrick daher, o Jungfrau! ob unziemlicher Zu=
muthung; erschrick wegen der Sünde, aber auch wegen
der bloß sinnlichen und darum so vergänglichen Liebe.
Die wahre, edle, herzliche, ewige Liebe ist (wie schon
gesagt) wesentlich eine reine. — Und dann willst
du in Kurzem zum Altar treten und für eine ernste und
lange Lebensbahn den Segen von Gott und die erfor=
derliche Gnade im hl. Sacramente der Ehe erflehen.
Sey und bleibe darum unbefleckt, damit du mit frohem
Bewußtseyn und gutem Muthe hintretest, und der Herr
ein Wohlgefallen an dir habe und dich segne. — Du
wirst am Altare erscheinen mit einem weißen Kranz auf
dem Haupte. Der Kranz ist das Sinnbild der jung=
fräulichen Reinheit, mit der du kommen sollst. Er ist
dein völlig eigener Schmuck. Nur du allein unter den
begleitenden Jungfrauen trägst ihn. Beflecke den Kranz
nicht, damit du dich seiner nicht am Altare schämen
müssest in deinem Herzen, und dein Bräutigam dich
nicht verachte in einem Schmucke, dessen er sich nicht
freuen kann, weil du ihn nicht verdienst. Sey stolz auf
deine weißen Rosen! — Wie anders auch tritt die Un=
befleckte in das Brautgemach ein, als die Befleckte, und
wie anders empfängt sie der Bräutigam! — Vergiß
überhaupt nicht die Geschichte des jungen Tobias. Sie
lehrt, wie man die Ehe anfangen müsse in Frömmigkeit
und Zucht. Wenn du als Braut deine Jungfräulichkeit
opferst, so bringst du dich bei dem, welchem du sie
opferst, um jene tiefere Achtung, welche die Grundlage
seiner Liebe ist: Nicht Asmodi, der böse Geist, hat ihn

nun dir erwürgt, du selbst hast ihn dir geraubt, denn du hast das Band jener zarten Jungfräulichkeit und Züchtigkeit zerrissen, welches ihn hochachtungsvoll an dich band. Hoffe nie eine Liebe zu besitzen, oder dir eine Liebe zu bewahren, als auf Grund der Achtung, die du dir erwirbst und die du dir erhältst.

6.

Der englische Gruß.

Die Priester ließen (laut der mehrerwähnten alten Erzählung) für den Tempel einen Vorhang verfertigen und die Jungfrauen des Tempels mußten loosen, welcher Theil der Arbeit einer Jeden zufallen sollte. Das Loos schied Marien den P u r p u r zu, wornach die Gespielen sie scherzweise (wie die alte Erzählung sagt) d i e K ö n i g i n nannten. Aber in den Würfeln ist zuweilen mehr als Zufall, und im Scherze mehr als bloße Heiterkeit. So hier.

Maria war eine Erbtochter, aus dem Hause Davids; an Glücksgütern herabgekommen, aber nicht ohne das erhebende Bewußtseyn ihrer Abkunft. Den äußeren Glanz ihres großen Ahnherrn hatte sie nicht ererbt, wohl aber seinen Sinn. Was glauben wir wohl, welches unter allen Büchern des alten Bundes ist der Jungfrau das theuerste gewesen? Unfehlbar das P s a l m e n b u c h, und in diesem die Sammlung der heiligen, der begeisterten, der von Gott eingehauchten Gesänge ihres königlichen Ahnherrn. Die mehrerwähnte alte Erzählung sagt ausdrücklich, wie vertraut sie m i t d e n d a v i d i s c h e n L i e d e r n gewesen. So fühlte sie mit den Worten des Psalmisten den Druck, die Verfol-

gung, den Uebermuth der Feinde ihres Volkes; so
flehte und seufzte sie mit ihm um Rettung und Erlösung; so vertraute sie siegesgewiß mit ihm der
Macht und Güte Jehovas, des alleinigen Gottes, des
starken und getreuen; so erhob sie sich mit ihm in
der Betrachtung und Bewunderung der Großthaten
Gottes, eben sowohl deren in der Geschichte ihres
Volkes, als deren in den Wundern der Natur; so er-
goß sie sich mit ihm in Danksagungen und Lobpreisungen, anrufend Himmel und Erde, einzustimmen in
den Ruhm Jehovas und in die Verherrlichung seines
Namens. Was ihr königlicher Ahnherr gelitten, ge-
stritten, erfleht, errungen, gehofft, gedankt, gejubelt,
vollbracht und für Gott geeifert und gethan hatte, das
lebte sie mit ihm, das erneute sich in ihrer großen
und königlichen Seele. Wir müssen die Tochter aus
dem Hause Davids uns ja nicht denken als eine gewöhnliche, durch und durch fromme und reine Jungfrau; sie war weit mehr, sie war Davids, des größten aller hebräischen Könige Enkeltochter, genährt von
seinem Geiste, durchdrungen von seinem Geiste, und über
gewöhnliche Jungfrauen hoch emporgetragen auf den
Fittigen seiner gottbegeisterten unsterblichen Psalmen.

Aber nun kommt hierzu noch ein besonderer Umstand. Gott hatte nämlich durch den Mund des Propheten Nathan zu David gesagt: „Dein Thron soll
feststehen auf ewig" *). Nie soll dir fehlen

---

*) 2 Kön. 7, 16. 3 Kön. 8, 25. 9, 5. Pf. 131, 11. Chron.
7, 11 fg.

ein Mann auf dem Throne Israels, „wenn deine
Söhne halten meinen Bund." — Hatte die Jung=
frau nicht auch dieses gelesen? Ja, war diese
Verheißung nicht eine alte Ueberlieferung in ihrer
Familie? — Zwar hatten die Nachkommen Davids.
Jehova nicht angehangen, wie David ihr Vater, aber
wenn der Mensch untreu ist, wird es darum auch Gott
seyn? Hatte doch Jehova selbst zu David gesagt:
„Wenn dein Sohn verkehrt handelt, will ich ihn nicht
verwerfen, wie ich Saul gethan; ich will ihn züchtigen
mit Schlägen der Menschensöhne; aber meine Gnade
soll nicht weichen von ihm" *). Also waren die Nach=
kommen Davids zwar gezüchtigt und der Thron ihres
Vaters ihnen genommen, aber nicht auf ewig. Jehova,
treu in seinen Verheißungen, wird das Haus Davids
wieder erheben und demselben den Thron seines Vaters
zurückgeben. Konnten diese Gedanken, Empfin=
dungen und Hoffnungen der Seele Mariens
fremd bleiben?

Doch nicht genug. Was David gesagt worden,
dasselbe wiederholten und weissagten auch fortan alle
Propheten: daß nämlich ein großer König aufstehen,
Israel aus der Gefangenschaft, aus dem Drucke der
Unterjocher befreien, daß er aus dem Hause Da=
vids seyn und daß er den Thron desselben wieder=
herstellen und Israel groß machen werde für immer.
Aber noch mehr: es war die Lehre, der Glaube und
die Zuversicht der eben itzt lebenden Gesezesge=

---

*) 2 Kön. 7, 13—15.

lehrten, der Priester und des gesammten Vol=
kes, daß der Verheißene nicht etwa überhaupt·kommen
werde, sondern daß er izt kommen werde, ja daß
er nahe sey. Wie unfehlbar war es also, daß die
sinnende Jungfrau nicht nur den allgemeinen Glauben
der Priester und des Volkes theilte, sondern oft inner=
lich in diesem Glauben hoch erhoben und begeistert war,
daß sie sich groß fühlte als Hebräerin, und größer,
ja überschwenglich groß als Sprößling des davi=
dischen Hauses und als nächste Angehörige des
erwarteten großen von Gott gesendeten Königs. Bei
dem leiblichen Drucke, unter welchem sie ihr Volk sah,
und bei der Sünde, die ringsum wucherte, und eher
den Zorn Gottes fürchten als die Sendung des Messias
hoffen ließ, wie oft mochte sie bittend und flehend,
daß das Volk sich von seinen Sünden bekehren und der
Erwartete doch endlich kommen möge, vor Jehova ge=
kniet haben!

In einer Stunde, als die Davidstochter im Ge=
danken an den großen Nachkommen ihres Hauses eben
hoch erhoben war im Geiste, und als sie mit königlichem
Sinne die Nothstände ihres Volkes im Herzen trug,
und inbrünstig um die baldige Sendung des Retters
zu Jehova flehte, war es ohne Zweifel, daß der
Engel Gabriel von Gott zu ihr gesendet ward. Denn
der Verheißene sollte wirklich, ja unverzüglich kom=
men, und sie selbst sollte es seyn, durch die er
komme.

So trat also der Engel Gabriel zu ihr und sprach:
„Sey gegrüßt, du voll der Gnaden, der Herr

ist mit dir, du bist gebenedeit unter den Wei=
bern." — Maria sah den Engel, aber sein Erscheinen
setzte sie in Schrecken. Auch hörte und verstand sie
seine Worte, aber ihre Bedeutung und wie das ihr
gesagt werde, begriff sie nicht. Sie dachte daher, wie
es im hl. Texte heißt, was das für eine Begrü=
ßung wäre? — Das erste nun, was der Engel that,
war, daß er sie beruhigte. „Fürchte dich nicht,"
sprach er zu ihr. Und wollte sie sich fassen, und ihr
Auge zu ihm erheben, so konnte sie sich ohnehin nicht
fürchten, denn sie sah ein Antlitz voll unaussprechlicher
Würde und Güte. Aber damit sein: „Fürchte dich
nicht," noch zutrauenerweckender laute, fügte er ihren
Namen bei und sagt: „Fürchte dich nicht, Maria!"
— Das Andere, was der Engel that, war, daß er
ihr seinen Gruß erklärte. Er sagt: Ich habe dich ge=
grüßt als voll der Gnaden, als gebenedeit un=
ter den Weibern, ich habe gesagt: der Herr ist
mit dir. So ist es. Denn du hast Gnade gefun=
den vor Gott. Siehe, du wirst schwanger
werden und einen Sohn gebähren, den sollst
du Jesus nennen. Dieser wird groß seyn und
ein Sohn des Allerhöchsten genannt werden,
und Gott der Herr wird ihm seines Vaters
David Thron geben, und er wird über Jakobs
Haus regieren ewig, und sein Reich wird ohne
Ende seyn.

Auf diese Rede, wie wird der Jungfrau seyn und
was wird sie antworten? Wird sie im überströmen=
den Gefühle der Erhöhung, welche ihr angekündigt

ist, aufjubeln, und Alles, was zu fragen und zu be=
denken war, ob ihrem Jubel vergessen? Nicht doch.
Kein Begegniß kann ihr das umsichtvolle Denken und
die besonnene Erwägung rauben. Sie soll den Er=
sehnten, den Fürsten, welcher auf Davids ihres Ahn=
herrn Thron sizen und ewig über Israel regieren
wird, empfangen und gebähren? aber, fragt sie sich
selbst, „wie soll das zugehen, da ich keinen
Mann erkenne?" Ich habe es dem Herrn gelobt,
Jungfrau zu bleiben, wie kann ich Mutter werden?
Sie verhehlt es daher dem Engel nicht, daß er ihr
etwas verkünde, was sie nicht begreife. Der Engel
aber erwidert ihr: „Ja, du erkennest keinen Mann und
willst keinen erkennen. Aber darum wird doch gesche=
hen, was ich dir verkündet habe. Der heilige Geist
wird über dich kommen und die Allmacht des Höchsten
wird dich überschatten. Darum wird auch das Hei=
lige, das aus dir geboren wird, Sohn Gottes heißen.
Denn bei Gott ist nichts unmöglich. Damit du
aber erkennest, fuhr der Engel fort, daß bei Gott nichts
unmöglich ist, so wisse: Elisabeth, deine Verwandte,
die für unfruchtbar Gehaltene, hat noch in ihrem
Alter einen Sohn empfangen und geht bereits im sech=
sten Monate mit ihm." — Was konnte Maria nun er=
widern? Nichts anderes, als was sie wirklich erwiderte:
„Siehe, ich bin des Herrn Magd, mir geschehe,
wie du gesagt hast."

Werfen wir einige Blicke auf das eben erzählte
Ereigniß! Zuerst auf die Botschaft des Engels

als. solche; dann auf die Betheiligung der seligsten Jungfrau an derselben.

1) Der Inhalt der himmlischen Botschaft ist:

Du wirst einen Sohn empfangen und gebähren,

du wirst ihn empfangen nicht auf natürlichem Wege, sondern durch die Kraft Gottes, des hl. Geistes,

es wird darum, was du gebähren wirst, Heiliges seyn, dieses Heilige wird

der Sohn des Allerhöchsten genannt werden,

und Gott wird ihm geben den Thron seines Vaters David,

und er wird über das Haus Jsrael regieren ewig,

und seines Reiches wird kein Ende seyn.

Sein Name soll Jesus heißen, d. i. Erlöser, denn er wird erlösen sein Volk von seinen Sünden *).

Hieraus ersehen wir:

Gott ist treu. Was Er Abraham, was Er David verheißen, was Er zu den Propheten geredet hat, erfüllt Er. Er erfüllt es, weil Er es verheißen, aber Er erfüllt es nicht blos, weil Er es verheißen, vielmehr hat Er nur verheißen, was Er vor aller Verheißung zu thun ewig bei sich beschlossen hatte.

Eben izt, d. h. mit der Verkündung des Engels, fängt die Verheißung, d. i. der ewige Rathschluß Gottes an, sich zu erfüllen. In einem stillen Gemach zu Nazareth beginnt, verborgen vor aller Welt, das Werk, welches die Erde umgestalten und in

---

*) Matth. 1, 21.

die Ewigkeit dauern wird. Das Reich Gottes ist gleich
einem Senfkorn. Schon hier bestätigt es sich.

Die Weissagung, die sich durch das ganze Alte
Testament herabzieht und die namentlich an David er=
gieng, daß seinem Throne nie ein Mann fehlen werde
aus seinem Hause, erfüllt sich. Aber, wie weit
gehen die Gedanken und Rathschlüsse Gottes hinaus
über die der Menschen! Handelt es sich etwa blos um
Wiederaufrichtung des gestürzten davidischen Thrones
und um Herstellung eines großmächtigen Hebräerreiches?
Nicht doch! Das war wohl der Menschen Gedanke, aber
nicht der Gottes. Was wäre gewonnen, wenn das
Hebräerreich wieder mächtig dastünde? Es wäre nur
wieder die davidische Zeit. Diese kehrt nicht zurück.
Es muß Anderes und Besseres kommen. Das Wir=
ken und Walten Gottes geht auf Entwickelung und
Fortschritt. — Und das Wirken und Walten Gottes
geht auf das ganze menschliche Geschlecht, denn
er ist der Schöpfer und Gott nicht blos einer Nation,
sondern der ganzen Menschheit. Was hätte aber
die Menschheit von dem Wiederaufblühen des he=
bräischen, seinem Gesetze gemäß sich streng von andern
Völkern abschließenden Volkes? An einen großen Ju=
denkönig mochte wohl der Jude denken; Gott aber
dachte an die Menschheit. Die nationalen Schran=
ken und Abgeschlossenheiten sollten fallen und ein
universaler Geist alle Nationen zu einer einzigen
großen Familie Gottes verbinden. Darum soll der
Nachkomme Davids auf dessen Throne sizen, aber nicht
als Einer, der wieder seinen Nachfolger hat, sondern

als Einer, der ewig bleibt und herrschet. Darum
soll der Nachkomme Davids auf dem Throne Davids
sitzen, aber nicht als Hebräerkönig sondern als
Weltkönig. Darum soll er regieren, aber regieren
nicht mit weltlichem Stab, mit irdischer Macht, zur
Schirmung blos der bestehenden äussern gesetzlichen Ord=
nung, sondern soll regieren mit geistiger Macht, zur
Erlösung der Welt von ihren Sünden.

Was ist der Mensch! wie engherzig und klein!
Während sich die Völker gegenseitig bekriegten und
unterjochten, die einen stolz den Fuß auf den Nacken
der andern sezten, die andern knirschend den erdrücken=
den Fuß duldeten; während namentlich die Juden das
Joch der Römerherrschaft mit tiefem Groll trugen,
sendet Gott Den, welcher die Völker Alle zu Einer
Nation Gottes machen soll. Wie wäre das im An=
blicke des allherrschenden gegenseitigen Völkerhasses in den
Sinn eines Menschen gekommen! — Und während
Ungerechtigkeit, Gewaltthat, Treubruch, Verrath, Dieb=
stahl, Verläumdung, Uebermuth, Prassen, Wollust und
Schändlichkeit aller Art herrschten auf der einen Seite,
auf der andern Armuth, Noth und Verzweiflung, giebt
Gott Den in die Welt hin, welcher all diese Abscheu=
lichkeit und Elendigkeit hinwegnehmen, einen tugend=
lichen Geist und Wandel herstellen, und die namenlose
über das Geschlecht ausgebreitete Noth aufheben soll.
Wie hätte ein Mensch in Mitte dieses allgemeinen
Sünde= und Nothstandes den Gedanken an Heilung
und Hilfe gewagt? — Was im stillen Gemach zu
Nazareth geschah, ist daher etwas Erstaunenswürdiges

und in keines Menschen Sinn gekommen. Indeß so lag es in dem göttlichen Rathschlusse. Erst mußte die Sünde ihre vollen Früchte bringen. Dann konnte der Erlöser und Heiland erscheinen und Aufnahme finden.

Preisen wir Den, welcher die Zeiten und ihre Geschichte in der Hand hat, und Alle in Sünde und Noth sinken ließ, um sich, wenn die Zeit gekommen seyn würde, Aller zu erbarmen. Siehe, was vom Fleische gezeugt wird, ist Fleisch, und aus dem sündigen Saamen des ersten Menschen kann sich nur die Sünde fortpflanzen. Darum giebt Gott einen zweiten Adam, einen heiligen, einen durch die Kraft des hl. Geistes gebildeten in die Welt hin, daß sich von ihm aus ein neues Geschlecht fortpflanze, ein Geschlecht der Kinder Gottes.

2) Das Zweite, was wir bei der Botschaft des Engels ins Auge fassen, ist die, an welche die Botschaft lautet — Maria. „Sey gegrüßt, spricht der Engel zu ihr, du voll der Gnade, der Herr ist mit dir." Das will sagen: die ganze Fülle des göttlichen Wohlgefallens und der göttlichen Segnungen ruht auf dir. — Wohlan, was denken wir von der Schönheit und innerlichen Herrlichkeit jener Seele, zu welcher dieses gesagt wird? Die voll des göttlichen Wohlgefallens ist, muß auch voll jener Tugenden seyn, welche der Fülle des göttlichen Wohlgefallens fähig machen. Darum sagt das Kirchengebet: „Du hast, o Herr, den Leib und die Seele Mariens der glorreichen Jungfrau unter Mitwirkung des hl. Geistes zubereitet, daß sie es werth wäre, eine wür-

dige Wohnstätte deines Sohnes zu seyn."
Wir ach, in unserer Armseligkeit und Beflecktheit haben
keinen Begriff von der Verklärtheit jener Seele, die
Gabriel eine gnadenvolle nennt, mit welcher der
Herr sey.

Aber der Engel bleibt in seiner Begrüßung nicht
bei dem Allgemeinen: „du Gnadenvolle, der Herr ist
mit dir," stehen, er kommt dem Zwecke seiner Sendung
näher, indem er beifügt: „Du bist gebenedeit unter den Weibern." Er spricht der Jungfrau damit
eine Auszeichnung zu, die sie nicht blos überhaupt besitze, sondern die ihr zukomme als Glied des weiblichen Geschlechtes. Sie sey, sagt er, höher begna-
bigt, als Alle dieses Geschlechtes. — Natürlich mußte
sich in der Jungfrau Staunen hierüber und die Frage
erzeugen: Wie das? Der Engel rechtfertigt darum
seine Begrüßung, indem er ihr verkündet, sie werde
und zwar durch die Kraft Gottes einen Sohn empfangen,
welcher Sohn des Allerhöchsten sey und von Gott
den Thron Davids erhalten werde zu ewigem Besitze.
So war denn Maria allerdings die Gesegnete unter
den Weibern. — Mutter seyn, ist schon Freude; Mutter eines Knaben seyn, ist besondere Freude; Mutter eines
künftig hochstehenden oder berühmten Mannes seyn,
welcher Stolz! Mutter eines Fürsten, eines regierenden
Hauptes seyn, welch eine Würde unter allen Frauen
des Landes! Aber was sind alle diese Mütter im Vergleich mit Maria, der Mutter Dessen, durch Den
alle Dinge gemacht sind, und vor Dem sich alle
Kniee beugen deren, die im Himmel, auf Er-

den und unter der Erde sind! Ja, was sind alle
diese Mütter im Vergleiche mit Jener, die gewürdigt
ist, den Sohn des Allerhöchsten, den Erlöser und
Heiland der ganzen Welt, das ewige Haupt
der ganzen Menschheit zu empfangen, und der
Welt als Menschensohn zu geben! Und zwar ihn
zu empfangen und zu gebähren, ohne die leiseste Berührung oder Schwächung ihrer reinsten Jungfräulichkeit! —
„Selig der Leib, der dich getragen hat, und selig die
Brüste, die dich gesäugt haben", rief eine Frau im bewundernden Entzücken diesem Sohne zu; und doch, wie
wenig kannte oder ahnte diese Frau die Abkunft Würde
und Bedeutung des Mannes, dessen Mutter sie selig
pries! Was würde sie gerufen haben, wenn sie in dem
Manne den Sohn des Allerhöchsten, den Heiland der
Welt erkannt hätte! — Ja wohl ist Maria die Ge-
segnete unter den Weibern. Ihre Mutterschaft
ist einzig in der ganzen Weltgeschichte. Es war keine
Gottesmutter vor ihr, es wird keine seyn nach ihr. —
Wohlan, so führe hervor aus der Vergangenheit alle
Frauen und Jungfrauen, welche von Eva an bis heute
auf Erden gelebt haben: welch eine unübersehbare Zahl!
Und führe hinzu aus der Zukunft alle Frauen und
Jungfrauen, welche leben werden von heute durch alle
Zeiten hinab bis an der Welt Ende: welch eine namen-
lose Schaar! Nun siehe, unter allen diesen ragt die
Gebenedeite hervor: sie steht einzig da unter ihnen;
sie steht hoch da über Allen. Sie ist die glorreiche
Königin des ganzen Geschlechtes. Wie viele Tausende
unter den Millionen sind ausgezeichnet durch bewunde-

5*

rungswürdige Tugend! aber alle sind doch nur glän=
zende Sterne um sie her: sie ist die Sonne unter den
strahlenden Lichtgestalten ihres Geschlechtes. Sara, Re=
bekka, Rachel, Maria Aarons Schwester, Anna die
Mutter Samuels, die Mutter Davids und Salomos,
Judith, Susanna, die Makkabäerin ꝛc. waren ruhmvolle
Frauen, aber wie wenig sind sie im Vergleiche mit der
Mutter des Menschwerdenden Sohnes Gottes!

So schaaret euch denn zusammen, Alle, um die
Königin eures Geschlechtes! Um die Gebenedeite unter
den Weibern sammelt euch! Sie ist eure Ehre und
euer Ruhm. Sie lobpreisen, lieben, nachahmen, um
Schuz anflehen sey eure Freude und euer Stolz! Ihr
seyd erhöhet in ihr; euer ganzes Geschlecht ist er=
höhet in ihr. War Eva die Mutter eines sündhaften
und der Noth und dem Tode verfallenen Geschlechtes;
so ist sie die Mutter des Wiederbringers der verkomme=
nen Menschheit, und in Ihm und durch Ihn nicht nur
die Gesegnete, die Hochbeglückte unter den Wei=
bern, sondern auch die Segnende, und Allbe=
glückende.

––––––––––

Die Verkündung des Engels war für Maria von
überschwenglich freudigem Inhalt. Aber sezte die Bot=
schaft sie in Entzücken, oder wendete sie ihren nächsten
Blick nur überhaupt dem hocherfreuenden Inhalte der=
selben zu? — Was dem Herzen das Nächste und
Theuerste ist, daran denken wir bei allen Fragen

und Begegnissen des Lebens zuerst. Und woran wir je zuerst denken, ist uns das Wichtigste und Theuerste. Der lezte Gedanke des kindlichen Sohnes, wenn er in die Schlacht geht, wird noch seine Mutter seyn; und ist er wohlbehalten und mit Auszeichnung aus der Gefahr zurück, so ist es der erste Wunsch, daß es nur die Mutter wüßte. Nun, was ist das Erste, woran die seligste Jungfrau bei der Verkündung des Engels denkt? Dieses, daß sie Gott geweihte Jungfrau sey für immer. Wie also geschehen könne, was der Engel sage? — Das war dem Herzen Mariä mithin das Erste und Theuerste, und darin bewegte sich ihr ganzes Leben, daß sie Jungfrau sey, und gottgeweiht für immer. — So ist es mehr und weniger bei jeder fromm und sittig aufgewachsenen Tochter. Ihre Jungfräulichkeit ist so zu sagen das Centrum ihres ganzen Daseyns, und wenn etwas sie berührt, so ist ihre Jungfräulichkeit der erste und feinste Sinn, der die Berührung vernimmt — Verlegenheit weckend, Vorsicht, Sorge, Errothen, Furcht u. s. w. Ach wie tief ist die herabgekommen, die diesen Sinn nicht hat; aber sie weiß es nicht! —

Maria erkennt keinen Mann. — Im alten Testamente war es das höchste Glück, Mutter, und die höchste Schmach, kinderlos zu seyn. Im neuen Testamente (wie schon oben erwähnt worden) liegt der höhere Ruhm in der gottgeweihten Jungfrau-

ſchaft. Woher dieſer Umſchwung in dem Urtheile
der Welt? Er liegt in dem ganzen Geiſte des Evangeliums, welches das Fortleben des Menſchen nach ſeinem Tode nicht mehr in das Fortleben in den Söhnen
und Enkeln, ſondern in das perſönliche Fortleben
bei Gott ſezt. Und liegt in dem Geiſte des Evangeliums, welches Gott als unendlich reines, aller ſinnli-
chen Natur durch und durch ermangelndes Geiſt-Weſen
darſtellt, dem man wohlgefallen könne nur im Geiſte,
und wohlgefalle in dem Maße, als man Geiſt iſt —
reiner, von der Fleiſchlichkeit entkleideter Geiſt. Und
liegt im Weſen der neuen durch das Evangelium geſchaffe-
nen Zeit, in welcher der Geiſt Gottes, der heilige,
nicht nur die Herzen der Chriſtgläubigen überhaupt
heiligt, ſondern viele Tauſende über die Begier-
lichkeit des Fleiſches emporträgt, und ſie Gott
in jungfräulicher Unverſehrtheit als ewiges
Opfer darbringt. So ſteht izt die ſeligſte Jungfrau
an der Spize von Millionen ſeelenreiner, gottgeheiligter
Jungfrauen, die nie des Fleiſches Willen gekannt, ſondern den Engeln gleich gelebt haben. Dieſe ſind jene
auserwählte Schaar, die das Lamm begleitet, wohin immer dieſes geht *). — Ach, du hocherhabene, beneidenswerthe, ſelige Schaar: Millionen blicken
in ehrfurchtvollem Entzücken lobpreiſend zu dir und deiner Königin auf; und weinend blicken ſie vielleicht auf
ihr eigen Herz, und fragen: du armes, du ſchwaches,

---

*) Offb. 14, 4.

du beflecktes Herz, wo ist deine Unschuld, wo ist dein
Stolz und Schmuck? — Ja, wie Manche sitzen vor
dem Bildniß der Unbefleckten, und schlagen die Au=
gen nieder; sie wandeln im Garten, am Beete der Li=
lien, und seufzen. — Die hl. Schrift stellt uns zwei
Marien vor Augen: eine unbefleckte, und eine büßende.
Sind wir der Ersteren nicht gefolgt, wohlan, so laßt
uns der Anderen folgen! —

Maria erkennt keinen Mann. — Vielleicht
gehörest auch du, meine Tochter, zu jenen Begnadigten,
denen es gegeben ist, in ewiger Jungfrauschaft zu leben.
Du mußt es in dir fühlen, ob dich Hauswesen und
Familie anziehen, oder ob deine Lust ausschließend
Gott ist, Gebeth und frommes Wirken. Niemand kann
da an sich reissen, was ihm nicht gegeben ist. Es giebt
allerdings Solche, die um des Reiches Gottes Willen
Vater und Mutter, Mann und Kind, Haus und Güter
verlassen; aber es muß ihnen von Oben gegeben seyn.
Prüfe darum dich selbst sorgfältig, ob du, wenn dich's,
ewig Jungfrau zu bleiben, zieht, diesen Zug
wirklich von Gott empfangen habest, oder ob derselbe mehr eine kindliche, später vorübergehende, Be=
geisterung sey; eine Begeisterung ohne tiefere Kenntniß
deiner selbst und der in der Folge eintretenden veränderten
Zustände deiner Seele! — Findest du dann, daß dein
Zug ausschließend und ewig nach Gott hin,
wirklich ein gottgegebener sey, und wird derselbe

von frommen, weisen und prüfenden Männern, die du berathen, als solcher anerkannt, so folge ihm! Der Herr spricht: „Wer das Wort fassen kann, der fasse es!" Es ist etwas Großes, im Fleische wohnen, und doch über demselben stehen; einen Leib haben, und doch ein dem Leibe entwundenes geistiges Leben führen; auf Erden seyn, und doch bei Gott wohnen, in unge= theilter seraphischer Liebe Ihm vereinigt; von den Jn= teressen und Gütern der Erde gelockt werden, und doch sie wie Auskehricht ansehen; dem Aufscheine nach ein schwaches Geschöpf seyn, und doch einen weltüberwin= denden Muth haben, und den Fuß setzen auf den Kopf der zischelnden Sinnlichkeit. Stelle dich in den Chor der Millionen gottgeheiligter Jungfrauen, die sich aus allen Zeiten und Zonen schaaren um die allzeit Reine! —

Aber wirst du (täglich umgeben und angelockt von den Reizen der Welt) diesen Reizen widerstehen, oder vielleicht später von deiner Höhe und Schwunghaftig= keit herabgezogen werden? Dir bangt. Dabei findest du die Möglichkeit eines geistigen Herabsinkens uner= träglich. Was wirst du thun? — Um mit der Welt entschieden, für ewig, und unwiderruflich zu brechen, haben gottselige Seelen sich von jeher zu dem Entschlusse gedrängt gesehen, die Welt gänzlich zu verlassen, und in klösterlicher Abgeschiedenheit zu leben. Sie thaten es, und verpflichteten sich Gott durch feierliche Gelübde, in Ewigkeit von Allem, was die Welt an Ehre, Macht, Reichthum und fleisch= lichen Gelüsten bietet, nichts zu wollen von Stund an,

sondern allein und ausschließend und ewig und unwiderruflich Ihm anzugehören und zu dienen. — Auch
du möchtest Gott angehören ausschließend und ewig,
unt fragst, ob du in ein Kloster gehen, und die
ewigen Gelübde der Armuth, der Keuschheit und des
Gehorsams ablegen sollest? Ich antworte: Es giebt
Jungfrauen, welche, ob sie gleich in ein Kloster zu
gehen Lust hätten, dahin doch nicht gehen können, weil
sie Kindespflichten in der Welt haben, die sie nicht
versäumen dürfen. Sie wollen und sollen Gott gebö-
ren und Gott dienen; aber ein Theil dieses Gottesdienstes ist der Dienst, welchen sie ihren alten
kranken oder armen und (wenn sie weggehen)
verlassenen Aeltern erweisen müssen. Sie sollen
darum wohl die Welt verlassen, aber nicht den in
ihren Aeltern oder auch in sonstigen Angehörigen zu speisenden, zu tränkenden, zu beklei-
denden, zu beherbergenden und zu verpflegen-
den Heiland und Herrn. Man kann leiblich mitten
in der Welt seyn, und doch die Welt gänzlich verlassen
haben. Nicht steinerne Mauern machen das Kloster,
sondern der arme demüthige keusche der Welt entstorbene Geist. Hast du also Pflichten in der Welt, so
verlaß die Welt, aber nicht deine Pflichten! —
Wenn du dagegen Pflichten, welche dir in der Welt
persönlich obliegen, nicht hast, und es drängt dich,
einem Vereine aus der Welt ausgetretener
und dem Himmel geweihter Jungfrauen dich
anzuschließen, um gemeinschaftlich mit ihnen, und gehoben durch sie, Gott zu leben, so thue es! Der Act,

in welchem du deinen Kranz für ewig zu den Füßen
deines Heilandes niederlegst, ist ein heiliger Act, eine
erhabene Opferhandlung, auf welche Engel mit himmli=
scher Ehrerbietung und Freudigkeit blicken.

Aber in welchen Orden sollst du treten? —
Die katholische Kirche hat deren Viele mit den ver=
schiedensten Statuten, damit jede fromme Seele eben
jenen Orden wählen könne, welcher ihrer besonderen
geistigen Natur und Richtung am meisten zusagt. Die
Eine fühlt sich mehr hingezogen zu einem beschaulichen,
die andere mehr zu einem nach Außen thätigen Leben.
Die Eine will von der Welt gänzlich abgeschlossen
seyn, die andere auch fortan (weil thätig in der Welt)
im Verkehre mit der Welt stehen. Die Eine sucht ein
Leben voll sinnlicher Abtödtung, die andere bedarf eines
Ordens von milderer Zucht. Welchen der verschie=
denen Orden du also wählen sollest, das hängt von
deiner persönlichen Eigenthümlichkeit, d. h. von deiner
natürlichen Neigung und Berufung für diese oder jene
Lebensweise ab. Im allgemeinen verdienen ohne Zwei=
fel jene Orden den Vorzug, in denen man ein Leben
lebt in Gott; um Gottes willen, aber sich wohl=
thuend wendet gegen die Welt: die Orden also,
in denen man (der Welt ledig, und Gott und dem
theuren Heilande gewidmet) seine gottgewidmete Kraft
täglich verzehrt im Unterrichte der Unwissenden,
in der Erziehung der Unmündigen, in der Auf=
richtung und Besserung der Gefallenen, oder
im Dienste der Kranken. Womit jedoch nicht ge=
sagt seyn will, daß die beschaulichen Orden ohne

Werth für die Welt seyen, da sie der Welt ja durch
ihre Gebethe und Fürbitten, weiter durch das beschämende
Beispiel, welches sie dem fleischlichen Sinnen und Treiben
der Weltkinder entgegenstellen, heilsam und nützlich sind.

Aber vielleicht hast du die geistigen Gaben oder
die leiblichen Mittel nicht, dir Aufnahme in einem
Kloster zu erwerben? Dann hat dich Gott auch nicht
für das Kloster bestimmt. Aber das darf dich nicht
irre machen, der Welt dennoch zu entsagen, in ewiger
Keuschheit, und unwandelbarer ungetheilter Hingegeben=
heit an Gott zu leben, wenn du überhaupt den Zug
hierzu und die Kraft in dir findest. Du bist nur um
so ehrwürdiger, wenn du, mitten in der Welt, den=
noch ausschließend Gott gehörest, und, von der Liebe
Gottes und Jesu Christi erfüllt und getrieben, alle deine
Kräfte treu und freudig dem Stand und Dienste wid=
mest, in welchem du bist. Stirbst du vielleicht als
lebenslänglicher, williger, duldsamer, arbeitender, treuer
und lebenslänglich armer Dienstboth, so hast du schöner
gelebt, und bist seliger gestorben als manche Kloster=
jungfrau. Du hast es den Edelsten gleich gethan. Du
hast einen guten Kampf gekämpft; die Krone des Lebens
ist dir hinterlegt.

Nachdem der Engel die Einrede der hl. Jungfrau be=
seitigt, d. h. ihr eröffnet hatte, sie werde nicht auf
natürliche, sondern übernatürliche Weise empfangen, ist
sie beruhigt, und überläßt sofort Alles Gott, daß Er

es ausführe nach seinem Willen und seiner Verkündigung. „Siehe, sagt sie, ich bin des Herrn Magd; mir geschehe nach deinem Worte!" Sie zweifelt nicht, daß das Unerhörte und Unbegreifliche geschehen werde. Darüber also weiter zu fragen, oder über das „Wie" zu sinnen, liegt ihr fern. Der Bote Gottes hat es gesprochen; das ist ihr genug. Sie ist des Herrn Magd. — Und was ihr der Bote Gottes verkündet hat, wie groß, wie glanzvoll und erhebend! Aber es erhöht sie nicht, es macht sie nicht groß oder glänzend vor sich selbst; sie nimmt es an, weil es der Herr so bestimmt hat, als seinen Willen. Ja, so entfernt ist sie davon, Solches als ein Verdienst, oder als etwas ihrer Person irgend Zustehendes anzusehen, daß sie es vielmehr, wenn es auf sie ankäme, ablehnte. Daß sie es annimmt, geschieht einzig in dem Gefühle, des Herrn Magd zu seyn, und nie in ihrem Leben etwas Anderes gewollt zu haben, als was Er. Ist es nun so sein Wille, so geschehe er!

Endlich bemerke noch dieses: Maria sagt: „Mir geschehe nach deinem Wort!" Sie wiederholt nicht, was der Engel ihr verkündet hatte. Dieses in Gedanken sich vorzusagen, oder gar es mit den Worten des Engels auszusprechen, dazu ist sie viel zu demüthig. Sie sagt daher nur: Mir geschehe nach deinem Wort!

Dieses Eine: Mir geschehe nach deinem Wort läßt uns einen tiefen Blick thun in das innerste Leben der seligsten Jungfrau. Wir sehen daraus: Ihre Seele — alles Eigenwillens ledig — wußte von

nichts, als von Gott und feinem Willen und der
unbegrenzten Unterwerfung unter denfelben.
Sie ist in ihren eigenen Augen nicht die Gnadenvolle,
die Erhöhte über Alle ihres Geschlechtes, die Gebene=
deite unter den Weibern: Was sie ist, was sie von
sich selbst hält, worein sie den Inbegriff ihres Lebens
und Strebens zusammenfaßt, liegt in dem Worte: „Ich
bin des Herrn Magd."

So ist sie, wie die Erste ihres Geschlechtes über=
haupt, so hier die Erste in der großen weiblichen
Tugend der Demuth und Unterwerfung. Ja,
die Demuth und Unterwerfung ist, neben der Reinig=
keit, die erste und größte der Tugenden des weibli=
chen Geschlechtes. Was ist das Weib ohne Demuth!
— Vergiß nicht: Das weibliche Geschlecht ist von dem
Schöpfer zum schwächeren gemacht, und zu einem
abhängigen und dienenden Daseyn berufen. Wo
Ordnung und Zusammenhalt seyn soll, kann nicht Alles
gebieten, oder den eigenen Willen geltend machen. Es
muß Gehorsam seyn. So ist also Abhängigkeit und
Gehorsam vom Schöpfer verordneter Beruf des weib=
lichen Geschlechtes, und von der Natur und Stellung
desselben nicht zu trennen. Aber eben damit ist auch
die Demuth als Losgebundenheit von dem Eigen=
willen, und als Geist der Unterwürfigkeit die eigenste
Tugend dieses Geschlechtes.

Ich habe gesagt: Der Schöpfer hat das weibliche
Geschlecht abhängig geschaffen, und zur Unterwürfigkeit
berufen. Zürne mir nicht ob diesem Worte! Es ist
so. Eph. 5, 23. Zwar dein stolzes Selbst sträubt sich

hiergegen, und du glaubst dich heruntergesezt. Allein
laß nicht dein Selbst reden, sondern beuge deinen Stolz!
Sey, wie die Höchste ihres Geschlechtes, eine demuths=
volle Magd des Herrn. — Dann aber ist es un=
wahr, daß Demuth und Unterwürsigkeit dich herunter=
sezt. Ach, wüßtest du, wie schön Demuth dich klei=
det, wie sehr unterwürfiger, auch Unrecht still hin=
nehmender Sinn dich adelt, und wie du in deiner
kindlichen Hingebung und Anspruchlosigkeit anziehst und
mit Hochachtung erfüllst! O, deine Demuth und
Unterwürsigkeit ist nicht deine Erniedrigung, son=
dern deine Schönheit und dein Adel.

Sey darum demüthig im innersten Grund deiner
Seele! Bist du arm geboren, in niedrigen Stand gesezt,
zum Dienen bestimmt, abhängig von Willkühr und
Laune Anderer: nimm es an von Gott in herzlicher
Hingebung. Sprich: Siehe Herr! ich bin deine
Magd. — Oder bist du krank, verkannt, mißhandelt,
von häuslichem und ehlichem Kummer gedrückt: klage
es Gott, aber beuge dich, tritt das Grollen deiner ge=
kränkten Eigenliebe nieder, und sage: Herr! siehe hier
deine Magd! — Oder bangt dir vor deiner Zukunft,
oder möchtest du gern das Wo und Wie deiner Ver=
sorgung wissen: quäle dich nicht, sorge nicht, dränge
dich nicht vor! Sey du in deinem Geiste des Herrn
Magd, und überlaß in kindlicher Demuth deine Zu=
kunft Ihm! — Oder bist du hoch gestellt, überragend
Viele an Geist, Geschick, Schönheit, Stand oder Reich=
thum, so laß dich davon nicht aufblähen. Du hast
dirs ja auch nicht selbst gegeben, bist dessen leichtlich

weit weniger würdig als Tausende neben dir: höre nicht
den Schmeichler ausser dir, folge nicht dem selbstgefälli=
gen Kitzel in dir; verliebe dich nicht in dich selbst;
blicke nicht eigenliebig auf Geringere; was du hast ist
vom Herrn. Sey nichts, gar nichts in deinen
Augen, und fasse das ganze Gefühl deines Daseyns
in das Eine zusammen: „Ich bin des Herrn
Magd."

Wenn die, welche der Himmel die Gebenedeite
unter den Weibern nennt, in ihren eigenen Augen nichts
ist; als die Magd des Herrn, so ist sie eben dar=
um, daß sie in ihren eigenen Augen nichts ist als dieses,
die Gebenedeite unter den Weibern. Ihre un=
endliche Aufgegangenheit in der Liebe des Herrn, ihre
unendliche Abgelöstheit von sich selbst, ihre grenzenlose
Hingebung an den Herrn — ihr Magd=seyn ist es,
was sie zu der Erkohrenen machte aus den Millio=
nen der Millionen. Und Alle, welche sie zur Fürstin
haben, ahmen ihr nach, und Alle, welche bei ihr sind,
haben ihr nachgefolgt. Der eigenste und tieffte Inhalt
ihres Lebens war: „Siehe, ich bin des Herrn
Magd!" — Aber nun, wer ist die, die wohlgefällig
ihr Auge auf sich selbst heftet, die vornehm auf Andere
herabschaut, oder neidisch auf Ehre, Schönheit, Rang
und Besitz ihrer Nachbarin blickt; die hungrig die Huldi=
gungen der Welt verschlingt, und innerlich ergrimmt ist
ob erfahrenen Zurücksetzungen oder Beleidigungen; die
Widerspruch nicht erträgt, die Lehre und Weisung nicht
nöthig hat, und wenn solche gegeben werden will, sich
beleidigt fühlt; die Niemand zu brauchen glaubt, und

für Niemand Dank hat; oder die mit ihrem Geschicke als einem unverdienten grollt, und sich bei fehlgeschlagenen Hoffnungen oder drückenden Leiden nicht faſſen und unterwerfen kann; die Alles eher geben mag, als nach Zerwürfnissen das erste Wort, und Alles eher laſſen, als bei Streitigkeiten das lezte ꝛc.? — Ach, wird sie stehen im Chore der Gebenedeiten? Sie wird nicht darin seyn, denn ihr fehlet die Demuth. Wie käme sie mit ihrem Herzen voll bitterer Eigenliebe dahin! O könnte sie aus sich heraustreten, und sich selbst sehen, wie sie von Andern gesehen ist, wie würde ihr an sich selbst ekeln! — Aber das ist in ihrem schlimmen Zustande noch das Schlimmste, daß ihr Hochmuth ihr nicht erlaubt, sich selbst zu kennen, oder auch nur ihren sittlichen Standpunkt zu ahnen. Du arme Seele! wie bist du so krank, und weißt es nicht.

* * *

„Der Engel schied von ihr.“ Nach seinem Verschwinden, welche Gedanken und Empfindungen in der Jungfrau! — So wenig als im Augenblicke großer Gefahr, so wenig auch im Augenblicke himmlischer Erscheinung hat man Zeit und Fassung, den Vorgang nach seiner vollen Bedeutung zu durchdenken und zu fühlen. Erst nachher überwältigt uns das Geschehene. So hier. Nach dem Verschwinden des Engels erst fiel der Jungfrau der unaussprechliche Inhalt der empfan=

genen Botschaft nach seinem ganzen Gewicht auf die
Seele. Eine Mischung von Staunen, Ehrfurcht, Glück=
seligkeit und Demuth erfüllte sie. Schüchtern (gleich=
sam als wäre es unrecht, Dinge, wobei die eigene
Erhöhung mit ins Bewußtseyn treten muß, zu durch=
denken) wiederholte sie sich den Gruß des Engels.
Aber nun, was ist darin das Erste, wobei sie weilen
soll? Was ist das Höchste? Was ist das Theuerste?
Was ist das Unfaßlichste? Womit soll sie zu denken
anfangen?

Das Erste ist ihr am Ende unfehlbar Der, welchen
sie empfangen und gebähren soll — der erwartete
große König Israels, der Erbe des Thrones Davids,
der Sohn des Allerhöchsten, dessen Regierung kein Ende
haben wird. Man muß die hl. Jungfrau denken, wie
wir sie bereits oben bezeichnet haben — als wohl kun=
dig der Weissagungen der Propheten, sorgfältig erzogen
in der glorreichen Hoffnung Israels, und mit ihrem
ganzen Volke ehrfucht= und sehnsuchtvoll harrend des
Kommenden. So nur wird man die Empfindungen
einigermaßen begreifen können, von denen sie bei dem
Gedanken überwältigt ward, daß sie seine Gebähre=
rin und Mutter seyn soll. Siehe der König
Israels, der Sohn ihres Ahnherrn David auf dem
Throne seines Vaters ewig, nicht von Menschen, son=
dern vom Himmel kommend, Sohn des Allerhöchsten:
und sie dessen Mutter. Unaussprechlicher Gedanke,
namenloses Seligkeitsgefühl! — Und nun Er kommt;
der weitere Gedanke: Welches wird seine Gestalt
seyn? wird sein Wesen gleich seyn dem anderer

Kinder? Wird sie fähig seyn, ihn gebührend zu
pflegen?

Was sie ferner gedankenvoll bei sich erwägt, ist
das Uebernatürliche ihrer Empfängniß, daß
der verheißene König nemlich nicht nach dem Willen des Fleisches erzeugt, sondern durch die Kraft
Gottes unter ihrem Herzen gebildet werden soll.
Bei Gott ist kein Ding unmöglich: sie glaubt es
in kindlich hingebungsvollem Glauben. Aber was
wird es nun weiter mit diesem Kinde seyn, mit dem
Kinde Gottes auf Erden, mit dem Heiligen
Gottes? —

Das Weitere, was der Jungfrau auf das Herz
fällt, ist sie selbst. Sie begreift nicht, wie der Herr
gerade sie habe auserwählen wollen. Sie fühlt sich
unendlich erhoben, aber zugleich im Gefühle ihrer Ge-
ringheit beschämt und gedrückt. Es dünkt sie ihre Erhöhung eine Unmöglichkeit, und es will sich unwillführlich der Gedanke aufdrängen, ob es Wirklichkeit, was
sie gesehen und gehört?

Und dann der Engel. Diese Gestalt, dieses
Angesicht, dieser würdevolle und liebende Blick, dieser
Ernst und dieser Wohllaut in seinem Worte: es wird
ihr nie aus dem Andenken entschwinden. Noch sieht
sie denselben vor sich. Sie hat in den hl. Schriften
von Engelerscheinungen gelesen. Wie hätte sie gedacht,
daß ihr Gleiches, ja Größeres begegnen würde! Sie
geht die Engelerscheinungen durch, welche in der hl.
Schrift erzählt sind; sie denkt sich in die Empfindungen

deren, welche durch sie beglückt wurden, hinein, aber keine ist der gleich, die sie gehabt.

Sie denkt rückwärts, sie denkt vorwärts, sie denkt die Höhe, sie denkt die Tiefe: nie kommt sie zu Ende, und nie doch wird sie des Denkens müde.

7.

Mariä Heimsuchung.

Wenn der Mensch die ganze Erde mit allen ihren Herrlichkeiten und Genüssen besäße, und wäre allein, und könnte sich Niemanden mittheilen, so würde ihm die ganze Erde wie eine freudlose Oede. Je mehr der Mensch an Besiz, an Genuß, an Herzensfreude hat, desto mehr drängt es ihn, Genossen und Zeugen seines Glückes zu haben. — So ergieng es auch der seligsten Jungfrau. Ihr Herz überströmte von dem, was ihr geschehen. Darum drängte es sie, ihr Glück und ihre Freude Jemanden zu offenbaren. Aber Wem durfte sie sich mittheilen? Wer glaubte ihr? Wer verstand sie, fähig, Alles was ihr gesagt worden, mitzufühlen? — Da trieb es sie zu der Verwandtin — zu Elisabeth, die selbst die Kraft Gottes in wunderbarer Weise an sich erfahren hatte. Diese betagte, noch in ihrem Alter mit dem Segen der Fruchtbarkeit beglückte Freundin, diese hocherfreute, wird das Wunder, welches Gott an ihr gethan, glauben, und die Erhöhung, deren sie gewürdigt ist, freudig mit ihr fühlen. Also macht sie sich eilend auf, zu ihr zu gehen. Sie, die zarte schüchterne Jungfrau wallt furchtlos auf das Gebirge zur Heimath des Priesters Zacharias. Denn was fürchtet eine Seele, wenn Liebe sie treibt, und wenn Begeisterung sie nur noch an Eines denken läßt, eben an den Gegenstand ihrer Begeisterung! — Ohnehin war die Hinweisung des Engels auf Elisabeth für Maria Aufforderung und Ermuthigung genug, unverzüglich zu ihr zu eilen.

Im Vorbeigehen die Bemerkung: Wie ist das Herz des Menschen so bedürftig geschaffen, ein Mit-Herz zu suchen, mit dem es sein Leben und Lieben theile! Und wenn nun eine Seele sich selbst genug ist, und sich kalt in sich zurückzieht, Theilnahme weder gebend noch bedürfend, wie hinausgefallen ist sie aus dem Kreise der Gotteskinder! wie verlassen vom heiligen Geiste, dem Geiste der hl. Liebe und Gemeinschaft! wie eng, arm, todt, bitter! — Aber, sagst du vielleicht, die hl. Einsiedler führten auch ein abgeschlossenes Leben, und waren doch gottselig. Ich erwidere: Die hl. Einsied= ler führten kein abgeschlossenes Leben, sondern standen in einem stehenden lebendigen und liebenden Umgange mit Gott. Und sie führten kein theilnahmloses sich selbst genugsames und sich selbst dienendes Leben; sie dienten sich selbst nicht, sondern hielten sich selbst hart, und casteiten sich selbst. Auch lebten sie nicht kalt und theilnahmlos, sondern trugen ihre Mitmenschen liebend im Herzen, für ihre geistige und leibliche Wohlfahrt zu Gott flehend ohne Unterlaß. Und kam ein Heilsuchen= der zu ihnen, so fand er in ihnen einen besorgten treuen Freund, Rathgeber und Vater.

Maria wußte und glaubte, daß Elisabeth bereits im sechsten Monate mit dem Kinde gehe, welches ihr, der unfruchtbaren und hochbetagten, von Gott geschenkt worden. Dennoch machte es einen eigenen und höchst freudigen Eindruck auf sie, als sie in das Haus des Zacharias trat, und die Elisabeth in ihrem Zustande mit Augen sah. Bewegt grüßte sie dieselbe.

Nun, wie wird Elisabeth sie aufnehmen? — Vielleicht machte sich Maria auf dem Wege, und je näher sie dem Hause des Zacharias kam, Gedanken darüber, wie sie der Freundin entdecken wolle, was ihr geschehen, und ob in dieser nicht etwa Zweifel aufsteigen könnten? Doch, unnöthige Sorge. Der Engel hatte, als er dem Zacharias verkündete, Elisabeth werde ihm einen Sohn gebähren, den er Johannes nennen soll, gesagt, „dieser Johannes werde vor ihm (dem Messias) hergehen mit dem Geiste und der Kraft Elias, und werde bekehren die Ungläubigen zu der Weisheit der Gerechten, um dem Herrn zuzubereiten ein wohlgefälliges Volk." Also wußte Zacharias, und Elisabeth wußte es durch ihn, daß der Messias nahe sey, ja so nahe, daß Johannes in der Kraft Elias ihm den Weg bereiten und ihn in die Welt einführen müsse. Natürlich beschäftigten Zacharias und Elisabeth sich viel mit dem Gedanken, woher der Messias kommen, welcher Familie er angehören möge, und Wer die Auserwählte seyn werde, welche ihm sein Daseyn gebe? Dann, wie und wo Johannes seinen Beruf übernehmen, wie er mit dem Messias seinem Herrn in Verbindung kommen, und als sein Herold und Wegbahner auftreten werde? Indem Elisabeth daher ein inniges Verlangen hatte, die Mutter des

Messias, ihres Herrn und des Herrn ihres Sohnes
kennen zu lernen, ward ihr in dem Augenblick des Ein-
trittes Mariens zu ihr, und bei dem Laute ihrer Begrüßung geoffenbaret: „Diese ist s." Denn in demselben Augenblicke sprang ihr Kind auf vor Freude in ihrem
Leibe, und der hl. Geist, von dem sie erfüllet ward,
deutete ihr die gewaltige Bewegung. Sie fühlte, sie
wußte, sie wußte es mit überwältigender Gewißheit,
diese Maria, diese Verwandtin, diese hohe, jungfräuliche, unendlich würdevolle und demüthige Gestalt
ist die Mutter meines Herrn. Tief ergriffen und in
seliger Begeisterung rief sie ihr also entgegen: „Gebenedeit bist du unter den Weibern, und gebenedeit ist die Frucht deines Leibes! Woher
mir das, daß die Mutter meines Herrn zu mir
kommt?" — Natürlich war Maria von dieser Aufnahme und Rede der Elisabeth sehr überrascht. Denn
wie konnte diese wissen, was in tiefster Verborgenheit
an ihr geschehen. Elisabeth sah ihr ihre Betroffenheit
und Verwunderung an, darum fuhr sie fort: „Siehe,
wie der Laut deines Grußes in meinen Ohren
ertönte, sprang das Kind vor Freude auf in
meinem Leibe." — Als Maria sah, daß Elisabeth
ihr Geheimniß bereits wisse, erzählte sie derselben nunmehr buchstäblich, wie der Engel Gabriel ihr erschienen
sey, wie er sie gegrüßt und was sie ihm geantwortet,
dann welche Botschaft von Gott er ihr gebracht, welches Bedenken sie erhoben, was der Engel darauf erwidert und wie sie zum Schluß erklärt habe, daß ihr
geschehen soll nach seinem Worte. Elisabeth entgegnete

hierauf: „Selig du, die du (nicht wie Zacharias gezweifelt und ein Zeichen verlangt, sondern kindlich einfach) geglaubt hast, es werde in Erfüllung gehen, was dir vom Herrn gesagt ist."

So denn hat Maria eine Genossin ihres Geheimnisses, eine Mitgläubige, eine Mitfreudige. Sie brauchte dieselbe nicht erst zu unterrichten oder zu überzeugen. Gott selbst hatte die Freundin unterrichtet und überzeugt. Diese wunderbare Belehrung der Elisabeth nun, diese Freude derselben ob ihr — der Mutter des Messias, dieses Seligpreisen derselben, dann das Bewußtsein, diese Mutter selbst zu seyn, und der Hinblick auf Alles, was ihr von der Würde und Zukunft ihres Sohnes gesagt worden, sezt Marien in die freudigste Begeisterung. Im seligsten Entzücken bricht sie in die Worte aus: „Hoch preiset meine Seele den Herrn, und mein Geist frohlocket in Gott meinem Heilande. Denn angesehen hat er die Niedrigkeit seiner Magd: siehe von nun an werden mich selig preisen alle Geschlechter, weil er gethan hat Großes an mir, der da mächtig ist und dessen Name heilig. Sein Erbarmen währt von Geschlecht zu Geschlecht über denen, die ihn fürchten. Sein Arm ist gewaltig; er zerstreut die Stolzen im Dünkel ihres Herzens. Die Machthaber stürzt er vom Throne und erhebt die Niedrigen. Die Hungrigen erfüllt er mit Gütern, die Reichen entläßt er leer. Er nimmt sich Israels seines Knechtes an, eingedenk seines Erbarmens, wie er geredet hat zu un-

fern Vätern, zu Abraham und feinen Nach=
kommen auf ewig."

Diefer Jubelgefang der feligften Jungfrau und
Mutter fordert eine nähere Betrachtung. Es find zwei
Empfindungen, von denen die Glückliche bewegt ift.
Die erfte bezieht fich auf die eigene Perfon der
Jungfrau, die andere auf Den, welchen fie gebäh=
ren wird. Ob fie aber auf fich felbft, ob fie auf
ihren Sohn blicke: in jeder Hinficht überftrömt ihr
Herz von Wonne, in jeder Hinficht erhebt fie fich in
aufjauchzender Dankbarkeit und Lobpreifung zu Gott.
„Hoch preift ihre Seele den Herrn, froh jauchzt
ihr Geift auf zu Ihm."

Vor allem ift es ihre eigene Niedrigkeit, der
gänzliche Mangel aller Anfprüche, was fie im Gegen=
fatze zu der ihr gewordenen Erhöhung fühlt und bekennt.
Wer bin ich Herr! denkt fie, daß du folche Barm=
herzigkeit an mir thuft? — Dann ift es ihre hohe
Begnadigung, der ihr gewordene unausfprechlich er=
habene Beruf, was fie in jubelnde Freude und hoch=
preifende Dankbarkeit verfetzt. „Großes, fagt fie, that
an mir der Mächtige, gnädig angefehen in ihrer Niedrig=
keit hat er feine Magd. Von nun an werden mich
felig preifen alle Gefchlechter."

Zuftände innerften unausfprechlichen Seelenglückes
find im Leben des Menfchen und namentlich auch im
Leben des weiblichen Gefchlechtes nichts Seltenes. Wenn
die Jungfrau oder Mutter zum Tifche des Herrn geht,
und ihr Herz fammt allen Wünfchen Sorgen und Lei=
den hier niederlegt, mit unbegrenzter Liebe ihrem Gott

Fletfcher, das Leben Mariä. 6

und Heiland zugewendet, und wenn sie dann einen unaussprechlichen Frieden, einen freudigen Lebensmuth, einen
Vorgeschmack der himmlischen Seligkeit empfindet, ruft
sie mit den Worten Mariens: „Großes that an
mir der Mächtige, hernieder sah Er auf die
Niedrigkeit seiner Magd, froh jauchzt meine
Seele auf zu meinem Gott und Heiland." —
Ganz so, wenn sie eine Bürde auf ihrem Gewissen
hatte, im hl. Sacrament der Buße die priesterliche
Lossprechung erhielt, und nun im Gefühle der Begnadigung mit glühendem Danke zu ihrem Begnadiger
lobpreisend aufblickt. Oder wenn sie ihren Erstgebornen Gott darbringt, ihr unverdientes höchstes Gut.
Oder wenn sie in Mitte ihrer Kinder steht und auf
sie Alle, wie sie zu ihr in frischer Gesundheit und Le-
bensfreudigkeit aufschauen, mit Mutterwonne und Mutter-
hoffnung hinblickt ꝛc. — Wie gesagt, Zustände innersten
unaussprechlichen Seelenglückes vor Gott und in Gott
sind im Leben des Menschen nichts Seltenes. In
diesen Zuständen erfährt der Beglückte, was es für ein
Unterschied ist zwischen dem Frieden, welchen die Welt
giebt, und jenem, welchen der hl. Geist in die Seelen ausgießt. Er erfährt, daß alle aus irdischen Genüssen herstammende Seligkeit leer und lahm ist im
Vergleiche mit jener, die aus dem hl. Geiste stammt,
und daß der Mensch einen Vorgeschmack empfangen
kann und wirklich empfängt jener Seligkeit, welche den
Heiligen Gottes im Himmel zu Theil wird. O du
arme weibliche Seele, die das Magnificat in seinem
erhabenen Inhalte noch nie begriffen, und nie noch

die Worte mit jubelnder Begeisterung gesprochen hat:
„Meine Seele preiset hoch den Herrn und
mein Geist frohlockt in Gott meinem Helfer,
denn angesehen hat er die Niedrigkeit seiner
Magd!" —

Das Andere, was die hl. Jungfrau in jubelnde
Begeisterung versetzt, ist ihr Sohn und das ewige
Reich, welches derselbe errichten wird. „Er
wird sizen auf dem Thron ihres Ahnherrn David, und
seiner Herrschaft wird kein Ende seyn." — Die Jungfrau ist Israelitin und ist Davids Enkelin.
Ihrem Volke, dem niedergedrückten, gehören die an
Abraham ergangenen Verheißungen; ihrem Hause, dem
vergessenen, gehören die David von Gott gegebenen
Zusagen. Die Treue Gottes, welcher Israels, welcher des Abraham und David gegebenen Wortes eingedenk ist, und seine Verheißung nach Jahrhunderten, ja
nach Jahrtausenden eben izt erfüllt, erhebt die Seele Mariens zu glühender Lobpreisung. „Er hat sich, ruft sie
voll Entzücken aus, Israels seines Knechtes angenommen, eingedenk seines Erbarmens: die
Mächtigen stürzt Er vom Throne, die Niedrigen erhebt Er." Eben izt ist der Erniedrigung Ende
und der Erhöhung Anfang. Schon sieht die Jungfrau
im Geiste die Zeit nahe, von welcher der Prophet
Jesaias spricht: „Es wird der Wolf beim Lamme weilen,
beim Böckchen sich der Panther lagern, das Kalb der
junge Löwe und das Schaf wird beisammen seyn und
ein kleiner Knabe sie leiten. Beisammen werden Kuh
und Bärin weiden, beisammen liegen ihre Jungen.

6*

Stroh freſſen wird der Löwe, wie der Stier. Der
Säugling wird am Loche der Natter ſpielen und der
Entwöhnte ſtecken ſeine Hand in die Höhle des Baſi=
lisken." Jeſ. 11, 6—8. 65, 25. Das ſind die Tage
des Meſſias, das ſind die Zeiten des Friedens und der
Liebe. Im Hinſchauen auf dieſe Tage, im Bewußt=
ſeyn, daß ſie vor der Thür ſind, frohlockt die hl.
Jungfrau.

Dieſes Frohlocken, dieſe im Magnificat enthaltenen
Ergießungen offenbaren uns die große, weite, liebende
Seele Mariens. Das nämlich iſt eine große weite
und liebende Seele, die ihr Volk, ja die ganze Menſch=
heit in ſich aufnimmt, alle Sünde und Noth, alle
Drangſal der Unterdrückten und alle Härte der Be=
drücker ſchmerzlich fühlt, und Gott begeiſtert lobpreist
ob dem Tage, da Sünde Noth und Tod nicht mehr
ſeyn werden. Darum denn verehren wir ſie auch eben
um ihrer großen, weiten und liebenden Seele willen,
und gedenken ihrer hochachtungsvoll, ſo oft wir das
Magnificat bethen.

———

Die katholiſche Kirche hat den Gruß des Engels
Gabriel, den Gruß der Eliſabeth und das Magnificat
der ſeligſten Jungfrau in ihre täglichen Andachts=
übungen aufgenommen. Warum?

Ach, iſt denn die Hochbegnadigte und Gebenedeite
ein Gegenſtand der Verehrung und Begrüßung nur für
Gabriel und Eliſabeth? Oder iſt der Gruß des Engels

nur für Maria eine Freudenbotschaft, und geht die, welche den Heiland der Welt empfangen hat, nur ihre Base — die Elisabeth an? Ist der Herr mit ihr, ohne in ihr auch mit uns zu seyn? — Wir grüßen sie also mit den Worten des Engels und mit den Worten der Elisabeth, weil wir in der Freude ob ihrer Vollkommenheit und Erhöhung nicht zurückbleiben, sondern uns in unserer Hochachtung und Freude mit Gabriel und Elisabeth vereinigen wollen. Und Wir grüßen sie mit den Worten des Engels und der Elisabeth, weil sie die Hochbegnadigte und Gebenedeite ist für uns, und der Herr, indem Er mit ihr ist, in ihr und durch sie mit uns ist. Und grüßen sie mit den Worten des Engels und der Elisabeth, weil wir wissen, daß sie die selige Erinnerung jener Stunde hat, wo sie den Gruß des Engels und ihrer Base empfing, und weil wir wollen, daß diese selige Erinnerung in unserer Begrüßung stethin erneut werde. Gott ist mit ihr, und Gott hat sie gesezt zur Gnadenvollen und Gebenedeiten unter den Weibern. Also sey sie auch die Gnadenvolle und Gebenedeite unter ihnen, und hochachtungsvoll und liebend begrüßt für und für!

Und dann ist sie die Gebenedeite, und gebenedeit ist die Frucht ihres Leibes. Also nicht sie selbst hat sich gebenedeit erhöht und herrlich gemacht, sondern Gott hat sie verherrlicht, und der Welt durch sie den Heiland gegeben, dem Preis sey in Ewigkeit. Wenn sie daher als die Gebenedeite begrüßt wird, so ist ihre stete Benedeiung zugleich eine fortwährende lobpreisende Verherrlichung der Gnade, welche sie zur Mut-

ter des Weltheilandes erhöht, und durch diesen alle Ge=
schlechter gesegnet hat. Wer fühlt, was er wäre ohne
Christus, und wird müde zu rufen: Gebenedeit ist die
Frucht deines Leibes, Jesus, und gebenedeit du, die ihn
unter deinem Herzen getragen und geboren hat? —

Und wie mit dem Gruß der Elisabeth, so mit dem
Magnificat. Wer kann müde werden, dasselbe zu
bethen, und immer wieder zu bethen? — Eine theil=
nehmende, sich in Freud und Leid Anderer versenkende
Seele wird sich gern und oft in den Seelenzustand der
seligsten Jungfrau, als sie begeistert in diese Lobprei=
sungen Gottes ausbrach, hineinfühlen. Mitversezt dann
in den Zustand so unendlichen Glückes wird sie auch
die Ergießungen der Beglückten nachsprechen und nach=
sprechend theilen. — Aber die Worte der seligsten Jung=
frau werden für jede Bethende auch der treffendste
und kräftigste Ausdruck für die Gefühle des eigenen
Herzens seyn. „Hoch preiset meine Seele den
Herrn, und mein Geist jauchzt auf in Gott
meinem Helfer re." Das wird gerne das Wort
seyn, womit sie die Empfindungen ausdrückt, die ihr im
Hinblicke auf alle von Gott empfangenen Wohlthaten
— auf alle Führungen, Errettungen, Erhöhungen, Er=
barmungen desselben im Herzen aufsteigen. Und da
sie täglich dieser Gnaden und Wohlthaten lobpreisend
gedenkt, so mag sie auch täglich ihre Empfindungen in
den Worten der seligsten Jungfrau aussprechen. —
In denselben Worten faßt die Bethende auch die Lob=
preisung zusammen, die ihr im Hinschauen auf die
ganze Menschheit entströmt. Sein Erbarmen, ruft

sie vom Grund ihres Herzens, sein Erbarmen währt von Geschlecht zu Geschlecht über Allen, die ihn fürchten. Und da sie nie müde wird, der Gnaden Gottes über der Welt zu gedenken, darum auch nie müde, ihre Lobpreisung in den Worten der seligsten Jungfrau emporzuschicken. — Insbesondere weiß die Bethende, was sie und ihr ganzes Geschlecht durch Christus geworden ist, wie emporgehoben aus seiner einstigen Vernachläſſigung Geringachtung und Bedrückung. Sie legt darum das ganze freudige Gefühl ihrer nunmehrigen Freiheit und Erhöhung in die Worte nieder: „Die Mächtigen stürzt Er vom Throne, die Geringen erhebt Er." Und da sie nie müde wird, der Gnade Gottes in Christo zuzuerkennen, was sie ist, darum auch nie müde, ihren ewigen Dank in den Worten der seligsten Jungfrau auszusprechen. — Und bei der Stelle: „die Hungernden erfüllt Er mit Gütern, die Reichen entläßt Er leer," wird die Bethende lebhaft ihrer leiblichen, besonders aber ihrer Seelenbedürfniſſe bewußt, deren Befriedigung ihr geworden ist und stündlich wird. Ja, wie oft blickte sie in Anliegen des Leibes und der Seele sehnend, fragend, beängstigt, flehend nach Oben, denn sie hungerte. Aber es wurde ihr Rath, Trost, Friede, Freude im hl. Geiste. Dieses zu bekennen, dieses lobpreisend auszusprechen wird sie nie müde; darum auch bethet sie es mit immer gleicher Luft: „Die Hungernden erfüllt Er mit Gütern, die Reichen entläßt Er leer." — Endlich wie viele Hochgestellte und Stolze, dann wieder wie viele Arme und Bedrängte in unserem Geschlechte! Ihnen Allen ruft die Kirche in dem Magnificat täglich zu: Jehova ists, der Gewalt hat. Die stolzen Herzens sind, die erniedrigt, die Armen erhöht Er. Und wer das Magnificat bethet, jubelt im Hinschaun auf die unermeßliche Gewaltübung Willführherrschaft und Lebenshoffart, im Hinschaun auf alles Schwelgen und Prassen, auf alle Härte und Bosheit in der Welt, er jubelt, sage ich, hocherfreut im Glauben, daß ein Gott ist, und daß er der gerechte, ewige, allmächtige und unentfliehbare Vergelter ist des Guten und Bösen. Mitten in den oft so unbegreiflichen Geschicken und Zuständen der Welt ist dieser Glaube jedes fühlenden Herzens höchstes Bedürfniß und höchster Trost.

———

Maria blieb nun, erzählt die hl. Schrift, ohngefähr drei Monate bei Elisabeth. Dann kehrte sie in ihre Heimath zurück. Was werden die beiden Frauen wohl während dieser Zeit gethan haben? Ohne Zweifel dasselbe was immer. Sie werden sich Gott geheiligt haben, wie allzeit, und werden den Geschäften des Hauswesens nachgegangen seyn, wie von jeher. Denn der Mensch gehört immer und überall Gott und seinem irdischen Berufe. Aber was sie in unendlich zarter und inniger Verbindung vereinigte, war die Frucht, welche sie unter ihrem Herzen trugen. Um diese zunächst bewegten sich ihre Gedanken, und über diese vor Allem verbreiteten sich die gottseligen

Gespräche, die sie mit einander führten. Erst die wiederholte ausführliche Erzählung des englischen Grußes,
dann die Erzählung der dem Zacharias gewordenen Erscheinung. Dann Zacharias selbst und seine Stummheit.
Dann die Worte, die dem Zacharias von dem Knaben,
der ihm geboren werden sollte, gesagt waren, eben so
die Worte des Engels über Jesus, seine Würde und
Zukunft. Dann das Nachdenken über alle diese Worte
und die wechselseitige Mittheilung der Gedanken über
den Sinn der Worte. Dann die Stellung, die beide
Knaben später in der Welt gegen einander einnehmen,
wie ihr Wirken verschieden seyn und doch zusammen-
gehören werde. Auch welch selige Zukunft die Mütter
erwarte, welche Herrlichkeit namentlich Maria zu hoffen
habe. Dann was in dem Geseze und den Propheten von
Christus und dem, welcher vor Ihm hergehe, geschrieben
stehe, und wie das zu den Verkündigungen passe, welche
ihnen zu Theil geworden, und welches der Sinn sey
der prophetischen Stellen. Ferner die Zustände Israels
und der andern Völker der Gegenwart, und wie ganz
umgewandelt diese Zustände in der Zukunft seyn werden. Ob und welchen Widerstand die Umgestaltung
dieser Zustände erfahren und mit welchen Mitteln der
Widerstand werde gebrochen werden u. s. w. Ueber
dieses und Aehnliches mit einander zu reden, konnten
die gottseligen Frauen nicht müde werden, und in drei
Monaten fehlte es ihnen nie an theurer Mittheilung.
Es war eine große täglich neue Seligkeit in ihrem
heiligen Verkehre. „Siehe, wie schön und lieblich es ist, wenn Brüder beisammen sind. Wie

der Thau auf Hermon, wie der auf die Ge=
birge Zions"*). Gewiß schieden sie von einander,
tief erbaut belehrt und bestärkt durch den langen herz=
lichen und heiligen Umgang.

Freundschaft, fromme treue Freundschaft ist für
die weibliche Seele ein tiefes Bedürfniß, für die Jung=
frau, wie für die Verehelichte. Das Herz der Tochter
fängt an ernster zu werden, Tand und Kinderspiel
lassen sie leer, sie sucht und ersehnt etwas Besseres
und Höheres, aber es ist ihr noch dunkel, was. Sie
will sich anschließen, sie will sich mittheilen, sie will
hören. Glücklich, wenn sie eine reine weise und treue
Freundin findet! O prüfe die Geister, daß du nicht in
böse Hände fallest! Geh mit Keiner um, die von nichts
weiß, als von Puz und Moden; mit Keiner, die von
nichts weiß, als von Lustbarkeit und Bekanntschaften;
mit Keiner, die von nichts weiß, als von den Tags=
und Familiengeschichten; mit Keiner die keinen Sinn
hat für stille Häuslichkeit, für Zurückgezogenheit, für
Andacht, für ernste Lesung und religiöse Besprechung.
Diese alle können dein Herz und sein Sehnen nicht
verstehen, können dir zum Verständniß deiner selbst nicht
helfen, können dich nicht heben, nicht leiten, nicht bilden;
diese Alle werden dich herabziehen, verweltlichen, und
um jene Weihe und Seligkeit bringen, deren deine
junge Seele fähig war, und nach der sie mit dunkelm
Verlangen sehnte. — Und die Verehlichte, wie
Vieles hat sie der Freundin anzuvertrauen! aber wie

*) Ps. 132.

Manches sie zu berathen, oder Trost einzuholen! Zu=
nächst ist sie an ihren Gatten angewiesen. Beide müs=
sen mit einander umgehen in der höchsten Wahrhaf=
tigkeit. Der Gatte ist der natürliche und erste Lehrer
Führer und Tröster seiner Frau; auch der Seelsorger
ist Rathgeber und Leiter. Aber sie will den Seelsorger
nur in den dringendsten Fällen angehen, und der Gatte
versteht ihr Gemüth vielleicht nicht genugsam, oder mag
es nicht verstehen. Da bleibt eben die Freundin ihre
Zuflucht. O, nimm doch deine Zuflucht zu Gott. Trage
ihn deine Anliegen vor — deine Freuden und Schmer=
zen. Bethe, erwäge, besänftige bethend dein Herz, dulde,
hoff, sey stark, sey standhaft und getrost im Herrn!
Aber immerhin wende dich auch an die Freundin. Wie
wohl thut dir's, daß du dich vor ihr aussprechen, ja
(wenn du betrübt bist) daß du dich ausweinen kannst.
Wie richtet dich ihr Wort auf, wie ruhig macht dich's
im Zweifel, wie getrost in Trübsal, wie selig im Glück!
— Manche aber, die du Freundin nennst, ist es nicht.
Sie mag gern die Geheimnisse deines Familienlebens
wissen, ja sie forscht dich Theilnahme heuchelnd aus,
aber ihr Herz hat kein anderes Interesse dabei, als
ihre Neugierde zu befriedigen. Oder sie wendet dir
seufzend alle Aufmerksamkeit zu, aber das ist blos
Schicklichkeit; in ihrem Innern fühlt sie nicht nur
keinen Schmerz, vielmehr ein Behagen an deinen Kla=
gen. Oder sie ist eine stolze, heftige, unweise Person;
dann giebt sie dir verderbliche Rathschläge, solche näm=
lich, welche sie selbst in ihrem Stolze, in ihrer Heftig=
keit, in ihrer Unwissenheit und Unerfahrenheit befolgen,

womit sie aber nur Uebel ärger machen würde. Oder
sie ist eine weltkluge Dame und giebt dir allerlei ver=
ständige Weisung, aber sie führt dich nicht auf Gott,
auf Christus, auf den in deiner Jugend empfangenen
hl. Glauben zurück: beherzige immerhin ihr Wort, aber
es wird nicht ausreichen; deine Weisheit und Kraft
muß von Oben kommen. Dein Glaube muß dein
Helfer seyn. Oder sie ist eine Alltagsseele, flach,
plauderhaft, flüchtig, in ihren Geschäften aufgegangen,
ohne höheres Bedürfniß, vielleicht ein wenig schaden=
froh, ehrabschneiderisch und fleischlich dazu. Fliehe
sie! Gleiches gesellt sich zu Gleichem. Und bist du
noch nicht wie sie, so wirst du es werden. Suche
dir eine verständige Freundin, und die ihrem Haus=
wesen wohl vorsteht, mit ihrem Manne glücklich zu=
sammenlebt, ihre Kinder trefflich erzieht; vor Allem
aber suche dir eine fromme Freundin, daß du an ihr
dich erbauest, daß du an ihrer Demuth und Starkmuth
dich erhebest, daß du ihr dein innerstes Leben mitthei=
lest, und sie das ihrige dir: Alles vor Gott, in reiner
treuer Freundschaft.

Was die Besuche betrifft, so sind sie der Ausdruck
nachbarlicher Achtung und Freundlichkeit. Es ist an
sich nichts gegen dieselben zu erinnern. Wolltest du
dir damit aber nur die Zeit vertreiben, so müßtest
du den Werth der Zeit und den Umfang deiner Pflichten
ganz nicht kennen. Treibe dich nicht leer und müßig
herum! 1. Tim. 5, 13. Oder wolltest du dabei glän=
zen, deinen Geschmack in deiner Bekleidung, den Reich=
thum in deinem Schmucke, deinen Geist in der Unter=

haltung zeigen, so wärest du eben ein eitel und gefallsüchtig Ding. Stelle dich nicht selbst zur Schau. —
Oder wolltest du dich auf die Lauer legen, die Zu-
trägerin machen, anhetzen, verkleinern 2c. Laß dieses
traurige Geschäft Andern, du aber bleibe zu Hause. —

Du erwartest Gegenbesuche, und erhältst sie.
Gut. Aber wenn du sie nicht erhältst, warum bist du
verletzt? Der Grund des ausbleibenden Gegenbesuches
ist wahrscheinlich kein unfreundlicher. Aber wenn auch,
wer bist du, die du keine Vernachlässigung ertragen
kannst? — Doch du erhältst Besuche. Heute einen
vornehmen. Wie fühlst du dich geehrt! wie über-
fließest du von Höflichkeit und Freundlichkeit! Morgen
meldet sich ein Niederstehender. Da bist du nicht
zu Hause, oder unwohl, oder höchst beschäftigt, oder
(wenn er eintreten darf) innerlich verdrießlich, einsylbig,
kalt. Warum so? O, du siehest nicht den guten
Willen des Besuchenden, sondern allein dich
selbst an, und weil du Niemanden, als dich selbst
liebst, so bist du erfreut ob dem, dessen Gegenwart
dir schmeichelt, dagegen gleichgiltig oder unfreundlich
gegen den, der mit nichts kommt, als mit seiner Unbe-
deutendheit und seinem guten Willen.

Noch will ich der Höflichkeiten erwähnen, die sich
die Besuchenden gegenseitig zu sagen pflegen. Da die
Besuche, wie oben gesagt worden, der Ausdruck der
wechselseitig nachbarlichen Achtung und Freundlichkeit
sind, so ist es natürlich, daß sich diese Achtung und
Freundlichkeit in Worten bezeugt, also Höflichkeiten

spricht. Aber diese Höflichkeiten haben ein von der
Wahrhaftigkeit und Redlichkeit ihnen gesetztes Maß.
Wer dieses Maß nicht beachtet, sondern unbedenklich
süße Worte spricht, von denen sein Herz nichts weiß,
oder deren Gegentheil es wohl gar empfindet, verun=
ehrt sich selbst, und ist ein Heuchler und Lügner. Die
du das liesest, halte auf dich selbst, und erniedrige dich
nicht zu jener gleißnerischen Süßigkeit und Verstellung,
die man deinem Geschlechte zum Vorwurf macht. Ich
sehe dich die Freundin küssen, und bemerke dabei, wie
dein Auge einen kalten Blick seitwärts wirft. Du hast
die Larve nicht genug hinaufgezogen. Schäme dich
deines Judaskusses.

Es giebt Besuche, wobei bestimmte Personen, zu
bestimmten Stunden, an bestimmtem Orte zusammen
kommen. Es geschieht in Folge von Einladung oder
Verabredung. Regelmäßige häufige Zusammenkünfte der
Art haben Vieles gegen sich. Eine fleißige und sorg=
same Hausfrau und Mutter kann und will ohne Noth
und höheren Zweck nicht das Gesinde allein lassen,
noch weniger die Kinder, und auch nicht den Mann.
Dann aber giebt es immer etwas im Hauswesen zu
arbeiten. Und auch die Kosten (da man doch wenig=
stens Erfrischung reichen muß) kommen in Anschlag.
Weiter aber, was gewinnen Geist und Herz bei diesen
Kränzchen? Beschäftigt man sich darin mit unterrich=
tender oder erbauender Lesung? Trifft man eine geist=
reiche Unterhaltung? Oder findet ein kindlich offener,
herzlich wohlthuender Austausch der Gedanken und Em=
pfindungen statt? Kehrt man nach Hause zurück weiser,

beſſer, gehobener, getröſteter? — Gewiß im allge=
meinen: Nein! Im Gegentheil iſt die Unterhaltung
allzuoft der Art, daß man dabei an Zartheit und
Gewiſſenhaftigkeit im Empfinden Urtheilen
und Reden verliert. Ein Weiſer der alten Welt
ſagte: „So oft ich unter Menſchen war, verlor der
Menſch in mir." Und Thomas von Kempis ſchreibt:
„Es iſt leichter ſchweigen, als ſich im Reden nicht ver=
fehlen. Es iſt leichter zu Hauſe bleiben, als ſich aus=
wärts genugſam bewachen. Wäreſt du nicht ausge=
gangen und hätteſt nicht alle die Gerüchte der Stadt
gehört, ſo wäre der innere Friede dir weit mehr ge=
blieben. In der Einſamkeit wirſt du finden, was dir
oft in der Geſellſchaft verloren geht." Buch I. K. 20.

8.

Josephs Traum.

Maria war von ihrem Besuche bei Elisabeth nach Nazareth zurückgekehrt. Es konnte nicht ausbleiben, daß der Zustand, in welchem sie sich durch die Kraft des Allerhöchsten befand, sichtbar wurde. Man muß das Gefühl einer reinen Jungfrau, welche dießfalls in einen bösen Verdacht kommt, kennen, um zu ermessen, in welche Betrübniß Maria über ihren Zustand gekommen wäre, wenn sie nicht gewußt hätte, daß der Herr es wohl machen, und ihre Ehre vor den Menschen schützen werde. Doch war es eine Prüfung ihres Vertrauens und ihrer Demuth, daß sie es schweigend ansehen mußte, wie Joseph, ihr Verlobter, sich ihren Zustand nicht weiter verbergen konnte, und darob in tiefer Trauer sein Haupt senkte. Er war der edelste aller Männer, und nun so schwer verwundet. Der Anblick drückte sie tief. Konnte sie ihm offenbaren, was geschehen? — Aber wie sollte er glauben? Welche Beweise hatte sie? Für solche unerhörte Angaben muß man auch (das fühlte sie wohl) entsprechende Beglaubigungen beibringen können. Also blieb ihr nichts übrig, als zu schweigen, und ihre Rechtfertigung Gott zu überlaſſen. — Sie bethete inbrünſtig und vertrauensvoll, des Herrn demuthvoll ergebene Magd.

Lange wollte Joseph nicht glauben, was er ſah. Doch endlich mußte er es; und nun was ſoll er thun? Daß er Rache an der Untreuen nehme, und ſie der ſchweren Strafe des Geſezes überliefere, dazu war er zu edel. Daß er in ſeinem Herzen nicht eine Entſchuldigung für die vermeintlich Gefallene, ſonſt ſo Engelreine ſuche, dazu war er zu mild und zu gerecht. Er beſchloß daher, die Verlobung einfach aufzulöſen, und Marien einen Scheidebrief zu geben; warum, brauchte er Niemanden zu ſagen. Wie ſchmerzvoll aber war der Schritt, und wie voll des Wehes der Gedanke, die einſt ſo hoch Verehrte, die Tugendreiche als eine Gefallene ihrem Schickſal überlaſſen zu müſſen.

Nun war die Noth auf's Höchſte geſtiegen, aber auch die Hilfe am nächſten. Während Joseph daran war, ſein Vorhaben auszuführen, ſiehe, da erſchien ihm ein Engel des Herrn im Traume, und ſprach zu ihm: „Joseph, Sohn Davids, ſcheue dich nicht, Maria als Gattin zu dir zu nehmen, denn was in ihr erzeugt iſt, das iſt vom hl. Geiſte. Sie wird einen Sohn gebähren, den ſollſt du Jeſus nennen; denn er wird ſein Volk erlöſen von ſeinen Sünden." Der Traum Joſephs aber war kein Traum, der zweifelhaft läßt, was von ihm zu halten ſey; derſelbe war ein Geſicht, worin die Seele gerade ſo wahr und unzweifelhaft ſieht und hört, als ſonſt im wachen Zuſtande das leibliche Auge und Ohr. So etwas muß man erlebt haben, um den him-

melweiten Unterschied zwischen einem gewöhnlichen
wenn auch auffallend lebhaften Traum, und einem Ge=
sichte aus höherer Welt zu kennen.

Also was in der Jungfrau erzeugt ist, kommt nicht
von Menschen sondern von Gott. Es wird ein Sohn
seyn, und sein Name Jesus, weil er sein Volk erlösen
wird von seinen Sünden. Welch eine unaussprechliche
Freudenbotschaft für die tiefbetrübte Seele Josephs!
Also ist Maria die reine und heilige dennoch, als welche
er sie bisher verehrt hatte. Also ist sie die reine und
heilige nicht nur, sondern die unvergleichbare und aus=
erwählte, an welcher Gott ein unerhörtes Wunder
gethan hat. Also ist sie erkoren, zu geben der Welt
einen Erlöser von ihren Sünden. Wie soll er es fassen,
wie soll er genugsam erstaunen, wie kann er sich hoch
genug erfreuen!

Nun, wo wird er seiner Freude Luft machen? Es
ist nur Eine, welcher sich mitzutheilen izt sein heißester
Drang ist. Er eilt zu der heiligsten Jungfrau. Und
nun er dort ist, womit wird er sie angeredet, wie bei
seinem Eintritte sie begrüßt haben? Wenn nicht dem
Buchstaben, doch dem Sinne nach ganz gewiß mit den=
selben Worten, womit der Engel und Elisabeth sie be=
grüßt hatten. Sie war ihm ja izt die Gnadenvolle,
die Gebenedeite unter den Weibern, und gebenedeit die
Frucht ihres Leibes. Und nun erzählte er ihr freudi=
gen und getrösteten Herzens, was ihm vom Engel im
Traumgesichte war gesagt worden. Maria aber, aus
ihrer peinlichen Lage erlöst, und in ihrem Vertrauen,
daß Gott ihre Unschuld offenbaren und dieselbe nament=

lich ihrem Verlobten kund thun werde, gerechtfertigt, war über die Erzählung Josephs hoch erfreut, und kaum werden wir irren, wenn wir annehmen, daß sie sich zum zweitenmal in den Worten erhoben habe: „Meine Seele preiset hoch den Herrn, und mein Geist frohlockt in Gott meinem Helfer." Eben in diesem Augenblicke ja war Gott ihr Helfer geworden. Aber nun hatte sie ausserdem den edelsten frömmsten und theilnahmvollsten Mann und Freund gefunden, dem sie ihr Geheimniß, und fortan alle Empfindungen ihres Herzens mittheilen konnte, und der ihr zur Seite stand, in Allem, was weiter geschehen und kommen würde. Welch ein Glück und Trost! — Das Erste nun war, daß sie Joseph Alles erzählte, was ihr der Engel Gabriel gesagt hatte, und was dem Zacharias geschehen, und ihr bei Elisabeth widerfahren war. Wer vermag das Erstaunen und die Freude Josephs hierüber zu beschreiben? Wie wahr und herzlich schloß er sich an die Lobpreisungen Gottes an, die aus dem Munde Marias kamen! Und da er ein Nachkomme Davids war, wie ergriff ihn namentlich das, was der Engel von der Herstellung des Thrones seines Ahnherrn, und von dem Sohne Marias, welcher ewig auf diesem Throne sitzen werde, gesagt hatte! Das war eine große, eine glorreiche Zukunft. Beide, Maria und Joseph versenkten sich sinnend in dieselbe.

Das Nächste, was Joseph sofort that, war, daß er Maria seine Verlobte als Gattin zu sich nahm. Aber ihr Verhältniß war und blieb (wie es ja schon von vorn herein festgesezt war) das von Geschwistern.

Was sie innig vereinigte und ihre Vereinigung weihete, war ihre vereinte Andacht, in der sie zu Gott gemeinsam aufblickten, und Ihn ohn' Aufhören um seiner großen ihnen erwiesenen, und allem Volke zugedachten Barmherzigkeit willen lobpriesen; war ihre gemeinsame Demuth, worin sie sich der ihnen gewordenen unerhörten Gnade, während sie in derselben selig waren, doch zugleich unwerth fühlten; war ihre Zukunft, für welche sie gemeinsam berufen waren, und über die sie sich tausendmal freudig unterhielten; war das Kind von Gott, zu dessen Aufnahme sie sich gemeinsam bereiteten; war ihre tiefe Hochachtung und Liebe, womit sie sich gegenseitig angehörten und in der sie zusammenlebten; war Freude und Leid, was sie gemeinsam zu genießen und zu tragen freudig vor dem Angesichte des Herrn bereit standen. Ihr Bund war ein seliger, ein eben so heiliger als beglückender. Von einem gewöhnlichen ehlichen Zusammenkommen konnte keine Rede seyn. Nicht nur hatte Maria Jungfrau zu bleiben gelobt: die tiefe Ehrfurcht, welche Joseph vor der Hochbegnadigten, vor der Auserwählten des Himmels, vor der Mutter des gottgegebenen Messias hatte, hätte ihm ausserdem nie gestattet, die Reine, die Gottgeweihte auch nur in Gedanken zu berühren. Sie war ihm „die geheimnißvolle Rose," welche ewig blühen müsse. Die ewige Jungfrauschaft Mariens ist auch, wie schon gesagt worden, ausdrückliche Lehre der katholischen Kirche. Und wenn der Evangelist Matthäus schreibt, Joseph habe ihr nicht beigewohnt, bis sie ihren erstgeborenen Sohn geboren, so ist das nachträglich gesagt, um die übernatürliche Empfängniß Jesu ausdrücklich zu bezeugen, weil nämlich Matthäus in seinem Evangelium die Verkündigung des Engels Gabriel, und somit die Empfängniß durch den heiligen Geist vorher nicht erzählt, sondern blos die Verlegenheit Josephs über den Zustand Marias berichtet hatte.

So war denn das Verhältniß zwischen Maria und Joseph das Verhältniß liebend vereinter Geschwister. — Die Ehe hat den Zweck, das menschliche Geschlecht fortzupflanzen, auch den Zweck, dem natürlichen Triebe seine gesezlich geordnete Befriedigung zu gewähren. Aber diese Seite der Ehe ist die niedere, und würde eine blos thierische seyn, wenn nicht die Gnade Gottes und die Freundschaft der Gatten hinzukäme, und ihr Leben und Zusammenkommen veredelte und weihete. Was die Gatten im höheren, im christlichen Sinne zu Einem Leibe macht, das ist die Vereinigung ihrer Seelen, das ist der gemeinsame Glaube, das ist das gemeinsame höchste Lebensziel, das ist das gemeinsame Streben nach diesem Ziele, das ist die gemeinsame Andacht, die gemeinsame Geduld Starkmuth und Hoffnung, der gemeinsame Zusammenhalt in Liebe und Treue. Bei Maria und Joseph war der sinnliche Theil der Ehe ausgefallen, der geistige Theil derselben dagegen desto ausgebildeter und herrschender. Und alle Gatten, wenn sie auch dem sinnlichen Triebe, wie sie nach der Absicht des Schöpfers sollen, Rechnung tragen, müssen Maria und Joseph in jener höheren Lebensgemeinschaft nachfolgen, welche in der Vereinigung der Seelen für Gott, für Tugend, für Lösung der empfangenen Lebensaufgabe in Glaube,

Liebe und Treue liegt. Ohne das sind sie wohl ver-
ehlicht, aber nicht im Herrn, und heißen wohl Gatten,
aber ohne die Weihe, die Würde und den Segen christlicher Gatten.

Unter den Bestandtheilen, die an der Ehe sind, hatten Maria und Joseph den besten gewählt. Sollen nicht
viele Gatten ihnen hierin nachahmen? — Es giebt Ehen,
welche im Alter geschlossen werden. Ihr Zweck konnte
nur die gegenseitige Hilfe und Lebenspflege seyn. Gut.
So mögen sie sich lieben, gegenseitig unterstützen, geistig
erbauen, und durch Gebeth und Wohlthun auf den
bald bevorstehenden großen Schritt sich würdig vorberei-
ten. Dem Fleische dienen, entwürdigt sie. — Wiederum
giebt es Ehen, worin die Gatten ihren leiblichen Pflichten gelebt haben, aber wie sie älter an Jahren, und
nach allen Seiten geistig entwickelter und gehobener werden, tritt der sinnliche Theil ihrer Verbindung mehr
zurück, und es mahnt sie, sich über denselben zu erheben, und in ein Geschwisterverhältniß zu dem
Mitgatten zu treten. Zwar wird der Mahnung nicht
sogleich Folge geleistet; aber die Mahnung ist nun einmal da, und bleibt, und fromme Gatten kommen derselben (schneller oder langsamer) unfehlbar nach. Man
kann nicht sagen, heute oder morgen muß es geschehen,
aber das ist nothwendig, daß man in seinem Herzen
will, und daß es endlich wirklich geschieht. Gatten,
in denen sich die gedachte Mahnung nicht einstellt, er-
mangeln aller geistigen Fortbildung, und aller
Entwickelung zu Gott hin, und zu göttlichen
Dingen. Sie haben aus allem Erlebniß, aller Freude

und Noth ihres Standes nichts gelernt, sind geistig
nicht gewachsen, vielmehr nur erbhafter und niedriger
geworden. Aber das Fleisch ist nicht in unsere Natur
gemengt, damit wir darin bleiben, oder wohl gar
darin untergehen, sondern damit wir uns aus ihm,
ja an ihm — an allen Erfahrungen, Trübsalen und
Segnungen des ehlichen Lebens und Strebens erheben und
heiligen. Der sinnliche Theil der Ehe muß allmählig
absterben, der geistige aber bleiben, und endlich
allein übrig seyn. In dem Maße, in welchem der
geistige Mensch zunimmt und die Seele sich mehr und
mehr nach Oben erhebt, tritt der sinnliche Mensch zurück.
1 Cor. 7, 5. Wo Fortbildung ist, da ist nothwen=
dig entsprechendes Zurückweichen der Sinnlichkeit.

Zum Schlusse wollen wir noch einen Blick auf die
peinliche Lage werfen, in welcher sich Maria ihrem
Verlobten gegenüber, dem sie als Jungfrau anvertraut
worden, befand, in der sie inzwischen als demuthvolle
Magd des Herrn schweigend ausharrte, bis Gott sie
erlösen und ihre Unschuld offenbaren würde. Der un=
befleckte Name ist jeder Jungfrau höchstes Gut. Das
Erste ist ihre innere Unbeflecktheit, das Andere ist
deren Geltung oder Anerkennung in der Welt. Sie
vermeidet darum nicht nur Alles, was einen unjung=
fräulichen oder gar leichtfertigen Sinn anzeigen könnte,
sondern erwägt auch das Unschuldige, ob es nicht etwa
von böslichen Augen mißdeutet werden könnte. Sie
fühlt, daß, wo ihre Jungfräulichkeit angetastet wird, ihre
ganze Persönlichkeit angegriffen ist.

Warum greift es der Jungfrau so tief in die Seele,

wenn ihr reiner Name auch nur leicht angetastet wird?
— Das läßt sich leicht begreifen. Wenn auch nur das
geringste Unreine in das Aug des Menschen kommt,
so macht es lebhaften Schmerz, denn das Aug ist, weil
das edelste, auch das empfindlichste Glied. Aehnlich ver=
hält es sich mit der Jungfräulichkeit. Sie fühlt sich
durch jede Berührung, durch jede nachtheilige Rede
schwer und schmerzlich verletzt, weil sie die zarteste, die
edelste und darum empfindlichste Seite des weiblichen
Wesens ist. Wenn es Töchter giebt, welche frech auf=
treten, und nach dem Urtheil der gesitteten Welt wenig
oder nichts fragen, so gleichen sie einem Auge, welches
Stoß und Splitter schmerzlos erträgt. Solches Auge aber
ist todt und ausgelaufen.

Möglich, daß aber eine Jungfrau ohne ihre Ver=
schuldung Nachtheiliges ausgesagt wird. In diesem
Falle erhebt sie sich dagegen in jungfräulichem Selbst=
gefühl, aber sie schreit nicht, und rennt nicht aufgebracht
rechts und links: sie ist ruhig ergeben, dessen gewiß,
daß all Solches ihr nicht schaden könne, weil Gott für
sie ist. Nur die sich von der übeln Nachrede ge=
troffen weiß, begehrt mit Heftigkeit auf, weil sie fühlt,
zu Grund gerichtet zu seyn, wenn die Wahrheit Glau=
ben finde.

Es liegt (wie schon früher gesagt worden) in der
harmlosen, aller Sünde unkundigen, unversehrten Jung=
fräulichkeit etwas unaussprechlich Anziehendes, und zu=
gleich mit Ehrerbietung Erfüllendes. Man will sichs
erklären, und fragt: Woher dieses? Aber man kann sich
darüber keine Rechenschaft geben: man kann es nur

fühlen; und Dem, welcher zu tief steht, um es zu
fühlen, kann man es auch nicht begreiflich machen oder
einreden. Es ist die Jungfräulichkeit nichts anderes,
als die Seele des Menschen — noch Engel, noch an-
schaubar in der ihr von Gott eingehauchten Lieblichkeit,
Anmuth und Würde. Darum wird, wer sie anschaut,
von Wohlgefallen und Hochachtung ergriffen, weil er
einen Engel sieht. — Aber nun ist die Seele im
menschlichen Leibe. Ob sie sich über seiner Schwere
und seinen Gelüsten oben erhalte, oder sich von ihm anziehen, vielleicht herabziehen und entwürdigen lasse? Das
ist die Frage. Und jeder edle Mensch, wenn er die
liebliche und harmlose Blume sieht, fühlt Bekümmerniß
um sie, und denkt in seinem Herzen: Ach, wenn du
wüßtest, was du hast und bist! Du trägst, meine
Tochter, einen großen unwiederbringlichen Schaz in ge-
brechlichem Gefäße. Traue dem Gefäß nicht, wenn es
stark zu seyn scheint. Bethe viel zu der Reinsten der
Reinen, daß sie fürbittend für dich, deine Unschuld dir
bewahre! —

9.

Die Geburt Jesu.

Je näher für Maria der Tag heranrückte, an wel=
chem sie der Welt den ewigen Herrscher, und Sünden=
tilger geben sollte, desto freudiger gehoben war ihre
Seele. Und wenn das ganze Volk, und wenn beson=
ders alle Gerechten im Volke des Messias mit Sehn=
sucht warteten, so war doch die Sehnsucht und har=
rende Freude Mariens ohne Vergleich größer. Wußte
doch nur sie, Joseph, Elisabeth und Zacharias, daß
der heiß Erwartete bereits dasey, daß er in wenigen
Tagen hervortreten werde, und sie seine Mutter. Wer
sich in dunkler Winternacht verirrt hat, wie ist ihm
in Schnee und Sturm bange, und wie sehnsuchtvoll
wartet er des Tages, immer sehnsuchtvoller, je länger
die Nacht währt, und je näher der Morgen heranrückt!
Und hat endlich die siebente Morgenstunde geschlagen,
so ist die Sehnsucht und Freude auf das Höchste ge=
stiegen. Die katholische Kirche hat dem Andenken an die
sehnsucht= und freudevolle Erwartung der Geburt Jesu
einen eigenen Gedächtnißtag gewidmet.

Der Prophet Micha hatte geweissagt: „Du Beth=
lehem, im Lande Juda, bist keineswegs die

geringste unter den Fürsten Juda: denn aus
dir wird hervorgehen der Fürst, welcher mein
Volk Israel regieren wird." Kraft dieses Wor=
tes lehrten die Schriftlehrer, der Messias werde zu
Bethlehem geboren werden. Allein wie soll das zu=
gehen, da Joseph und Maria nicht zu Bethlehem, ja
nicht einmal im Lande Juda, sondern in Galiläa, zu
Nazareth wohnen? — Doch, was Gott durch den Mund
seiner Propheten spricht, bleibt nicht unerfüllt, ja es er=
weist sich gerade dadurch als göttlichen Ausspruch, daß
es sich erfüllt gegen den ordentlichen Lauf der Dinge.
Wie gieng es also zu, daß der Messias zu Bethle=
hem geboren wurde? — Siehe, Gott fügte es, daß
der Kaiser Augustus in allen seinen Ländern öffentliche
Verzeichnisse der Bewohner aufnehmen ließ, und daß
der Befehl sich aufschreiben zu lassen eben an Joseph ge=
langte, als die Geburt Jesu nahe war. Da die Auf=
schreibung aber an dem Stammorte eines Jeden zu
geschehen hatte, so mußten Joseph und Maria hinauf
nach Bethlehem als dem Stammorte Davids, dessen Ab=
kömmlinge Beide waren. So denn reiseten sie dahin.
Vielleicht hatte Joseph geglaubt, er werde wieder in Na=
zareth zurück seyn, eh die Zeit für Maria gekommen
seyn würde, allein gerade deßhalb mußten sie nach Beth=
lehem hinauf reisen, damit die Geburt des Messias an
diesem Orte stattfände, und so die Weissagung des Pro=
pheten Micha erfüllt würde. Wirklich schlug, wie es
scheint gleich nach ihrer Ankunft zu Bethlehem, die
Stunde, und Maria gebar, wie der Evangelist sagt,
daselbst ihren erstgebornen Sohn.

7 *

In den Umständen, in welchen sich Maria befand, war es (menschlich betrachtet) mit Gefahr, jedenfalls mit großer Mühseligkeit verbunden, eine so weite Reise zu machen. Wie oft wird sie die Last des langen und harten Weges schwer gefühlt, aber dann sich im Aufblicke zu Gott ihrem Helfer gestärkt, und immer wieder getrosten Muthes den Weg fortgesezt haben! — Man kann nicht umhin, hier so mancher armen Frau zu gedenken, welche im Stande hoher Schwangerschaft unter der Last täglicher mühseliger Arbeit seufzt. Wie grausam muß sie sich plagen! O blicke, du Arme! vertrauend auf Maria! Sie weiß Mitleid mit dir zu haben. Sie wird fürbitten für dich, und Gott wird dich nicht verlassen. Aber Schande über jene Männer, welche herzlos ihre Weiber im gesegneten, ja in hochgesegnetem Zustand ihrer Mühsal überlassen, ja wohl gar diese Mühsal noch häufen! Ist das die Lösung des Wortes, welches sie am Altare gesprochen, daß sie nemlich ihre Weiber halten und pflegen wollen wie ihren eigenen Leib? —

Wenn Kinder das prächtige älterliche Haus, worin sie geboren und erzogen worden, verloren haben, und gehen arm und von Niemanden gekannt an demselben vorüber, wie wird ihnen bei dessen Anblick zu Muth seyn? — Aehnliches mögen wohl auch Maria und Joseph empfunden haben, als sie nach Bethlehem, der Heimath ihres Ahnherrn David hinaufreisten. David und sein Haus so groß, so reich, so mächtig: und sie seine Abkömmlinge, so arm und gering! — Und als sie in Davids, ihres Ahnherrn, Stadt kamen, Wer

kannte sie, oder kümmerte sich um sie? Nicht einmal
eine Herberge fanden sie in der Vaterstadt ihres glorreichen Vorfahren. Das war ein hartes Geschick. Aber
Maria und Joseph trugen dasselbe fromm ergeben, denn
es war die Strafe ihrer von Jehova abgefallenen Väter. Und wußten sie nicht, daß Gott ein erbarmen-
der Gott zu seyn nie vergißt, und zwar züchtigt und
erniedrigt, aber (ewig treu) doch sein Wort ausführt,
das er geredet hat zu Abraham und den Vätern? Ja,
in kürzester Frist wird Der zur Welt kommen, welcher
den Thron Davids herstellen, und auf demselben ohne
Ende sizen wird. Wie anders wird dereinst sein Einzug in dem Stammorte des Davidischen Hauses seyn,
als der stille von Niemand beachtete heutige Einzug seiner
Eltern! — Gräme dich darum nicht, du christliche Tochter und Hausfrau um deines unverschuldet verlorenen
Reichthums oder Ansehens willen. Ja, sey nicht betrübt
überhaupt, die du arm bist und gering. Du bist nicht
arm noch gering, wenn du ein reines Gewissen bewahrst,
Gott geweihet lebst, und Gott mit dir ist. Wer hat denn
des Allmächtigen Arm verkürzt, daß Er nicht mächtig wäre,
dich (wenn es gut für dich ist) zeitlich zu erhöhen? Oder
wenn er dich auch zeitlich nicht erhöhen will, Wer kann dir
jene endlose unaussprechliche Seligkeit rauben, die er seinen
Getreuen verheißen hat, und nach etlichen kurzen Jahren
geben wird? Sprich: dein Wille geschehe! „Er
hat Erbarmen von Geschlecht zu Geschlecht
über die, welche Ihn fürchten. Mächtige
stürzt Er vom Throne, Niedrige erhebt Er." —
Maria und Joseph zogen arm und herbergslos in die

Stadt Davids ein; aber nun der Verheißene kommt
und den Thron ihres Ahnherrn wieder herstellt: viel-
leicht sizen sie bald auf dem Throne ihrer Väter in
Herrlichkeit neben ihm? — Das steht in Gottes Hand.
Aber sie sizen auf keinem irdischen Throne; sie bleiben
arm an zeitlichem Gute, und gering in den Augen der
Welt, dagegen groß, rein, reich in Glauben Liebe Ge-
duld und Gehorsam: und nun sizen sie für ewig auf
Thronen der Herrlichkeit im Reiche ihres Sohnes.
Was hat nun ihre Armuth, ihr unbeachteter Einzug in
Bethlehem, und ihre Herberglosigkeit auf sich! —

Wir begrüßen dich, o seligste Jungfrau, ob deiner
Zurückweisung in Bethlehem. Millionen Gebährender,
wenn sie Alles, was ihre Lage fordert, im Ueber-
flusse haben, werden durch deinen Anblick gerührt
seyn, und Gott für ihren Ueberfluß desto inniger danken. Sie werden sich der armen Mütter neben sich erbarmen. Die Armen aber und Hinausgestoßenen werden sich an deinem Anblicke aufrichten und trösten. Du,
die du als Gebenedeite unter den Weibern erklärt bist:
wenn Gott es so wollte mit dir, welche unter Allen
deines Geschlechtes ist, die sich nicht beugte, wenn Er
Aehnliches will mit ihr! —

Der Evangelist Johannes sagt: „Er kam in sein
Eigenthum, und die Seinigen nahmen ihn
nicht auf." Daß Joseph und Maria keine Herberg
in Bethlehem fanden, und das Kind in einem Stalle
zur Welt kommen mußte, war nicht ohne Vorbedeutung.
Das war die erste Erfüllung des Johanneischen Wortes, denn die ganze irdische Zukunft des Kindes ist nur

die Fortsetzung dieses Anfangs. Siehe, Er kam in sein Eigenthum, aber die Seinigen nahmen ihn nicht auf. —

Auch das hat eine geheimnißvolle Bedeutung, daß sich eine Unterkunft fand nur in einem Stalle, und das Kind in einem Stalle zur Welt kam. Dieses Kind war berufen, der Hirt zu seyn der Völker, war also mit Recht im Stalle geboren. Eine andere Geburtsstätte hätte ihm geziemt, wäre es gesendet worden, mit eisernem Szepter zu herrschen. Aber der, welcher mit dem Hirtenstabe vor seinen Schafen hergeht, und sie alle kennt, mit Namen ruft, und zur Weide ausführt, muß seine Geburtsstätte im Stalle haben. Er ist der gute Hirt.

Maria also gebar in einem Stalle zu Bethlehem ihren erstgebornen Sohn. Jungfrau vor, in, und nach der Geburt. Das Wort: „Mit Schmerzen sollst du Kinder gebähren", das zu Eva und ihren Töchtern gesagt ward zur Strafe der Sünde, traf die Unbefleckte nicht.

Und als das Knäblein geboren war und die Jungfrau den Sohn des Allerhöchsten als ein Kind, als ihr Kind, und in unbeschreiblicher Holdseligkeit vor sich sah, ergriff es sie in unnennbar seligen Gefühlen. Ehrerbietung und Mutterwonne durchdrangen abwechselnd und vereint ihre Seele. Keine Junge ist im Stand die Unermeßlichkeit ihres Glückes auszusprechen. Schon ist das Wort des Engels erfüllt, da er spricht: „Du Gesegnete unter den Weibern!" Wenn Alle, die je geboren haben, ihre Mutterfreuden zusammen nähmen, so würde (dünkt es sie) all ihre Freude zusammen der ihrigen nicht gleich kommen. Ja, freue dich in unaussprechlicher Freude, du Hochgesegnete, denn du hast in deinen Armen den König der Könige, den in die Welt gekommenen Sohn Gottes, und Heiland. Und Wer ein Herz hat für Gottes Treue und Barmherzigkeit, und ein Herz für seine und der Welt Sünde, und ein Herz für Heiligung, Menschenwohlfahrt, und unsterbliche Seligkeit, freue sich mit dir, und freue sich mit aller Freude, deren sein Herz fähig ist! —

Besonders aber freue dich auch, du Mutter, die du Kinder zur Welt gebährest. Deine Kinder sind die deinen, mit Schmerzen geboren. Mit unaussprechlicher Süßigkeit empfängst du sie in deine Arme. Fühle, wie gut der Herr ist, der dich gestraft mit Schmerzen, aber schnell dich der Schmerzen vergessen macht ob der Freude, daß dir ein Kind geworden. Die Mutterfreude ist das Geschenk Dessen, welcher dein Herz zum Mutterherzen gemacht hat.

Doch, wenn du ein Kind zur Welt gebracht hättest, welches ein Sklave seyn wird, zertreten von seinen Mitmenschen, welches arm, vergessen, krank, trostlos über sein Daseyn seufzen muß, welches, dem Laster verfallen, ein Fluch und Abscheu seiner Umgebung seyn, und in Angst und Verzweiflung ins Grab sinken wird: wie dann? Willst du dich auch seiner Geburt freuen? Unmöglich. Darum bist du eine beglückte Frau, und ob deiner Mutterfreude gerechtfertigt nicht darum, daß du geboren, sondern daß du als Christin geboren,

und der Kirche einen Zögling, und dem ewigen Leben
einen Erben gegeben hast. Dein Kind wird unter deinem frommen Einflusse, und unter der Leitung der
Kirche zu einem würdigen, glücklichen und beglückenden
Menschen heranwachsen. Siehe, das rechtfertigt deine
Wonne. Die blos natürliche Freude der Mutter, ach
wie bald oft wandelt sie sich in Schmerz! Ich wiederhole daher: Freue dich, daß du als Christin geboren hast, denn daß du nicht der Sünde der Noth und
dem Tode ein Opfer, sondern einem guten und seligen Leben einen Genossen und Erben gegeben, dieses
ist das Werk Dessen, den die Jungfrau zu Bethlehem
geboren hat — Christi.

„Als das Kind geboren war, wickelte die
Mutter dasselbe in Windeln, und legte es in
eine Krippe." Warum wohl ist dieser Umstand von
dem hl. Evangelisten erzählt? — Es ist hoher Sinn
in demselben, und der hl. Geist ließ es nicht zu, daß
er nicht aufgeschrieben würde. Das ist nemlich der
erste Act in dem großen Werke der Selbstentäusserung des Sohnes Gottes, daß er als nacktes Kind
in die Welt eintrat. Siehe, der Allreiche, dem alle
Gewalt gegeben ist im Himmel auf Erden, liegt als
hilfeloses Kind, nackt im Schoose seiner Mutter!
Das ist Selbstentäusserung. — Hier erkennen wir
recht deutlich, wie nichts am Ende an all der Pracht
und Ueppigkeit liegt, mit der wir unsern Leib zu kleiden und zu umgeben pflegen. Umgekehrt. Gerade
in der sich selbst entäussernden Nacktheit Jesu erschauen
wir die anbethungswürdigste Größe. Das nemlich ist

Größe, und anbethungswürdigste Größe: die freie Erniedrigung des Sohnes Gottes bis herab zum nackten
Kinde, geschehen zu dem Zwecke, um uns in unserer
schaalen Aufgeblasenheit zu beschämen, und uns von
unserer Lebenshoffart zu erlösen. Ja, was ist von nun
an alle Herrlichkeit und Pracht der Bekleidung! Welche
Geistesarmuth und Kleinheit, die sich vor seinem eigenen
oder Anderer Goldrocke verbeugt! — Du hohle Seele,
die du allen inneren Gehaltes und Werthes baar, dich
breit machst in deinem reichen Schmucke, erkennetest du
doch, was allein Würde giebt und Werth! —

Der Umstand, daß das neugeborne Jesuskind keine
eigene Lagerstätte hatte, sondern in eine Krippe gelegt ward, ist von Bedeutung auch darum, weil er die
erste Erfüllung ist des Wortes: „Die Füchse haben
ihre Höhlen und die Vögel ihre Nester, aber
des Menschensohn hat nicht, wohin er sein
Haupt lege." Ja, wo ist ein Kind, das nicht, wenn
es zur Welt kommt, sein Bettchen bereitet fände? Nur
des Menschensohn liegt in einer Krippe. Das ist
es eben: „Er hat nicht, wohin er sein Haupt
lege." Von allem Besitzthum auf Erden (obwohl der
Herr desselben) nichts für sich nehmend, giebt er
uns die Mahnung, von dem Erdengute uns nicht fesseln zu lassen, und wo wir solches besitzen, es (freien
Herzens) zu haben, als hätten wir es nicht. Nackt
sind wir geboren, ohne Besiz gehen wir von
dannen.

Endlich hat der Umstand, daß das Jesuskind neugeboren in die Krippe gelegt wurde, noch eine weitere

und sinnbildliche Bedeutung. Die Krippe nemlich ist der Ort, wohin das Futter d. i. die Nahrung gelegt wird, daß die Thiere kommen, und sich sättigen. Nun, Wer ist in Wahrheit und im höchsten Sinne des Wortes das Brod — die Nahrung der Welt? — Jesus Christus. Wenn Er daher neugeboren in eine Krippe gelegt wird, so bedeutet das nichts anderes, als daß alle Menschen wie gute Schafe herbeikommen sollen, um zu essen und satt zu werden, indem Er sich ihnen als nährendes Lebensbrod, als Speise des ewigen Lebens geben wolle. Wahrlich, sähen wir das Jesuskind, das schönste und holdseligste aller Kinder in der Krippe liegen, wir kämen Alle zu ihm, und überhäuften es mit Liebkosungen und Küssen. Aber nachdem das Kindlein Mann geworden, und das Wort geredet: „Wer mir nachfolgen will, verläugne sich selbst, nehme sein Kreuz auf sich, und folge mir nach", ist kein Zudrang zu ihm, denn izt handelt es sich nicht um ein sinnliches Wohlgefallen, sondern um eine sinnliche Abtödtung. Das Brod, welches Er ist, wird (wie das Osterlamm der Juden) genossen nicht ohne die Beimischung bitterer Kräuter.

Die Mutter wickelte ihr Kindlein in Windeln, und legte dasselbe in die Krippe. Natürlich fiel ihr diese gar große Armseligkeit aufs Herz. Du Sohn des Allerhöchsten, dachte sie vielleicht, findest in der Stadt Davids deines königlichen Ahnen nichts, auch nicht einmal eine Wiege. Aber diese Armseligkeit war der Anfang einer langen Bahn der Verkennung und Leiden, und die Mutter mußte von Anbeginn lernen,

neben der ihr geoffenbarten Größe und Herrlichkeit ih=
res Sohnes auch an Nothstände und Mühsale desselben
zu denken und zu glauben.

Die Mutter wickelte das Kind in Windeln,
und legte es in die Krippe. Jesus wollte ganz
Mensch, also auch hilfsbedürftig seyn, wie alle Kinder.
Und die Mutter sollte seine Pflegerin seyn, wie alle
Mütter. — Mit der Umwickelung des Kindes mit Win=
deln beginnt der Mutter lange und tausendfache Mühe.
Aber die Mühe ist ihr süß, denn es ist die Mühe um
ihr Kind, und Gott hat ihr die Mutterliebe und Mutter=
lust ins Herz gegeben. Mit einer Art Grauen denkt
man sich eine Mutter, die nicht Lust hat an der Wasch=
wanne und den Windeln ihres Kindes. Sie hat den
schönsten und edelsten Theil ihres Lebens verloren.

Die Mutter wickelte ihr Kind in Windeln,
und legte dasselbe in die Krippe. — Weißt du
auch den Ursprung der Windeln? Das erste Menschen=
paar war nackt, und schämte sich nicht. Nach der
Sünde fühlte es sich nackt, und schämte sich, und Gott
gab ihm Bedeckung. Der erste Zweck und Grund der
Bekleidung und somit auch der Windeln ist demnach
nicht der Schuz vor Kälte, sondern der Schuz der
Schaamhaftigkeit. Das ist von großer Bedeutung für
Mütter, denn indem sie ihr Kind in Windeln wickeln,
beginnen sie das große Werk der Pflege der
Schaamhaftigkeit — ein Werk, welches ganz vor=
zugsweise ihnen obliegt, und welches einen Hauptgegen=
stand ihres mütterlichen Berufes ausmacht.

So ist denn der lang Ersehnte, der Wiederbringer

der Menschheit da. — Aber sein Erscheinen ist wie das
eines Senfkornes — klein und ohne Ansehen.
Schon izt also erfüllt sich das Wort: „Das Himmel=
reich ist gleich einem Senfkorn." Aber es wird
sich auch ferner erfüllen, denn das Senfkorn wird zu
einem Baume werden, unter dessen Schatten die Völker
der Erde ruhen, und von dessen Früchten sie essen und
gesunden werden.

Wenden wir uns noch, eh wir zum folgenden Ab=
schnitt übergehen, mit dem Hymnus der Kirche an die
hochbeseligte Jungfrau und Gottesgebährerin! — „Sey
gegrüßt du, der Himmel, du, der Engel Königin!
Sey gegrüßt du Pforte, durch die das Licht in
die Welt ist eingegangen! Freue dich, glorreiche
Jungfrau, du strahlende vor allen deines Geschlechtes,
freue dich!"

Am Gedächtnißtage der Geburt Christi richtet man
an vielen Orten den Christbaum auf. Man schmückt
denselben mit Kerzlein, und behängt ihn mit allerlei
Süßigkeiten. Ist es Nacht geworden, so zündet man
die Kerzlein an, und der Baum mit seinen Gaben und
dem Glanze der Lichter ist zum Anschauen eine Lust
und Wonne. Gut gethan. Er ist das Sinnbild des
Lichtes, welches Christus ist, aufgegangen den Men=
schen, und verscheuchend die Nacht der Unwissenheit und
Sünde. Und ist das Sinnbild des Lebensbaumes,
welcher Christus ist, süße lebengebende Frucht reichend
— der Gegensaz jenes Baumes, welcher im Paradiese
stand und Tod brachte.

Führe immerhin, du christliche Mutter! deine Kin=

der zu dem strahlenden Christbaume, und laß sie entzückt seyn ob dem Anblicke seines Glanzes und seiner Gaben. Aber führe sie dann von dem Sinnbilde hinauf zu dem, welcher gesinnbildet, d. h. das wahre und ewige Licht ist, und der Geber aller Güter. Ja, eben am Christfeste müssen die Kinder Christo recht besonders zugeführt werden! Der Kind-gewordene Sohn Gottes, wie nahe ist er ihnen, wie verwandt, wie herzurufend und ermuthigend! — Also müssen sie herbeikommen und lieben. Führe sie zu ihm!

Das Christfest ist ein wahres Kinderfest auch darum, weil die Kinder durch das Kind-werden des Sohnes Gottes hoch geehrt sind. Im Anblicke des Kindes in der Krippe empfängt man gegen die gesammte Kinderwelt eine eigene Hochachtung. Kinder sind freilich nur Kinder, aber es liegt etwas Höheres in ihnen, etwas Achtunggebietendes: sie sind Geschwister des Jesuskindes.

Wenn die Kinder um den Christbaum jauchzen, ergreift dich ihr Jubel, und deine eigene Kindheit schwebt an dir vorüber. Wie unendlich, sagst du, konnte ich mich damals freuen! Aber warum ist nicht mehr so? — Ach, der Jubel der Kinder um dich mahnt dich, wieder Kind zu werden. Seitdem der Sohn Gottes Kind geworden ist, giebt es nichts Höheres, als Kind zu seyn: „ihrer ist das Himmelreich."

10.

Die Anbethung der Hirten.

Was in Bethlehem geschehen, war keinem Menschen
bekannt. Auch konnten Maria und Joseph es Nieman=
den mittheilen, denn wer hätte ihnen geglaubt? Also
waren sie beschränkt auf sich selbst: auf ihre Freude
und ihre Armuth, und mußten es rein dem Himmel
überlassen, ob er schweige über ihnen, oder sich des
Kindes annehme. — Siehe, da erschien ein Engel des
Herrn den Hirten, die in der Gegend bei ihrer Heerde
Nachtwache hielten. Der Engel strahlte in Lichtglanz,
und die Hirten fürchteten sich sehr. Der Engel aber
sprach zu ihnen: „Fürchtet euch nicht, denn siehe, ich
verkünde euch eine große Freude, die dem ganzen Volke
zu Theil werden wird. Heute nemlich ist euch in
Davids Stadt der Heiland geboren — C h r i s t u s,
d e r H e r r. Und das sey euch das Zeichen: ihr wer=
det ein Kind finden, in Windeln eingewickelt, und in
einer Krippe liegend." Und kaum hatte der Engel aus=
geredet, so war bei ihm eine Menge himmlischer Heer=
schaaren, die Gottes Lob verkündeten, und sprachen:
„E h r e s e i G o t t i n d e r H ö h e, und F r i e d e d e n
M e n s c h e n a u f E r d e n, d i e e i n e s g u t e n W i l l e n s
s i n d."

Das war eine eben so erschütternde als freudige
Erscheinung. Als daher die Engel entschwunden, und
in den Himmel zurückgekehrt waren, hatten die Hirten
nichts Angelegentlicheres zu thun, als nach Bethlehem zu
eilen, und das Kind aufzusuchen, von dem ihnen
gesagt war: „Es ist Christus, der Herr." Sie
machten sich daher in aller Schnelligkeit auf, kamen
nach Bethlehem, und fanden Maria und Joseph, und
das Kind in der Krippe liegend.

Wie freudig ergriffen werden sie gewesen seyn, als
sie das Kind ganz so, wie ihnen gesagt war, in der
Krippe fanden. Wie werden sie dasselbe beschaut, und
wieder beschaut, und verehrt und geliebt haben! Wenn
eine hohe Familie am Aussterben ist, und wird ihr ein
männlicher Sprößling geboren, so ist ihre Freude uner=
meßlich, aber doch nicht größer, als die Freude der
Hirten ob dem Anblicke des Kindes, denn es ist
Christus, der Herr: und kein Jude hatte etwas
Höheres und Größeres in seinem Herzen, als Chri=
stus — den Messias, und daß er seinen Tag se=
hen möchte.

Natürlich war Maria und Joseph ob der Erschei=
nung der Hirten, und ob der Ehrfurcht und Freude,
die sie an dem Kinde hatten, hoch verwundert. Wie
kommen die Männer da her? Was kümmert sie das
Kind? Was sind das für Reden, die sie untereinander
führen über dasselbe? — Es erzählten ihnen daher die
Hirten Alles, was ihnen auf dem Felde begegnet, und
von dem Kinde gesagt war. Man kann sich denken,
mit welchen Empfindungen Maria und Joseph die Er=

zählung der Hirten aufgenommen haben. Nun war
die Freude erst eine vollkommene, denn sie war eine
allgemeine. Vom Kinde wandte sich Blick und Freude
zu den Aeltern, von den Aeltern zum Kinde; und die
Aeltern hinwiederum sahen das Kind an, aber nicht we=
niger die Hirten. Waren sie entzückt ob jenem, so
auch selig in den treuherzigen ehrerbietigen Blicken und
Liebkosungen von diesen. Wenn eine Mutter ein Kind
geboren hat, und es wäre Niemand, dem sie es zeigen
könnte, und der es sähe, es belobte und Freude daran
hätte, so wäre ihre Freude nur halb. Ihre Mutterlust
ist voll, wenn ihre Freundinen kommen, das Kind se=
hen, es beloben, und sie darob beglückwünschen. Aehn=
lich auch bei der hl. Jungfrau. Wir freuen uns daher
auf das innigste mit Maria ob der Freude, welche sie
empfand, als die Hirten ihr erzählten, was ihnen von
dem Kinde durch den Engel gesagt war, und als sie
das Kind so herzlich verehrten, lobten und liebten.
Die Freude der hl. Mutter war eine gerechte Entschädi=
gung für die Armseligkeit ihrer äussern Lage.

Als die Hirten weggegangen waren, und es wieder
einsam und still geworden, wiederholte sich Maria Al=
les in ihrem Herzen, was sie gesehen und gehört. Das
Erste war die Erscheinung des Engels, und seine Bot=
schaft an die Hirten. Die Erscheinung eines Engels
war ihr nichts Unbekanntes, aber sie fühlte sich mit Leb=
haftigkeit in die Stunde zurückversezt, in welcher sie selbst
solcher gewürdigt worden. Und siehe, wie genau die
Botschaft des Engels Gabriel mit dem übereinstimmt,
was den Hirten ist gesagt worden! Nun, seit der Er=

scheinung Gabriels, was ist nicht Alles geschehen! wie
hat sich sein Wort in übernatürlicher Weise erfüllt!
wie hat sich Alles bei Elisabeth so gefunden, wie ihr
gesagt war! wie ist Joseph ihr zugeführt worden! wie
kam sie bis hieher in den Stall zu Bethlehem! —
Und hier in der vergessensten Lage, mit dem Kinde
in der Krippe, sieht sie zum zweitenmal den Himmel
geöffnet über ihr, und Engel herabsteigen zu Lob
und Ehre des Kindes. Wie wunderbar! — Gewiß
brach sie aufs Neue in die Worte aus: „Gnä=
dig angesehen hat Gott die Niedrigkeit
seiner Magd; meine Seele preiset hoch den
Herrn!"

Das Andere, worüber Maria in ihrem Herzen
nachgedacht haben wird, waren ohne Zweifel die Engel=
schaaren, die sich zu dem ersten Engel gesellten, und
in freudigem Lobgesange Gott priesen und die Erde
segneten. Also freuen sich, dachte sie, nicht nur Men=
schen, sondern die Schaaren des Himmels dieses Knäb=
leins hier in Windeln; seine Geburt ist ein Gegenstand
der Lobpreisungen Gottes, und der Beglückwünschungen
der Erde. Und ich, o Herr, deine geringe Magd,
nenne dieses Knäblein, den Gegenstand der himmlischen
Frohlockungen mein Kind. Wer bin ich o Gott, daß
du mich solcher Gnaden würdigest? Meine Seele
frohlockt in dir, meinem Heile. Laß das Knäb=
lein gnädig heranwachsen zu der großen Bestimmung,
welche du ihm gegeben!

Engel, in Jubel frohlockend ob dem neugebornen
Kinde — welch ein erhebender und rührender Anblick!

— Aber, wenn gleich zwischen dem Kinde Jesus, und dem Kinde, welches du o christliche Mutter geboren, ein unendlicher Unterschied ist, so wähne doch nicht, daß an der Geburt deines Kindes keine Theilnahme sey im Himmel. Hast du nicht einen Schuzgeist, der deine Mutterfreude theilt? Hat dein Kind nicht seinen Schuzgeist, der mit Liebe auf den ihm anvertrauten Zögling blickt? Dein und sein Schuzgeist loben den Schöpfer der jungen Menschenseele, und mit inniger Freude begrüßen sie dieselbe im Hinblick auf ihre fromme und selige Zukunft. Denn wird das kleine Wesen nicht nach Jahren eine Wonne der Seinigen, und ein Segen der Menschen seyn? — Auf der andern Seite freilich kann auch ein Sünder heranwachsen, ein Verderber seiner selbst und Anderer. Trauernd senkt vielleicht der Schuzgeist das Angesicht, besorgt oder auch mehr als besorgt um das neugeborne Kind und dessen Zukunft. — Flehe daher inbrünstig, o Mutter! daß die Frucht deines Leibes eine gesegnete sey, und Engel mit Freude blicken auf sie, und auf dich.

Das Dritte, worüber Maria in ihrem Herzen nachdachte, war wohl die Frage, warum Gott seinen Sohn, den großen König und Erben Davids in dieser Verborgenheit zur Welt kommen lasse, und warum Er nicht den Fürsten und Vornehmen des Volkes, sondern geringen Hirten Kunde, und die erste Kunde von der Geburt desselben gegeben habe? — Doch sie hatte es ja schon erkannt und ausgesprochen: „Er verwirft die Stolzen und Dünkelhaften in ihrem Herzen, die Mächtigen stürzt Er vom Throne,

die Niedrigen hebt Er empor, die Hun=
gernden macht Er reich an Gütern, die
Reichen entläßt Er leer." Auch hatten die En=
gelschaaren Aufklärung gegeben. Friede, riefen sie, Friede
von nun den Menschen, die eines guten Willens
sind. Also nicht zu den Großen der Welt ist der
Knabe gesendet, sondern zu denen, die guten Wil=
lens sind. Den Armen soll der Knabe das Evan=
gelium bringen, und, wie der Prophet sagt, den Ge=
fangenen Loslassung, den Blinden das Se=
hen, den Gefesselten Freiheit. Darum sind die
frommen, glaubenswilligen Hirten, die nachtwachend zu
den Sternen aufblicken, und den Gott Israels über
denselben liebend suchen, die Ersten, denen der große
König, der Heiland verkündet wird. Siehe, diese sind
guten Willens. Darum Friede und Freude vor
Allen ihnen verkündet.

Vielleicht gedachte die hl. Jungfrau auch des pro=
phetischen Wortes, daß Christus gesendet seyn werde,
das Volk Israel zu weiden. War er denn der
große Hirt über Israel, so lag es nahe, daß
auch die Hirten die ersten seyn würden, welche ihm
ihre Huldigung darbringen. Wie erhob es das Mutter=
herz, wenn sie sich Israels Kinder dachte, wie Schafe
gesammelt um ihren Sohn, und geführt von Ihm, wie
der Hirt führt seine Heerde!

Auf solche Weise verweilte nach dem Weggange
der Hirten die tiefe sinnende Seele der hl. Mutter
bei dem, was vorgegangen, und es war ihr ein Be=
dürfniß und eine Freude, allein zu seyn. — In der

That, wie schön und würdig ist eine nach Innen gewendete, gläubige, still sinnende Seele! Wie Vieles geht in ihr vor, wie viel an Leid und Freude wird von ihr empfunden, wovon die weltlich verflachte, im Aeussern aufgegangene Seele nichts weiß, ja nichts ahnt! — O ziehe dich doch auch zuweilen, Wer du seyest, in dich selbst zurück! Schließ Ohr und Auge und deiner Kammer Thüre, und sey bei dir allein, und bei Gott! Ob du nicht tausendmal gehobener und froher aus deiner Einsamkeit hervorgehest, als aus der glänzendsten Gesellschaft, oder dem Theater und Ballsaale? —

Es war Nacht, als das Licht der Welt geboren wurde, und war Nacht, als die Engelschaaren in himmlischem Glanze über dieser Geburt frohlockten. So geschehen denn wohl in der Nacht die Werke der Finsterniß, aber es findet auch in der Nacht mancher heilige und selige Verkehr statt zwischen dem Himmel und den Menschen. Wie nach dem Weggang der Hirten die hl. Mutter in nächtlicher Stille sich mit den himmlischen Schaaren und ihrem himmlischen Kinde beschäftigte, so sizt manche edle Mutter oder Jungfrau, welche im Verlauf des Tages bei dem stündlichen Andrang der Geschäfte nie zu sich selbst kam, in nächtlicher Stille bei einer gesunden Lesung und Betrachtung, oder sie kniet fromm und bethend vor Gott. Die Geschäfte ruhen, die Kinder schlafen, es ist einsam und still um sie. Das ist ihre Zeit und Stunde. Da verkehrt sie mit dem Himmel, und nichts könnte ihr diese Zeit und Stunde ersezen. Zeigen sich auch keine himmlischen Heerschaaren

über ihr, so steigen um so gewisser, und um so er=
quickender himmlische Gedanken Empfindungen Vorsäze
und Ermuthigungen vom Himmel herab in ihre Seele
nieder.

———— ————

Es ist natürlich, daß die Hirten die Erscheinung,
die sie gehabt, und daß sie Alles im Stalle zu Bethle=
hem so gefunden, wie ihnen war gesagt worden, ihren
Bekannten erzählten. Eben so konnte es nicht fehlen,
daß Jeder, der es hörte, in Erstaunen gerieth, und
nicht Wenige nach Bethlehem gingen, um das Kind
und seine Mutter auch zu sehen, und dem Knäblein
ihre Ehrerbietung darzubringen. Das hat nicht auf=
gehört bis auf den heutigen Tag. Alljährig wallen
Tausende und Tausende an die Orte hin, wo die
Frömmigkeit eine Krippe aufgestellt hat, und das Jesus=
kind darin, und Maria und Joseph dabei, und die be=
wundernden und anbetenden Hirten. In der That
giebt es auch für den frommen Beschauer nichts Rüh=
renderes, als den Anblick seines Heilandes in Windeln
gewickelt, und von der Mutter gelegt in die Krippe.
Eine Menge der rührendsten und zartesten Gedanken
knüpft sich an den Anblick. Man kann sich die Bege=
benheit zwar auch im Geiste vorstellen, aber viel
wahrer und frischer sieht sie doch in wirklicher greif=
licher Abbildung vor uns. Pilgere du daher, fromme
Mutter, immerhin zur Krippe, vergiß aber nicht, dein
Kind mit dir zu nehmen, und ihm das Jesuskind in

der Krippe, die hl. Mutter und Joseph, die anbethenden
Hirten, die Schafe auf den Triften, und die lobsingen=
den Engel zu zeigen, denn für Kinder ist das Him=
melreich auch in dieser Gestalt. — Was war doch
das für eine Zeit, die es für Fortschritt hielt, uns
die Krippen zu nehmen! —

Dein Kind wird sich in dem Maße bei der Krippe
freuen, in welchem es Jesum lieben, überhaupt Fromm=
seyn von dir gelernt hat. Und zwar wird seine Freude
da viel reiner und gottseliger seyn, als beim
Christbaum. Es ist überhaupt ein niederer Stand=
punkt, wenn man glaubt, es müße immer was zu es=
sen geben, wenn ein Kind sich freuen soll. Nichts be=
schäftigt ein Kind unterhaltender und veredelnder zugleich,
als bildliche Anschauungen der hl. Geschichten.

11.

Die Beschneidung.

Nach dem Geseze mußte jedes Knäblein acht Tage
nach seiner Geburt beschnitten werden. Unfehlbar gieng
die Verwundung des zarten Wesens jedem Mutterher=
zen nahe. Sollte denn auch das Knäblein, das der
Welt vom Himmel herab gesendet worden, diesem
Geseze unterworfen werden? und wozu? — Ach, Der,
welcher es in die Welt hin aussprach: „Eher wür=
den Himmel und Erde vergehen, als daß ein
Pünktlein des Gesezes verginge," mußte wohl
selbst, und sogleich bei seinem ersten Eintritt in die
Welt das Gesez erfüllen. Also wurde er mit acht
Tagen beschnitten. Wähne darum nicht, die göttlichen
Gebote gelten blos dem Menschen, und seyen eine
Beschränkung und Last eben für ihn. Nein! Die gött=
lichen Gebote gelten wie auf Erden, also auch
im Himmel. Alle Geister befolgen sie, und der Ein=
geborne Sohn Gottes selbst (Mensch geworden) unter=
wirft sich dem seinem Volke gegebenen Geseze der
Beschneidung.

Die Beschneidung war das Wahrzeichen des Bun=
des, welchen Gott mit Abraham errichtet hatte, daß

Gott nämlich seine Nachkommen mehren wolle, wie die Sterne des Himmels, und in seinem Saamen segnen werde alle Völker der Erde; daß Abraham dagegen und seine Nachkommen in Frömmigkeit und Gehorsam wandeln wollen vor Gott. Nun sollte eben der Hauptpunkt des Bundes in Erfüllung gehen: durch den Messias nämlich sollten alle Völker der Erde gesegnet werden. Die Annahme des Bundeszeichens war für den neugebornen Jesusknaben darum nichts anderes, als die feierliche Uebernahme jenes Theils des Bundes dessen Erfüllung auf Ihm lag: alle Völker der Erde zu segnen. Die hl. Mutter kannte den Bund Gottes mit Abraham und dessen Verheissungen sehr gut; auch wußte sie, daß das Knäblein, welches sie geboren, der Verheissene sey, welcher Davids Thron groß machen, und der Allherrscher seyn werde in Ewigkeit. Wie mußte ihr nun zu Muth seyn, als das Knäblein das Zeichen des Bundes empfing, und zur Erfüllung des höchsten und segensreichsten Theils desselben eingeweiht wurde! Es geschah mit Blutvergießen; aber die glückliche Mutter ahnte nicht, daß dieses eine weissagende Bedeutung habe, und in welch schmerzvoller Weise die Erfüllung der Bundesverheissung, d. h. die Segnung aller Völker, später an das Blut des Kindes geknüpft seyn würde.

Mit der Erfüllung des alten Bundes hat auch das Zeichen dieses Bundes — die Beschneidung aufgehört. Sie gilt für uns nur noch sinnbildlich, als Wegnahme jener Vorhaut, welche unsere Ohren und Herzen deckt, und dem erleuchtenden und rührenden Einwirken des Wortes und der Gnade Gottes im Wege steht. Wir leben izt in einem neuen Bunde, und haben ein neues Bundeszeichen. Wir leben in dem Bunde, dessen Stifter und Mittler Jesus Christus ist, und haben als Bundeszeichen die hl. Taufe. Wenn daher ein Kind geboren ist, so hat die christliche Mutter keine höhere Angelegenheit, als daß das theure Wesen getauft werde, und damit Theil an dem neuen Bunde, d. i. an Christus und seiner Erlösung habe. Ach, ihr Kind ist ihr höchstes Gut, aber eben darum will sie dasselbe der Erbsünde ledig, sie will es geheiligt, sie will es von Gott um Christi willen geliebt, und zum Kinde angenommen, sie will es den Gläubigen beigezählt, und zum Erben des ewigen Lebens eingesezt wissen. Und je frömmer sie ist, je liebender dem Herrn ergeben, je hoffnungsreicher in ihrem Herzen, desto inniger verlangt sie nach alle dem, d. h. desto herzlicher verlangt sie nach der Taufe ihres Kindes.

Und nimmt man dasselbe von ihr, um es zur Taufe zu tragen, so begleitet sie es mit ihren Segenswünschen. Gehe hin, du Theures, spricht sie in ihrem Herzen, und empfange deine Versöhnung vom Herrn, und empfange den hl. Geist, und empfange in deine zarte Seele den Keim der hl. Liebe, und das Sigel des ewigen Lebens. Ach, Herr! Herr! weihe es dir! Drei=

einiger Gott — Vater Sohn und Geist! heilige es dir,
daß es heranwachse in Glaube Liebe und Hoffnung,
daß es dir diene alle Tage seines Lebens, und mit
mir, seiner Mutter, komme in dein seliges Reich. Ja,
Herr! Herr! sieh gnädig herab auf dieses arme unmündige Kindlein und seine Mutter! —

Und ist die Taufe vollzogen, und der Täufling
wird zurückgebracht, und der Mutter in ihre Arme gelegt, wie glücklich ist sie! — Hat sie dasselbe nach
seiner Geburt mit dem Jubel der Naturfreude umfangen, so umfängt sie es itzt mit dem Jubel der
Christin. Das ist ihr Jubel, daß dieses ihr Kind
nun ein Kind Gottes ist, ein Eigenthum des Herrn,
sein Zögling und Erbe. Mit aller Inbrunst ihres
Herzens dankt sie für die unaussprechliche ihrem Kinde
in der hl. Taufe gewordene Gnade. Was kann ich,
seufzt sie, dir geben o Herr, für alle die Barmherzigkeit, die du heute an deiner Magd und diesem Kinde
gethan hast? — Dir sey es auf ewig geweiht! Laß
es von nun groß werden in Glauben und Liebe! Gieb,
daß ich es zu deinem Dienste erziehe, und daß es erfülle, was dir ist von den Pathen gelobt worden an
seiner Statt.

Man gab bei der Beschneidung jedem Kinde einen
Namen. Der Name bezeichnete seine Eigenschaft
oder Bestimmung. Also wurde es auch mit dem
Kinde der hl. Jungfrau gehalten. Wie es der Engel
befohlen hatte, so erhielt dasselbe den Namen Jesus.
Dieser Name heißt so viel als Retter oder Erlöser,

8*

und bezeichnet genau die Aufgabe und Wirksamkeit des
Kindes.

Wir aber fassen in diesem Namen alles zusammen,
und vergegenwärtigen es unserer Seele, was wir an
Wahrheit und Gnade, an Stärke und Trost, an Liebe
und Hoffnung durch Den besizen, welcher in diesem
Namen unter uns lebt. Ja, der hochheilige Name
„Jesus" ist dem Christen sein Erstes und Höchstes.
Sprich darum, o christliche Mutter! den Namen „Jesus" vor deinen Hausgenossen, insbesondere vor deinen
Kindern nie anders, als mit sichtbarer Ehrfurcht, mit
sichtbarer Liebe, mit sichtbarem Vertrauen. Gestatte
nicht, daß dieser Name von irgend Jemand in deinem
Hause eitel genannt werde, halte vielmehr namentlich
deine Kinder an, daß sie, wo immer sie diesen Namen
lesen oder sonst aussprechen, es thun mit Entblößung
oder ehrerbietiger Neigung des Hauptes, mit Knie-
beugen, oder irgend einem andern Zeichen der Ehrfurcht. Es ist ganz gewiß ein lebendiger Glaube an
Jesus, eine wahre und frische Liebe zu Ihm, überhaupt ein frommer Geist und Sinn nicht da, wo der
Name „Jesus" nicht mit sichtbarer Ehrerbietung gesprochen wird, wogegen die sichtbare Ehrerbietung,
welche man diesem Namen erweist, unfehlbar auf die
unsichtbare Ehrfurcht und Liebe zurückwirkt, die man
Jesu schuldig ist. — Weiter sei der Name „Jesus",
o christliche Mutter! der Mittelpunkt von dem dein
tägliches Leben ausgeht, und in den dasselbe zurück-
läuft. Fange den Tag, fange die Arbeit in diesem
Namen an, ende sie in diesem Namen. Leide und

meide in diesem Namen. Streite und harre in ihm. Aber eben so lehre auch deine Kinder, Alles im Namen Jesu zu thun. Ihr Erstes beim Erwachen sey, daß sie beißen: „Im Namen meines gekreuzigten Herrn Jesu Christi stehe ich auf u. s. w." — Dann war es ehedem in den Familien Sitte, daß man am Morgen, wenn man aus der Schlafkammer in die Wohnstube trat, die Gegenwärtigen mit dem Worte: „Gelobt sey Jesus Christus!" begrüßte. Eben so hielt man es Abends beim Weggehen zur Schlafstätte. Da „Jesus" den Familiengliedern das höchste und theuerste Gut war, so wollten sie, daß der Tag beginne mit seinem Lobe, und ende mit seinem Lobe. Die Begrüßung war sonach etwas Natürliches. Eben so natürlich aber ist, daß diese Begrüßung abkommen mußte mit dem Hinschwinden des alten lebensfrischen Glaubens an Jesus als den Eingebornen Sohn Gottes, und Heiland der Welt. Das Aufhören dieser Sitte hat darum aber weit mehr auf sich, als es bei dem ersten Anblicke scheinen mag. Dieses Aufhören ist ein Höhemesser für unsern Glauben und unsere Liebe, und zeigt jenen und diese als gefallen, vielleicht als tief gefallen, vielleicht als unter Null gesunken. — Ob diese Sitte nicht mehr zurückkehren wird? Ich antworte: Ja! Und Frauen und Jungfrauen, voll der Liebe Jesu Christi im hl. Geiste, werden es ohne Zweifel seyn, welche dieselbe zurückführen.

Wie unter den Juden bei der Beschneidung, so giebt man unter den Christen bei der Taufe dem Kinde einen Namen. Und zwar soll, wie dort, so auch hier

der Name die Eigenschaft oder Bestimmung des Kindes
bezeichnen. — Wie soll denn, du christliche Mutter,
dein Kind heißen? Wüßtest du zum voraus seinen
Charakter, seinen Beruf und sein Wirken, so würdest
du dasselbe wohl hiernach benennen. Da du das aber
nicht weißt, so legst du ihm gern einen Namen bei,
welcher das Vorbild bezeichnet, dem es nachstreben,
und das es an sich darstellen soll. Vielleicht hast du
in deinem Geschlechte einen ruhmvollen Ahnherrn, oder
eine edle Ahnfrau. Du willst, daß sich ihre Tugenden
in deinem Kinde forterben. So gieb ihm denn ihren
Namen! Es ist recht, die Tugenden und Thaten der
Väter als ein Familiengut hochzuhalten, und den Nach=
kommen als Vorbild aufzustellen. Oder du hast unter
den Engeln und Heiligen Gottes einen Hochverehrten,
dem du mit besonderer Bewunderung und Liebe an=
hängst. Gieb deinem Kinde seinen Namen, es soll
ihn mit dir gemeinsam ehren, und ihm nachfolgen.
Aber dir gefallen vielleicht wohlklingende Namen besser,
die du bei Dichtern gelesen, Namen anziehender Per=
sönlichkeiten aus Dramen Novellen und Romanen.
Gieb sie deinem Kinde, denn dasselbe wird ohne Zwei=
fel in dem Geiste seiner Mutter heranwachsen, und
(dem Geiste der Sentimentalität und Phantasterei ver=
fallen) mit Recht einen sentimentalen oder phantastischen
Namen tragen. Sein Name wird seinen Charakter be=
zeichnen. Wärest du aber in der Geschichte Jesu, sei=
ner Kirche, und ihrer Heiligen so bewandert, als du
es in den Erzeugnissen der leichten Tagesliteratur bist,
so würdest du einen christlichen Namen wählen.

Im übrigen laß deinem Kinde den Namen, den es empfangen. Die modischen Verstimmelungen, und sprachfremden Verweichlichungen der Taufnamen sind eine Abgeschmacktheit.

Bringe deinem Kinde sodann, wenn dasselbe größer geworden ist, die Bedeutung seines Namens, und die Tugenden, zu welchen er aufforbere, öfters zum Bewußtseyn. Es liegt eine eigene Beschämung darin, seinen Namen zur Lüge zu machen, und liegt eine eigene Aufforderung darin, das wirklich zu seyn, was man heißt.

Der in der hl. Taufe empfangene Name hat die Feier des Namenstages zur Sitte gemacht. Gewiß begeht die Mutter den Namenstag ihrer Kinder mit größter Theilnahme. Ist er nicht der Erinnerungstag an die Taufe ihres Kindes, und an alle ihre Freuden Gebethe und Hoffnungen an jenem Tage? Schon ist ein Theil ihrer Gebethe und Hoffnungen erfüllt; schon ist das Kindlein Knabe oder Mädchen oder gar Jüngling oder Jungfrau geworden. Die Gnade Gottes ist mit ihm, und es ist gewachsen in Weisheit und Wohlgefälligkeit vor Gott und den Menschen. Darum ist der Namenstag eines Kindes ein großer Freudentag für die Mutter, und nichts kann sie abhalten, mit ihrem nun herangewachsenen Kinde an diesem Tage zur Kirche zu gehen, und Gott da ihre Gebethe dankend fürbittend und hoffend darzubringen. Möge dieser frohe Tag doch keiner Mutter ein Trauertag seyn!

12.

Mariä Reinigung und Opferung. Simeon und Anna.

Nach dem mosaischen Geseze war die Wöchnerin, wenn sie einen Knaben geboren hatte, vierzig Tage unrein, und mußte sich zu Hause halten. Bei der Geburt eines Mädchens war sie es achtzig Tage. Nach Abfluß dieser Zeit mußte sie ein Reinigungsopfer bringen. — Doch warum ein Reinigungsopfer? Ist ja das Gebähren etwas Natürliches und Nothwendiges, wie soll es verunreinigen? Indeß, so verordnet es das mosaische Gesez. Und die hl. Schrift findet in der That in dem Gebähren etwas Verunreinigendes. Es war, ihr zu Folge, nicht der Urzustand, sondern Folge der Sünde, daß die ersten Menschen fühlten, sie seyen nackt, und daß sie sich schämten; und eben so war es nicht der Urzustand, sondern Strafe der Sünde, daß das Weib mit Schmerzen gebähren sollte. So steht also nach der Lehre und Darstellung der hl. Schrift das Geschlechtliche überhaupt in einem eigenthümlichen Zusammenhange mit der ersten Sünde; und so gewiß es ist, daß die Ehe auf der Erde wie sie nun einmal ist, seyn muß, daß sie — im

Herrn eingegangen und geführt — in der Menschheit
ein großes Gut ist, und daß das Weib durch Kindergebähren (und Erziehen) die Seligkeit erlangen wird,
wenn sie anders in Glauben und Liebe beharrt, so bekennt sich doch der Geist in seiner von Gott gegebenen Reinheit und Weihe, indem er in der Ge-
schlechtsvereinigung etwas dem zartesten und geistigsten
Theile seines Wesens Unzuträgliches und Herabdrücken-
des findet, zu dem Ausspruche der Kirche, „daß der
Stand der Jungfraufchaft (an und für sich betrachtet) höher stehe, als der Stand der Ehe.“

Sey indessen das mosaische Reinigungsgesez auch
gerechtfertigt, was geht dasselbe die Gottesgebährerin
an — die Jungfrau vor und in der Geburt?
— War ja an ihr auch nicht der kleinste Hauch von
Verunreinigung. Dennoch unterzog sie sich dem Reini-
gungsgeseze, und brachte ihr Opfer dar — ein Paar
Turteltauben. Mehr nicht, weil sie arm war. — So
unterwirft sich immer der Mensch, je frömmer und demüthiger er ist, desto zuvorkommender dem Geseze auch
da, wo er mit Recht eine Ausnahme ansprechen könnte.
Es ist ein großes Gut um den allgemeinen und
gleichmäßigen Gehorsam. Jede selbst genommene,
ja auch die gegebene Dispense ist eine Schwächung
dieses Gehorsams. Das gilt insbesondere auch in Betreff der Kirchengebote.

Das mosaische Gesez der Reinigung hat aufgehört.
Dennoch besieht auch izt noch vielfach die Sitte, daß
die Wöchnerin, nachdem sie sich vier Wochen zu Hause
gehalten, den ersten Ausgang, den sie macht, zur

Kirche thut, und sich daselbst Gott darstellt, danksa=
gend und lobpreisend, denn der Ursachen dazu hat sie
genug. Der Priester der Kirche segnet sie. — War=
um doch ist diese Sitte an vielen Orten in Abgang
gekommen? — Bezeichnet diese Unterlassung einen Fort=
schritt? und ist das Bildung, wenn nichts eine Mutter
gewordene Frau treibt, ihren ersten Gang zum Tempel
Gottes zu thun, und sich (die unter dem Gesez der
Sünde war) lobpreisend und dankend dem Herrn
(sammt ihrem Kinde) darzustellen? —

Das Erscheinen der hl. Mutter zu Jerusalem hatte,
ausser der Reinigung noch einen andern Zweck. Nach
dem Geseze Mosis nämlich sollte alle männliche Erst=
geburt Jehova gehören, und Ihm dargebracht werden
als Eigenthum zum Dienste in seinem Tempel. Die
Dargabe aller Erstgeburt an Ihn war das Bekennt=
niß, Himmel und Erde, und alles Volk Israel, und
alle Mehrung und Segnung desselben sey von Jehova
— sein Werk und Eigenthum. Indeß mußten die
Jehova dargebrachten erstgebornen Knäblein nicht wirk=
lich im Dienste des Tempels bleiben, da der ganze
Stamm Levi hiefür berufen war, sie wurden vielmehr
für eine festgesezte Summe gelöst. Hiernach gieng auch
die hl. Mutter mit Joseph nach Jerusalem, um das
Kind Jesus vor Jehova darzubringen und zu lösen.
     Doch war diese Lösung nur eine äußerliche —
eine Erfüllung der gesezlichen Vorschrift, denn in

Wahrheit konnte und sollte das Knäblein Jesus nicht
gelöst werden. War es ja dazu in die Welt gekommen, ein Priester Jehovas, ja der ewige Hohepriester zu seyn, und ewighin die Versöhnung der
Menschheit mit Gott zu vermitteln, ja sich selbst als
immerwährendes Sündopfer, als immerwährendes Lob-
Dank- und Bittopfer Gott darzubringen.

Ob die hl. Mutter in der tiefen Sinnigkeit ihres
Wesens es wohl geahnt habe, daß ihr Sohn, der
Sohn des Allerhöchsten, eben als Sohn dem Allerhöchsten gehöre, Ihm daher verbleiben müsse, und
nicht gelöst werden könne? — Jedenfalls lag in
ihrer Opferung die Anerkennung, daß er das Eigenthum Gottes sey; und jedenfalls brachte sie ihn Gott
dar, als das Seine; und jedenfalls empfing sie ihn
nach geschehener Lösung zurück, und trug ihn nach
Hause als nicht gelöst, d. h. als den Sohn und
das Eigenthum Gottes. Sie empfing ihn zurück,
um ihn aufzubewahren, und später Gott für immer
dahinzugeben.

Wenn die hl. Mutter ihr Kind im Tempel vor
Jehova als sein Eigenthum darbringt, welches sind
die Gedanken und Gefühle, die dabei ihr Herz durchdringen? Gewiß sind dieselben unaussprechlich. Wir
können nur ahnen, daß sie etwa gesagt habe: „Du
Allerhöchster, siehe hier deinen Sohn! Du Allmäch-
tiger, siehe hier das Heilige Gottes! Du Gnaden-
reicher und Treuer, siehe hier den Verheissenen,
die Hoffnung und den Trost Israels! — Wer
bin ich, daß du mich gewürdiget hast, ihn mein Kind

zu nennen, und dir ihn auf meinen Armen darzustellen? Ich Gebenedeite unter den Weibern, wer kann
mein Glück fassen und fühlen? — Singet Jehova ein
neues Lied, denn Wunderbares hat Er gethan. Er
war eingedenk seines Erbarmens und seiner Treue gegen das Haus Israel. Alle Enden der Erde haben
die Hilfe unseres Gottes gesehen. Jauchze Jehova
die ganze Erde! Brechet aus in Jubel und singet!
Spielet Jehova auf der Zither, und mit dem Klang
der Harfe! Mit Posaunen und mit schmetternden
Trompeten jubelt vor Jehova! Es brause das Meer,
und Alles, was darin ist, und die Erde mit ihren
Bewohnern! 2c." Ps. 97. 95. 88.

Wohlan, du christliche Mutter! wirst du deinen
Säugling nicht auch vor Jehova in seinem Tempel
darstellen? Wirst du ihn nicht, und zwar eh du ihn
anderswohin trägst, in die Kirche bringen? Wessen
Eigenthum ist er denn? Wer hat ihn gegeben, und
dein Mutterherz erfreut? Wer kann allein dir ihn
erhalten, und in der Zukunft versorgen? — Also Wem
wirst du ihn darbringen? Du müßtest eine gedanken-
lose, und undankbare Mutter seyn, wenn es dich nicht
drängte, dein Mutterglück dankend und lobpreisend vor
Gott auszusprechen, und dich und deinen Säugling
seinem hl. Schuze zu übergeben. In der That giebt
es nichts Würdigeres und Rührenderes, als eine
fromme Mutter, die ihren Säugling, den sie von
Gott erhalten, Gott als Eigenthum übergiebt.

Ja, er ist Gottes Eigenthum, und bleibe es!
Die Mutter nimmt ihn mit nach Hause als das

theuerste ihr anvertraute Gut, damit sie es als Eigen=
thum Gottes bewahre. Zum Dienste Gottes
soll ihr Kind heranwachsen, im Dienste Gottes soll
es leben und sterben. Allein, wo? und wie? —
Siehe, Gott hat ihm schon seinen Stand und Beruf
angewiesen, worin es ihm dienen soll. Er hat ihm
Geschick und Neigung für das, wofür er es bestimmt
hat, in das Herz gelegt. Es kommt nur darauf an,
daß es den ihm gewordenen Beruf nicht verkenne. —
Vielleicht soll es Gott im geistlichen Stande dienen.
In der That giebt es für eine fromme Mutter kein
höheres Glück, als den Säugling, den sie vor dem
Altare dargebracht hat, einst im erwachsenen Alter zum
Dienste im Heiligthum Gottes darzugeben. Welche
Wonne, ihn z. B. als Priester das Opfer des Leibes
und Blutes des Herrn feiern zu sehen! — Aber laß
dich durch das Glück nicht blenden. Prüfe! Es giebt
kein größeres Unglück, als einen mißrathenen Priester,
als einen mißrathenen Mönch, als eine verkommene
Nonne oder geistliche Schwester. Das Schönste und
Edelste ist immer, wenn es in Verwesung gerathen, das
Häßlichste. — Die Großzahl der Kinder ist für den
weltlichen Stand. Es ist keine der weltlichen Berufs=
arten, aus welcher die Kirche nicht „Heilige" aufzu=
weisen hätte. Also mag dein Kind immerhin einen welt=
lichen Beruf wählen: es kann darum doch und soll Eigen=
thum Gottes bleiben, stark im Glauben, lebendig in der
Liebe, und thätig und segenbringend in seinem Kreise —
eine Erbauung der Brüder, und eine Ehre Gottes.

Maria brachte ihr Reinigungsopfer, wie jede an=
dere Mutter. Niemand schenkte ihr Aufmerksamkeit.
Vielleicht dachte sie: Könntet ihr ahnen, oder wüßtet
ihr, Wer das Knäblein ist, welches ich vor Jehova
darstelle! Und welches seine Bestimmung ist für dieses
Haus! Allein Wer konnte es ahnen oder wissen?
— Im Stalle zu Bethlehem suchten und verehrten es
die Hirten; Engel des Himmels verkündeten seine Ge=
burt. Hier im Tempel Gottes seines Vaters ach=
tet Niemand seiner. Wie anders, dachte die hl. Mutter
vielleicht, wird es einst seyn, wenn das Kind erwachsen
ist, und als der große König Israels in seine Königs=
stadt und in diesen Tempel einzieht?

Doch es ist nicht so, daß Niemand um das Kind
weiß. Vielmehr, wenn die Mutter im Stalle zu Beth=
lehem mitten in der Nacht durch den Eintritt der Hir=
ten im höchsten Maße überrascht ward, so wurde sie
es nicht weniger zu Jerusalem, als ein frommer Greis
tiefbewegt, und ehrerbietig grüßend zu ihr herantrat,
das Kind auf seine Arme nahm, und frohlockend in
die Worte ausbrach: „Nun Herr, lässest du dei=
nen Knecht hinscheiden im Frieden, denn meine
Augen haben gesehen dein allen Völkern be=
reitetes Heil." — Offenbar weiß dieser edle froh=
lockende Greis, Wen er in seinen Armen hat. Aber,
denkt die hl. Mutter in ihrem Herzen, wie und woher
weiß er es? Erstaunt, und ob seinem Jubel entzückt
blickt sie ihn an. Es ist ihr ein neues Zeichen, daß
der Herr mit ihr ist, und sie die Gesegnete unter den
Weibern, und gesegnet die Frucht ihres Leibes. Aber

woher weiß dieser fromme Greis die Würde ihres
Kindes? Gewiß, denkt sie, muß er eine Offenbarung
erhalten haben.

So war es. Aber wenn die Hirten zu Bethlehem
eine Offenbarung von Außenher erhielten, so erhielt
der Greis Simeon dieselbe von Innen. Sein ganzes
Leben war ein inneres geworden. Er trug alle Sünde
und Noth seines Volkes, ja aller Völker tief in seinem
Gemüthe, und flehte Tag und Nacht, daß endlich der
Heiland der Welt, der Helfer aus dem allgemeinen
Nothstande erscheinen möge. In seiner heiligen Sehnsucht und Bitte nun war es, daß der hl. Geist
ihm durch seine Eingebung kund that, daß er nicht sterben würde, eh seine Sehnsucht erfüllt wäre. Von nun
an war er voll freudiger Erwartung, mit getröstetem
Glauben des Tages harrend, an dem die empfangene
Verheißung würde erfüllt werden. Da geschah es eines Tages, daß der heilige Geist ihm innerlich sagte:
Mache dich auf zum Tempel. Da wirst du den Verheißenen finden. Und als der Greis zum Tempel ge-
eilt war, und um sich sah, erblickte er Marien und
das Kind. Und der Geist sagte ihm: Dieser
Knabe ists.

Mit den eilenden Schritten des Jünglings, und
mit den ausgestreckten Armen der Begeisterung eilt er
zu der Mutter und ihrem Kinde, und umfaßt mit Inbrunst den Gegenstand seiner höchsten Sehnsucht und
Hoffnung.

Es war ein Zweifaches, was seine Seele in dieser
Stunde erfüllte, und was ihm der heilige Geist geoffen-

baret hatte. Einmal der neue glückselige Zustand, dessen die Menschheit durch dieses Kind theilhaftig werden sollte. Siehe, sagte ihm der Geist, in diesem Kinde ist erschienen das längst verheissene und lang ersehnte Heil aller Völker. Sonach hält er den einstigen Wiederbringer und Beglücker der Welt, den Erleuchter der Heiden, den Ruhm Israels in seinen Armen. Das entzückt ihn. Nun will er gerne sterben, nachdem er diesen Tag erlebt, und das Heil der Welt und den Ruhm Israels mit seinen Augen gesehen hat. Das spricht er denn auch jubelnd aus in den schon oben angeführten Worten. Zwar wird er des Knäbleins Mannesalter und welterneuernde Wirksamkeit nicht erleben, aber das schwächt seinen Jubel nicht, denn sein liebend Herz umschließt die Zukunft, ja die künftigen Jahrtausende sammt allen ihren Völkerschaften gerade so warm, als die Gegenwart. Anders finden wir es auch in der That bei keiner großen, vom heiligen Geiste erfüllten Seele, namentlich bei keiner Greisenseele.

Das Andere, was dem begeisterten Simeon in dieser Stunde vor Augen lag, war die Aufnahme, die das Kind bei seinem einstigen öffentlichen Auftreten finden würde. Zwar hätte man glauben mögen, dem lang ersehnten Könige werde, wenn er endlich hervortritt, alles Volk mit Begeisterung zujauchzen, allein anders weiß es der heilige Geist, anders weiß es, von diesem belehrt, Simeon, anders ahnt es der fromme Greis auch für sich selbst, denn er kennt die Sünde und deren gewaltige Macht. Er weiß, daß,

wenn der Sündentilger auftritt, die Sünde nicht gut-
willig weichen werde. Verkünden ja auch die heiligen
Schriften, daß Christus seinen Leidensstand habe.
Darum bricht, im Hinschauen hierauf, der fromme Greis
in die weissagenden Worte aus: „Dieses Kind ist's,
welches Vielen in Israel zum Falle gereicht
und zum Aufstehen: es ist das Zeichen, dem
man widersprechen wird." Simeon empfindet ein
schmerzvolles Gefühl ob dem zarten Knäblein in seinen
Armen, das der Welt, das allen Völkern Heil bringen
will, aber dafür Widerspruch und Verfolgung erfahren
muß. Und empfindet ein schmerzvolles Gefühl ob der
Widersetzlichkeit und dem Untergange der Vielen, denen
dieses Kind zum Heile werden wollte. Zur Stunde
wohl wartet Alles des Verheißenen, und Keiner ist,
welcher sich nicht beredete, daß er ihn mit Begeisterung
empfangen werde. Allein das ist Schein und Selbsttäuschung. Tritt er auf, spricht der Greis, so wird
offenbar werden, was in den Herzen ist.

Und nun wendet er sich zu der Mutter, und weissagt: „Auch deine Seele wird ein Schwert
durchbohren." Der Greis sagt nicht zur Mutter:
Auch du wirst unter dem Widerstande, den dein Sohn
finden wird, zu leiden haben; er sagt: „deine Seele
wird ein Schwert durchbohren." Er weissagt ihr
also den tiefsten Schmerz, welchen eine Seele erfahren kann, einen Schmerz, vergleichbar dem, welchen
man empfindet, wenn ein Schwert durch das Herz ge-
stoßen wird.

Aber warum ersparte er der Mutter, welche er

durch seine über das Knäblein gesprochenen Worte so
sehr in Erstaunen gesezt und beglückt hatte, nicht den
Schmerz dieses Einblickes in ihre Zukunft? An Gefühl fehlte es ihm nicht. Hatte er ja, wie schon erwähnt, eine, in Wohl und Weh Anderer tief einge-
hende Seele. Und gewiß sprach er die Schmerz ver-
kündenden Worte mit Ton und Mine der höchsten
Theilnahme. Also warum ersparte er der glücklichen
Mutter nicht das bittere Wissen um ihre Zukunft? —
Ach, was er ihr weissagte, geschah aus Offenbarung
und Antrieb des heiligen Geistes. Maria sollte wissen,
daß an ihre höchste Mutterwürde und Mutterfreude
auch der höchste Mutterschmerz sich anreihe. Sie
sollte das izt — in dieser überglücklichen Stunde
wissen, damit sie, so oft sie fortan in stillem Denken
mit der göttlichen Abkunft und ewigen Würde ihres
Sohnes sich beschäftige, auch des Widerspruches gedenke,
den derselbe erfahren werde, und jenes unbekannten
aber furchtbaren Schmerzes, der ihrer warte. Wie
hätte sie ohne Vorwissen, und ohne lange lange Vor-
bereitung den Jammer tragen mögen, welcher sie traf?
Und hatte ihr Gott ihr Glück geoffenbart, warum nicht
auch ihren Schmerz? —

Was mochte die Weissagung Simeons auf Maria
für einen Eindruck gemacht haben? — Die weltsegnende
Bestimmung ihres Sohnes, die Simeon ihr verkündete,
war höchst überraschende Wiederholung dessen, was ihr
schon im Anfang von dem Kinde gesagt war. Es
konnte sie nur in ihrem Glauben und ihrem seligen
Hochgefühle bestärken. Aber das war neu, daß ihr

Sohn das Zeichen seyn würde, dem man widersprechen werde, und daß Vieler Herzen in ihrer feindseligen Gesinnung würden offenbar werden. Ist es möglich, mußte sie denken, daß den Sohn des Allerhöchsten, den verheißenen, den allbeglückenden, den großen König Israels sollte Widerspruch und Verfolgung erwarten? — Das wohl war ihr klar, daß in solchem Falle ein Schwert ihre Seele durchdringen würde. Aber sollte Solches möglich seyn? — Indeß, so hat es der Greis aus göttlicher Offenbarung verkündet, und so wird es (wie unbegreiflich es erscheine) auch seyn. Sie unterwirft sich gläubig und demuthvoll dem Worte. Ich bin, spricht sie zum zweitenmal, die Magd des Herrn. Es geschehe, wie es in seinem Rathe beschlossen ist! —

Aber von nun an kann sie des prophetischen Wortes nicht mehr vergessen, und in ihre höchste Mutterfreude mischt sich stets ein tiefer wenn gleich ergebungsvoller Schmerz. Wie oft mag sie gefleht haben, daß doch die vorverkündete Bitterkeit an dem heiligsten und theuersten Kinde vorübergehen möchte. Und warum sollte sie es nicht für möglich gehalten, ja gehofft haben? Aber ihr Gebeth endete stets mit dem Worte: Siehe, ich bin deine Magd; mir geschehe nach deinem Willen!

So ist denn wohl die Freude einer Mutter, der ein Kind geschenkt worden, groß, aber, wenn ihr's gleich kein Prophet verkündet, darf sie deß gewiß seyn, daß auch Sorge und Schmerz nicht ausbleiben. Wie oft ist das theure Wesen schwächlich, oder es erkrankt, und macht schon in Windeln der Mutter Kummer und schlaflose Nächte. Wie oft nimmt der Knabe oder das Mädchen aus Unvorsichtigkeit, Waghalsigkeit oder Unglück leiblichen Schaden. Die Mutter muß immer mahnen, wehren und sich ängstigen. Wie leicht geräth das unschuldige Wesen unter böse Gespielen, und nimmt Schaden an seiner Seele. Die Mutter wacht und warnt, und ist bekümmert, und kann es doch oft nicht verhindern. Wie nahe liegts, daß ihr Kind seinem eigenen Willen folge, und sie oft und umsonst zürne und strafen müsse. Wie thut ihrs leid, und wie schwer fällt ihrs, die Ruthe zu gebrauchen. Und doch ist es nun einmal so, und sie muß strafen. Die Mutter nimmt an ihrem Kinde Untugenden wahr, welche ihm wie angeboren sind: Naschhaftigkeit, Flattersinn, Lüge, Trotz, Härte, Eigennutz, Eitelkeit, Gefallsucht, Neid rc. Die Mutter streitet dagegen, aber sie ist voll Kummers über der Zukunft, ob ihr Knabe, ihr Mädchen diese Sündhaftigkeit überwinden, oder die Beute derselben werden werde. Endlich ist der Sohn oder die Tochter herangewachsen. Aber ach, erst izt fängt der Mutter Sorge recht an: die Sorge, daß sie nicht dem Verführer in die Hände fallen, daß sie nicht Tugend und Ehre verlieren, daß sie ihr Fortkommen in der Welt finden mögen und ihre Versorgung. — Vielleicht fällt dein Kind wirklich in böse Hände; sein Fleisch ist mächtiger als sein Gewissen; es geräth auf schlechte Wege. Ach, welch ein Kreuz nun in deinem Hause und Herzen! Du weisest zurecht, bittest, beschwörst, drohst: umsonst. Die Leidenschaft ist taub. Du vergehst vor Jammer und Schaam. — Ach, als das Knäblein oder Mägdlein holdselig in deinem

Schoose lag, wie glücklich warst du in seinem Anschau'n!
Wie konntest du ahnen, daß dir einst um dasselbe ein
Schwert das Herz durchdringen, ja, daß es selbst dir
das Schwert in das Herz stoßen würde! Aber so ist
es. Fühlest du dich darum, dein Kind in den Armen,
selig, sey gefaßt auch auf Leiden! Es ist keine Mutterfreude, die nicht auch bei sich hätte den Mutterschmerz.
Ich will nur noch des Falles gedenken, daß der Tod
dir dein Kind nehme. Vielleicht raubt er dir mehre,
vielleicht Alle, höchst wahrscheinlich doch eins oder das
Andere. Wer beschreibt da den Schmerz oft des Ver-
lustes? Es ist dir vielleicht, als ob im Himmel und
auf Erden kein Gut wäre, dessen Verlust wehthuender;
du glaubst vergehen zu müssen vor Jammer. Indeß
gehört das zu deinem Stand und Berufe; und, ist der
Gebenedeiten unter den Weibern gesagt: „Deine
Seele wird ein Schwert durchdringen", wie kann dich's
befremden, wenn auch du verwundet wirst? Bist du
nicht Evas Tochter, welcher verkündet ist: „Mit Schmer-
zen sollst du Kinder gebähren?" Oder meinest du,
der Schmerz des Gebährens beziehe sich blos auf den
Eintritt deines Kindes in die Welt, nicht auch auf das
Daseyn desselben in der Welt? — Uebrigens ist dein
Herz von dem Schöpfer so eingerichtet, daß dieselbe
Mutterliebe, welche der Grund der Leiden und
Sorgen ist, auch die Kraft giebt, die Sorgen und
Leiden zu tragen, ja täglich aufs neue aufzunehmen.

Nur Ein Leiden möge dich verschonen, jenes nemlich, welches du dir durch nachläßige oder verkehrte Erziehung deines Kindes selbst bereutest. Dieses Leiden ist

jedenfalls das herbste, denn es ist Leiden ob der Sünde und Noth deines Kindes. Und ist Leiden vielleicht ganz, oder doch zu einem Theil von dir verschuldet. Nun sprichst du zu dir selbst: War das deine Mutterliebe und Muttergabe?

Willst du, daß ein Schwert ob deinem Kinde dir durch das Herz gehe, so will ich dir dazu einige Anleitung geben. Eile nur, deinem Kinde allen seinen Willen zu erfüllen, namentlich seine Leckerhaftigkeit zu befriedigen; spare weich- und schwachherzig die Ruthe; sey, wenn du gestraft oder ungehöriges Begehren zurückgewiesen hast, eilig bei der Hand, den beleidigten Liebling zu versöhnen, und dich (das Geschehene vergütend) als den schuldigen Theil hinzustellen; befiehl nur nicht, sondern überrede, überzeuge, bitte, und wenns nicht hilft, rühre durch Versprechungen; verfehle auch nicht, Andere herab zu sezen, namentlich Geistliche, Lehrer, und Vorstände zu verkleinern ꝛc., so wirst du ohne Zweifel Söhne und Töchter erziehen, die vor keinem Geseze Ehrfurcht haben, und nichts kennen, als ihren Willen, die Jeden hassen, der sie zurechtweist oder straft, die vor Allen dich selbst und deine Mahnungen verachten, und sie mit Grobheit oder Hohn erwidern. — Weil ich eben daran bin, will ich dich noch weiter unterrichten. Versäume nicht, dein Kind zu deiner Puppe zu machen, und ziere an demselben früh und spät; laß es, wenn es hergeziert ist, den Gegenstand deiner Bewunderung und Lobeserhebung seyn, und stelle dasselbe auch Anderen zur Bewunderung und Lobeserhebung dar; führe es, sobald thunlich, in die Gesellschaft, und lehre es die

Künste der sogenannten Liebenswürdigkeit; zeige ihm, wie es sich zu benehmen, was es zu reden zu thun und zu lassen habe, gleichviel wenn auch kein Jota Wahrheit und Ernst darin sey; laß dein Kind seine Kunstfertigkeiten zur Schau stellen, und fühle dich selig in den Schmeicheleien, welche es ärndtet rc., so wirst du Söhne und Töchter erziehen eitel, gefallsüchtig, in sich selbst verliebt, vorlaut, hohl und leer. — Wehre auch, daß dein Kind nicht etwa in Frömmelei verfalle, und sey zufrieden, wenn es an seinem Gebethbuch nur den schönen Einband liebt, dagegen vertieft in die Herrlichkeit seines Leibes und Schmuckes, zum ernsten Lesen darin auch in der Kirche die Gedanken nicht zusammenbringt; finde es in Ordnung, wenn es um so weniger zu Hause über Religion und christliches Leben lesen mag, wohl aber von Liebesgeschichten, und schauerlichen Abentheuern, und Geistern. Ueberhebe es der Arbeit, und wenn es Lust hat, etwas zu sehen oder mitzumachen, betrübe es nicht, und mache ihm das gewünschte Vergnügen; führe es sorgfältig zu Tanz und Spiel, ins Schauspielhaus und zu Concerten; wie du seiner Naschhaftigkeit von Kindheit an gedient hast, so auch izt: gieb ihm, was dem Gaumen schmeichelt; belästige es auch nicht mit deiner Aufsicht, sondern lasse es vertrauensvoll Besuche empfangen und geben nach seiner Wahl; habe dein Wohlgefallen an seinen zahlreichen Verehrern, und hilf die Garne spinnen, in denen sich die Schmetterlinge verwickeln sollen rc., so wirst du Söhne und Töchter haben, der Welt zugelehrt, vergnügungssüchtig, träg, fleischlich, und der Ausschweifung

verfallen. — Mache dein Kind auch zum Zeugen, wie
du Andere lieblos verurtheilst, oder heuchlerisch lobst,
wie du sie übervortheilst und mißbrauchst, deinen Mit=
gatten mit Rohheit behandelst, deine Großältern oder
Schwiegerältern verunehrest und zurücksezest, und deine
Dienstbothen vornehm und barsch anfährst, verachtest,
und vernachläßigest 2c., so wirst du Söhne und Töchter
besizen, die sich durch freches Urtheil, durch Verstellung
oder ungeschlachtes Wesen hervorthun, andere Menschen
als bloße Mittel ihrer Launen und Interessen ansehen,
und dir selbst vielleicht den Tod wünschen, um in den
ungeschmälerten Besiz deines Vermögens und ihres Wil=
lens zu gelangen. Du wirst leiden und klagen. Aber
du wirst in Wahrheit nur ärndten, was du gesäet.

13.

Die Weisen aus Morgenland.

Der greise Simeon hatte gesagt: „Nun lässest du deinen Knecht scheiden im Frieden, denn meine Augen haben gesehen dein Heil, das du bereitet hast a l l e n V ö l k e r n, als ein Licht zur Erleuchtung der H e i - d e n." Bis dahin hatte Maria in ihrem Kinde den künftigen König und Heiland I s r a e l s gesehen, denn dahin lautete die Botschaft des Engels. Aber Simeon bezeichnete das Kind als das Heil, das Gott nicht blos den Juden, sondern a l l e n V ö l k e r n bereitet habe, und als das Licht, welches die H e i d e n erleuchten werde. Von der Wahrheit dieses Ausspruches nun sollte die Mutter sich augenblicklich überzeugen, denn siehe, es traten bald nach ihrer Zurückkehr nach Bethlehem Fremd- linge bei ihr ein, nicht Juden, sondern H e i d e n, Män- ner von Wissenschaft, die weit von Morgen her ge- kommen waren. Und als sie eingetreten, beugten sie sich ehrerbietig vor dem Kinde, · beschauten dasselbe mit tiefer Hochachtung Bewunderung und Liebe, und brach- ten ihm, wie man Königen zu thun pflegte, Geschenke von den Erzeugnissen ihres Landes — Gold, Weihrauch, und Myrrhen. Gewiß dachte Maria in ihrem Herzen:

Wer sind diese Fremdlinge? Wie kommen sie zu dem
Kinde? Was wissen sie von demselben? Wie brin=
gen sie ihm Ehre und Geschenke? — Sie war von
der Erscheinung in das größte Erstaunen gesezt. Es ist
daher natürlich, daß sich die Fremdlinge darüber, w e r
sie seyen, und wie sie hieher gekommen, erklär=
ten. Nach dem, was uns der hl. Evangelist von ih=
nen erzählt, haben sie sich etwa in folgender Weise aus=
gesprochen: Wir kommen, von Morgen her, aus fer=
nem Lande: wir gehören zu jenen Tausenden unter den
Heiden, welche an die Ankunft eines großen und wunder=
baren Judenköniges glauben, welcher seinem Volke, doch
nicht nur diesem, sondern weithin allen Völkern eine neue
Zeit — Weisheit Tugend und Glück bringen werde.
Wir sprachen viel von ihm, wir sehnten sehr nach ihm.
Es war allgemeiner Glaube unter uns, daß er nahe
sey. Darum blickten wir allnächtlich nach dem Sternen=
himmel auf, ob nicht sein Stern erscheine, und uns
seine Geburt verkünde. Denn dessen waren wir gewiß,
daß ein Ereigniß, wie das der Geburt des großen Ju=
den= und Völkerköniges seine Anzeige müße in den Ge=
stirnen finden. Nun einmal, als wir sehnend aufschau=
ten, siehe, da erblickten wir über dem Judenlande einen
vordem nie dagewesenen hellglänzenden Stern, und er=
blickten ihn allnächtlich auf derselben Stelle. Da sagten
wir, siehe, das ist der Stern des großen Königes: e r
i s t   g e b o r e n. Wir freuten uns unermeßlich, und
wir, die wir hier sind, fühlten ein unwiderstehliches
Verlangen, das Kind, welches so lange der Gegenstand
unserer Sehnsucht gewesen, mit Augen zu sehen und zu

verehren. Sein Stern selbst schien uns einzuladen, denn er funkelte so herrlich, und zeigte uns so genau den Punkt, auf den unsere Reise hingerichtet seyn müße, daß wir unserer Sehnsucht nicht zu widerstehen vermochten. Wir machten uns also freudigen Muthes auf den Weg, und unser Herz erglühte stets auf's Neue, so oft es Nacht geworden war, und der Stern wieder vor uns glänzte. Nach Lage der Orte schien er gerade über Jerusalem zu stehen. Dahin auch dünkte uns, müße er ganz gewiß deuten, denn da werde ohne Zweifel der König des Volkes geboren seyn. Wir begaben uns also in die Hauptstadt, und da wir annahmen, das ersehnte Kind werde in dem Hause des Königes seyn, wendeten wir uns mit unserer Nachfrage vor allem dahin. Allein Niemand wußte da von einer Geburt. Doch schenkte der König unserer Erzählung von dem Sterne und unserer Reise Aufmerksamkeit, und ließ seine Gelehrten fragen, wo denn der Erwartete würde geboren werden. Diese antworteten, den Weissagungen ihrer hl. Bücher gemäß müße der Erwartete in Bethlehem zur Welt kommen. Der König wies uns also hieher, und sagte sehr theilnehmend zu uns: Gehet nach Bethlehem, und suchet das Kind. Kommet dann, nachdem ihr es gefunden, wieder zu mir, und machet mir Anzeige. So werde auch ich hingehen, um dem Kinde zu huldigen. Daß wir aber dahier ohne weitere Nachfrage an diesen Ort gekommen sind, hat seinen Grund darin, daß, wie wir Jerusalem in der Richtung nach Bethlehem verlassen hatten, der Stern des Kindes wieder da war, aber ganz nahe vor uns.

9*

Wir begrüßten ihn mit jubelndem Herzen. Der Stern
aber gieng vor uns her, und stand über diesem Orte
still. So traten wir mit freudig klopfendem Herzen
ein, und fanden dich, du gesegnete Mutter, und dein
theures Kind.

Maria hörte alle diese Worte mit der größten Auf=
merksamkeit, und war sie in Erstaunen gesezt ob der
Erscheinung und den Huldigungen der Fremdlinge, so
nicht weniger ob ihrer Erzählung. Es war offenbar:
Gott hatte ihnen dieses Kind und seine Geburt ange=
zeigt. Wie wird ihr dabei zu Muth gewesen seyn?
Wir werden kaum irren, wenn wir annehmen, sie habe
hierbei der Worte des Propheten gedacht, da er spricht:
„Zu deinem Lichte kommen Völker, und Kö=
nige zu dem Glanze, der vor dir aufgeht"...
„Sie werden von Saba kommen, Gold und
Weihrauch bringen, und Jehovas Ruhm ver=
künden." Und der Worte: „Viele Völker wer=
den kommen und sprechen: Laßt uns hinzie=
hen zu dem Berg des Herrn, zu dem Hause
des Gottes Jakob" *). Und sie habe gedacht der
Worte des Zacharias, da dieser weissagend ausrief:
„Meine Augen haben gesehen dein Heil, das
du bereitet hast vor dem Angesicht aller Völker,
als ein Licht zur Erleuchtung der Heiden" **).
Wie mußte es sie begeistern, die Weissagungen der Pro=
pheten sich erfüllen, und ferne Fremdlinge und Heiden

---

*) Jes. 2, 3. Mich. 4, 1—3. Jes. 60, 6.
**) Luc. 2, 30—32.

zu der Anbetung des Kindes — ihres einstigen Lichtes
kommen zu sehen! Siehe, dachte sie bei sich selbst, schon
ist das Knäblein als das, was es ist und seyn wird,
dem fernen Morgenlande bekannt. Schon kommen seine
Weisen und Fürsten, dasselbe zu verehren. Welch eine
Zukunft einst, wenn die Völker kommen, wie izt zu
diesem Kinde, so einst zu ihrem Könige und Herrn, um
ihm in ehrfurchtsvoller Liebe und Unterwerfung ihre
Herzen darzubringen! Die heil. Mutter faßte in ihrer
Mutterliebe schnell, was die Juden so schwer faßten,
daß nemlich der Messias sey der Heiland nicht blos der
Juden, sondern der ganzen Welt. Und weil sie ein
königliches, ein großes und weites Herz hatte,
so war es ihr natürlich, mit demselben wie die Juden,
so auch die gesammte ferne Heidenwelt zu umfangen.

Die Weisen aus Morgenland, indem sie dem Kinde
ihre Huldigung darbrachten, waren die Vertreter aller
deren, welche nicht zum Volke der Juden gehörten.
Sie brachten als deren Vertreter die Erstlinge der
Huldigung. Später sind ihnen Hunderte von Millionen nachgefolgt. Wir selbst, von heidnischer Ab-
stammung, stehen unter den Hunderten von Millionen.
Völker aller Zonen und Zungen sind izt versammelt
um Ihn — Er ihrer Aller König und Hirt.

Aber sind die Völker Alle nur einig geworden in
der Anbethung und Liebe gegen Ihn, nicht auch durch
Ihn einig geworden in der Liebe zu einander? —
Sie sind auch einig geworden unter einander, und die
Erscheinung der heidnischen Weisen zu Jerusalem war

der erste Anfang des Falles der Völker-trennenden
Schranken. Nun ist die Italienerin, die Portugiesin,
die Amerikanerin ꝛc. keine Fremde mehr, sondern im
Herrn deine Schwester. Vertrauensvoll und ergeben
nahest du dich ihr — der Christin, sie sich dir.
Welch eine neue Zeit! —

Die Weisen aus Morgenland sahen in dem Kinde
den neugebornen großen König der Juden; wir dagegen
haben in ihm Höheres vor uns. Wir huldigen dem
Kinde, welches nunmehr sitzet zur Rechten des Vaters,
welches in Knechtsgestalt unter uns gelebt, das Reich
seines Vaters geprediget, uns zu sich gerufen, und für
uns den Tod des Kreuzes erduldet hat. — Ach, wir
wissen von dem Kinde, d. h. von seinem Leben und
Wirken, von aller Wahrheit und Gnade in Ihm so
Vieles, wovon die Weisen aus Morgenland nichts
kannten: ob sie aber uns nicht doch vielleicht in der
Tiefe und dem Ernste ihrer Huldigung übertreffen? —
Sie scheuten z. B., um das Kind zu verehren eine
weite Reise und die Kosten und Beschwerlichkeiten derselben nicht, während wir vielleicht den Besuch der
Kirche und die Anbethung unseres Heilandes leichtweg
versäumen, indem wir sagen: Es ist schlechtes Wetter;
es ist weit; ich bin nicht ganz wohl; ich habe viel zu
thun; ich bin nicht angekleidet ꝛc.

Die Mutter, als die Weisen mit ihrer Huldigung
erschienen, blickte mit Freude und Liebe auf dieselben,
und stellte ihnen ihr Kind zur Liebe und Verehrung
dar. Was sie damals that, hat sie zu thun nie aufgehört. Anders denkt sichs die Welt auch nicht. Er-

blicken wir nicht in tausend und tausend Abbildungen
die hl. Mutter mit dem Kinde? — Sehr oft se=
hen wir sie in diesen bildlichen Vorstellungen, wie sie
das Kind betrachtet, liebkost, pflegt, und wie hinwie=
derum das Kind die Mutter lächelnd anblickt, oder
umarmt und herzt. Indeß sind das wohl anmuthige,
aber doch kleinliche, unserm alltäglichen Leben entnom=
mene Vorstellungen. Wir erblicken dagegen die hl.
Mutter auch abgebildet, wie sie ihr Kind in ähnlicher
Weise, wie einst den Weisen, so der ganzen Welt
zur Liebe, Verehrung und Unterwerfung dar=
stellt. Siehe hier, spricht sie, euer Gott und
Heiland! Mit einem großen, alle Menschen umfas=
senden Mutterherzen bietet sie uns in ihrem Kinde die
Erlösung von allem Uebel, und Friede und Seligkeit
an. Ihr Auge strahlt vor Freude ob dem unendlichen
Gute, welches durch sie in die Welt gebracht ist; und
ihr Herz ist mächtig bewegt von dem Verlangen, daß
alle Menschen, daß alle Sünder, alle Betrübten und
Elenden kommen, und Gnade und Frieden bei Ihrem
Sohne suchen und von Ihm empfangen möchten; und
ihre Seele ist tief betrübt ob dem tausendfachen Un=
glauben und Kaltsinn der Welt, und hocherfreut ob
aller Liebe Treue und Aufopferung der Getreuen. Siehe,
die den Weltheiland geboren hat, besitzt auch ein
großes, dem Welt=Heile mächtig schlagendes Herz.

Wenn wir die göttliche Mutter abgebildet sehen,
wie sie der Welt ihr Kind zur Anbethung darstellt, so
laßt uns mit den Worten der Kirche bitten: „O gü=
tige, o milde, o liebreiche Jungfrau Maria,

wenn wir nach unserer irdischen Pilgrimschaft heimkommen, zeige uns Jesum, die gebenedeite Frucht deines Leibes!"

Wir sehen die göttliche Mutter abgebildet, in Mutterseligkeit das Kind auf den Armen, und dasselbe darstellend der Welt zur Liebe und Anbethung. Aber wir sehen sie auch abgebildet in unermeßlichem Mutterschmerze den gekreuzigten Sohn auf dem Schooße, Ihn und sich darstellend der Welt zur Beherzigung. Siehe in den beiden Abbildungen die höchste Mutterseligkeit neben dem höchsten Mutterschmerz! Und wendest du den Blick auf jene, so weile mit deinem Blicke auch auf diesem. Ach, es liegt so unendlicher Trost für ein gebrochenes oder brechendes Mutterherz in dem Anblick des gekreuzigten Sohnes auf dem Schooße der Mutter! —

Ob ein Stern, wie ihn die Weisen gesehen, den Heidenvölkern später nicht wieder erschienen, und zu Christus hin Führer geworden sey? — Allerdings ja! War nicht Christus selbst ein hellfunkelndes Gestirn, welches Alle, die einen Sinn und Willen hatten für Wahrheit und Gerechtigkeit, zu sich hinzog? — Und bis auf den heutigen Tag, ist es nicht die Kirche, welche klar und unwandelbar als weisender Stern vor uns hergeht, und uns zum großen Könige und Heiland der Welt hinführt? — Ja wohl ist sie der hinleitende Stern. Wie viele Millionen, welche ihre Lehre glaubten, und ihr Gebot erfüllten, haben den Herrn gefunden, und sind im seligen Leben auf ewig vereint mit ihm! —

Nachdem die Weisen ihre Erzählung geendet hatten, offenbarte die erstaunte und überglückliche Mutter ohne Zweifel den Weisen auch von dem, was sie selbst von dem Kinde wußte, und was ihr von demselben war gesagt worden. So bildete sich eine freudige Unterredung über des Knäbleins große Zukunft, und besonders über die Nothstände und Hoffnungen der Heiden. Leicht mochten die Weisen von dannen gehen mit den Worten Simeons: Nun lässest du, Herr! uns im Frieden scheiden, denn unsere Augen haben gesehen das Heil, welches du den Völkern allen bereitet hast.

Eh die Weisen abzogen, brachten sie noch dem Kinde, welches sie als den künftigen großen König der Juden, und als den einstigen Weltbeglücker angebethet hatten, wie man Königen zu thun pflegte, ihre Geschenke dar — Gold, Weihrauch und Myrrhen. Diese Geschenke waren Erzeugnisse ihres Heimathlandes, aber sie drückten bildlich einen Sinn aus, an welchen die Weisen selbst wohl nicht dachten. Der Weihrauch deutete auf den menschgewordenen Gott; das Gold auf den vom Himmel gekommenen Erdbeherrschenden König; die Myrrhe auf den Menschensohn — den gestorbenen und begrabenen, aber von der Verwesung nicht erreichten. Es giebt bewußte und unbewußte Sinnbilder. Die ersteren macht der Mensch, die anderen Gott. Wenn die hl. Mutter die Bedeutung des Goldes und Weihrauchs, welche zu den Füßen des Kindes lagen, ganz wohl geahnt haben mag, so freuen wir uns darob, wenn ihr der Sinn der Myrrhe verborgen blieb. Manches wird uns sinnbildlich vorgedeutet, nicht daß wir es verstehen izt, sondern daß wir uns dessen erinnern und es verstehen nachher.

Die dem Könige der Juden dargebrachten Geschenke waren eben zur rechten Zeit gegeben. Unversehens und eilig mußte bald darauf Joseph mit der Mutter und dem Kinde nach Aegypten fliehen; wie würde es ihnen ergangen seyn, wenn sie hätten — von allen Mitteln entblößt — reisen müssen? — Wem Gott einen Beruf oder Auftrag giebt, dem verleiht er auch die erforderlichen Gaben und Mittel; und Wen Er in eine Noth führt, dem bescheert Er auch die Hilfe. Ja, sehr oft sind Mittel da, und man fragt: wozu? Aber bald hernach sagt man: Wie gut wars, daß ich dieses und das wußte oder hatte, wie wäre mirs ohne das ergangen!

Nachdem die Weisen das Kind angebethet, und wiederholt und immer wieder, beschauend, betrachtend und liebend zu demselben sich hingeneigt hatten, nahmen sie endlich von demselben und der Mutter Abschied, voll der erhebendsten Empfindungen ob Allem, was sie gesehen und gehört. Die hl. Mutter aber behielt das ganze Begegniß tief in ihrem Herzen. Gewiß erinnerte sie sich hierbei frohlockend an das Wort, welches Gott zu Abraham geredet hatte: „Ich will dich zum großen Volke machen, und dich segnen; und du sollst ein Segen werden. Gesegnet sollen durch

dich werden alle Völker der Erde" *). Siehe,
die Zeit der Erfüllung dieses Wortes war gekommen;
das Licht, zur Erleuchtung der Heiden war erschienen.
Was lag hier der hl. Mutter näher, als die Bitte:
Laß o Herr, dein Volk durch dieses Kind groß werden!
Laß alle Völker anbethend zu ihm kommen! Laß diese
Weisen die Erstlinge seyn der Heiden, die deinem Christus huldigen! Laß alle Nationen der Erde gut und
glücklich werden durch dieses Kind! Laß die Tage kommen, von denen du durch den Mund des Propheten
sprichst: „Auf! Jerusalem, dein Licht kommt,
und die Herrlichkeit des Herrn ist aufgegangen vor dir. Zu deinem Lichte kommen
fremde Völker, und Könige zu dem Glanze,
der vor dir aufgeht. Die Wurzel Jesse ist
zum Feldzeichen geworden, nach welchem die
Nationen fragen. Von nun wird in dem Lande
man nichts mehr von Gewaltthat hören; deine
Mauern wirst du Heil, deine Thore Lobpreisung nennen. Deine Sonne geht nicht mehr
unter und dein Mond verbirgt sich nicht, denn
Jehova ist dein Licht" **).

---

*) 1 Mos. 12, 2. 4.
**) Jes. 60, 3. 4. 18. 19—11, 10.

14.

Die Flucht nach Aegypten.

Die Weisen in ihrer unbegrenzten Verehrung gegen das angebethete Kind begriffen nicht, daß Jemand seyn könne, welcher von der Geburt desselben wisse, und nicht die gleiche Verehrung und Freude mit ihnen theile. Arglos, ja freudevoll gedachten sie daher zu Herodes zurückzukehren, und ihm, daß und wo sie das Kind gefunden, anzuzeigen, nicht zweifelnd, daß die Auskunft dem Könige sehr erfreulich und theuer seyn würde. Allein der König (Feind aller Welt) sann Böses wider das Kind in seinem Herzen. Daher wurden die Weisen im Traume gewarnt, nicht wieder zu ihm zurück, ja nicht einmal nach Jerusalem zu gehen. So kehrten sie denn auf einem anderen Weg in ihr Land heim.

Was war es denn, was Herodes, nachdem die Weisen von ihm hinweggegangen, Böses ersonnen und bei sich beschlossen hatte? — Es war nichts geringeres als des Kindes Ermordung. Aber ein unschuldiges, wehrloses Kind ermorden, welch teuflisches Beginnen! — Doch dafür hat Herodes keine Empfindung. Er hatte in blutigen Greueln längst · jedes menschliche

Gefühl erstickt. Das Kind droht seinem Hause Sturz; darum muß es sterben. — Aber entweder glaubte er, daß ein Messias komme, und daß dieses Kind der Messias sey, oder er glaubte an keinen Messias. Glaubte er ihn, wie konnte er wähnen, ihn aus der Welt schaffen zu können? und glaubte er nicht, was soll er gegen Hirngespinnste zu Feld ziehen? Also wozu die Ermordung? — Allerdings lag solche Erwägung nahe. Allein wenn Herodes auch vielleicht unter seinen Vertrauten über den Messiasglauben spottete, so gieng es ihm wie allen Religionsspöttern: die Furcht machte ihn gläubig oder wenigstens unsicher. Und wenn Herodes wirklich an die Erscheinung des Messias glaubte, und ihn doch aus dem Weg schaffen zu können vermeinte, so gieng es ihm wieder wie vielen vornehmen und geringen Leuten: in ihren Köpfen paart sich der Glaube mit dem krassesten Wahn und Aberglauben. So mögen wir denn den Mordbeschluß an diesem Menschen ganz wohl begreifen.

Aber o Ohnmacht! Der böse Wille wohl ist dem Menschen anheimgegeben, aber nicht dessen Vollführung. Als Herodes den Mord des Kindes beschlossen, erscheint ein Engel dem Joseph im Traume und spricht: „Steh auf, nimm das Kind und seine Mutter, und fliehe nach Aegypten, denn es steht bevor, daß Herodes das Kind suche, um es zu tödten." Erschreckt hierüber steht Joseph unverzüglich auf, nimmt Kind und Mutter, und verläßt noch in der Nacht Bethlehem. Auf diese Weise flüchtete er nicht nur, ohne eine Minute zu verlieren, das unendliche ihm anvertraute Gut, sondern ließ auch die Leute, welche ihn etwa verrathen konnten, ohne Kenntniß, wohin er gezogen.

Welch ein Wechsel! Kaum noch ist das Kind angebethet, ja angebethet von Fremdlingen, und schon ist es im eigenen Lande gehaßt und zum Tode verfolgt. Simeon hatte geweissagt: Dieser ist das Zeichen, dem man widersprechen wird, und an dem die Herzen Vieler werden offenbar werden. Wie schnell beginnt die Erfüllung dieses prophetischen Wortes!

Armes Kind! Kaum geboren, findest du schon in Israel kein Pläzchen mehr, welches dir Sicherheit gewährte. Das ist indeß nicht von ohngefähr, vielmehr ist dieses früheste Geschick der Anfang deiner in ihrem ganzen Verlauf sich gleichen Lebensgeschichte. Immer und überall Anbethung und Liebe auf der einen, Haß und tödtliche Verfolgung auf der andern Seite; immer und überall die Wahrheit: „Er kam in sein Eigenthum, aber die Seinigen nahmen ihn nicht auf"; immer und immer die Wahrnehmung, daß Israel seinen Messias ausstoße, das Ausland dagegen ihn aufnehme.

Welche Empfindungen mögen wohl bei ihrer nächtlichen Flucht, und weiterhin auf der langen Reise das Herz Mariens erfüllt haben? Furcht gewiß nicht. War das Kind von Außen bedroht, so schloß sie dasselbe nur um so liebender und schüzender in ihre Arme. Schlafe, sprach sie, schlafe du theures! ruhig und süß. Sohn des Allerhöchsten, was hast du zu befahren? Was schnaubt der Wütterich wider dich!

Der Allmächtige spottet seiner. — Aber unbegreiflich
und schmerzlich blieb es immer, daß der Sohn des
Allerhöchsten, der Erbe des Thrones Davids vor einem
Herodes soll fliehen, sein Stammreich verlassen, und
im Ausland Sicherheit suchen müssen. Doch erinnerte
sie sich schnell an die Weissagung Simeons. So ist
es nun, dachte sie, mit diesem Kinde vorbestimmt.
So geschehe denn des Herrn Wille! War nicht einst
ganz Israel Fremdling in Aegypten? Aber ganz Israel zog aus von da nach Canaan, und wurde zum
großen und mächtigen Volke. So wird sich denn die
Geschichte Israels an dem großen Könige Israels
wiederholen. Er wird Fremdling seyn in Aegypten,
aber er wird wieder heraufziehen in sein Stammland,
und den Thron seines Ahnherrn zu Jerusalem besteigen, herrschend über die Völker weithin, und sie heilend. — Ganz recht, o göttliche Mutter! So wird es
seyn. Aber noch ist die Weissagung Simeons nur zu
einem schwachen Theile erfüllt. Glücklich daß dir izt
noch verborgen bleibt, daß das, was izt geschieht, nur
ein schwacher Anfang der Verfolgungen ist, die seiner
Zeit über dein Kind kommen werden.

Wenn ich die hl. Mutter im Geiste vor mir sehe,
wie sie von Tirannei und Boßheit verfolgt, ihr Kind
flüchten muß in fremdes Land, so fallen mir die Tausende von Müttern ein, die mit ihren Kindern in siche-
rer Heimath leben, und alle Bequemlichkeiten des Lebens haben. Wie müssen sie sich in ihrem unverdienten
Wohlstande beschämt fühlen, und wie dankbar, und
zugleich wie mitleidvoll gegen bedrängte Mütter! —

Aber ich erinnere mich auch der tausend Anderen, welche ohne Heimath, Brod suchend umherirren, vielleicht durch Krieg Ungerechtigkeit oder Unglück ihr Eigenthum verloren haben und vertrieben und obdachlos hinschmachten, oder eine Heimath in fernem Welttheile suchen. Wie jammert uns ihr Anblick, wenn sie ihren Säugling im Arm aufseufzen: Gott, wohin? — Blicke du Vertriebene und Verlassene auf die hl. Mutter hin, die Verfolgte und Flüchtige.

Man malt sie sitzend auf einer Eselin, die von Joseph geführt wird. Aber wer weiß es, ob sie nicht zu Fuß gegangen, und ihr Kind getragen hat? Ach, eine Mutter, welcher man sagt, Herodes will dein Kind tödten, sieht sich nicht erst nach einem Lastthiere um, auf das sie sich setze. Es treibt sie nur Eines: daß sie augenblicklich fliehe. Darum blicke du Verstoßene und Verlassene, du Heimathlose, auf die hl. Mutter hin — auf die Verfolgte und Flüchtige. Demüthige dich, flehe, und vertraue! —

Die Zeit, wo man Kinder vor Mordnachstellungen flüchten mußte, ist wohl vorbei; wiewohl es nie an Leuten fehlt, welche Lust hätten, ein Kind, welches ihrem Ehrgeize oder ihrer Habsucht im Wege steht, hinwegzuräumen. Aber doch fehlt noch heute in anderer Art keinem Kinde sein Herodes. Jedes nämlich findet früher oder später einen Menschen, welcher nach seiner Tugend gelüstet, und derselben nachstellt, sie zu tödten. Und ist das nicht, wenn es gelingt, auch Mord? schlimmster Mord? — Darum, o christliche Mutter! wenn du dein Knäblein oder Mägdlein in deinem

Schoose mit freudigem Herzen anblickest, laß Düsternheit in deine Seele kommen, und seufze: Wer wird, welcher oder welche wird der Herodes oder die Herodias seyn, die nach dem Leben deiner Seele trachtet? — Dann flehe: Bewahre o Gott! dieses unschuldige Kind vor den Nachstellungen der Bösen; laß mich's erkennen und offenbare es mir, wenn der Versucher umherschleicht; gieb mir und diesem Kinde die Gnade der Flucht! — Aber das ist nicht Alles. Das mußt du oft bethen und immer wieder bethen. Und dann wachen und aufmerken. — Weh dir aber, wenn du, statt zu wachen und mit deinem Kinde zu fliehen, dasselbe seinem Mörder selbst zuführest, wenn du es zur Schau stellst und zu Markt bringst, oder wenigstens empfangene Warnungen nicht hörest, sondern als bößliche Aufbürdungen zurückweisest. Dein Herodes wird freilich nicht mit blutbeflecktem Gewande, vielmehr in lieblichstem Schmucke und freundlichster Miene auftreten. Nur in Einem wird er dem alten Herodes gleichen — in der Heuchelei.

15.

Der Kindermord.

Herodes wartete mit Ungeduld der Rückkehr der
Weisen, und als diese nicht kamen, glaubte er sich von
denselben in seiner Hinterlist durchschaut und verrathen.
Das erbitterte ihn doppelt. Wohlan, sprach er zu sich,
so werde ich das Kind wohl selbst zu finden wissen.
Er berief also die Vollstrecker seiner geheimen Mord-
befehle vor sich, und sprach zu ihnen: Schaffet mir
alle Knäblein in und um Bethlehem, welche unter
zwei Jahren alt sind, aus dem Wege. Thut es unverzüglich und ohne öffentliches Aufsehen. Der König
berechnete, daß, seiner Erkundigung bei den Weisen gemäß, das Kind noch kein Jahr alt sey, aber er wollte
sicher gehen, und opferte daher alle Knäblein bis zum
Alter von zwei Jahren. Auch wollte er großes Aufsehen vermeiden, denn auch ein Tirann scheut den Zorn
der Menge. Hätte das Volk aber vollends den Zweck
des Mordes gekannt, so mußte er tobenden Aufruhr
gewärtigen.

Also wurden in und um Bethlehem alle Knäblein
unter zwei Jahren ausgekundschaftet und ermordet.
Das waren die Erstlinge deren, die um Christi

willen Verfolgung und Tod erlitten. So erwahrte sich
schon izt das Wort: „Ich bin nicht gekommen Frieden
zu senden, sondern das Schwert." Und unschuldige
Kindlein mußten das erste Opfer der Verfolgung
seyn, als Anführer der leuchtenden Schaar schuldlos
um Christi willen hingeopferter Blutzeugen und Be-
kenner.

Als Maria die Ermordung der unschuldigen Knäblein erfuhr, entsezte sich ihre Seele ob dieser schreck-
lichen That. Sie entsezte sich um so mehr, als der
Mord ihrem Kinde gegolten. Ach, wie hatte Gott ge-
wacht, und die Anschläge der Schlauheit und Blutgier
zu Schanden gemacht! wie inbrünstig dankte sie Ihm!
— Aber was ihr Herz mit tiefem Schmerze durchdrang, war das Erbarmen über die unschuldigen, gräuel-
haft dahingemordeten Kindlein, und über den Jammer
der wehklagenden Mütter. Sie fühlte ganz den Schmerz
derselben, und nahm ihn doppelt zu Herzen, weil es
ein Schmerz war, ein entsezlicher und unverschuldeter,
gekommen über sie um ihres eigenen Kindes
willen. Nimm o Gott! flehte sie, den Jammer von
den Seelen dieser Mütter, den Jammer, welcher sie
getroffen um dieses Kindes willen, welches wohlbehalten vor mir liegt. Tröste die Weinenden, und ver-
gilt ihnen ihr Leiden nach dem Reichthume deiner Macht
und Gnade.

Daß die Bethlehemitischen Mütter ihrer Kinder
durch Blutmenschen beraubt worden, ist das Ent-
sezliche. Sonst aber verlieren immer viele Aeltern ihre
Kinder schon im zartesten Alter oder auch später, durch

ben Tod. Ja felten ift eine mit Kindern wohl gefeg=
nete Familie, welche nicht ben Verluft eines ober auch
mehrer Kinder zu beklagen hätte. Arme Mutter! Du
knieeft vom tiefften Schmerze gebeugt neben ber Leiche
beines Kindes, ober ftehft weinend an feinem Grabe.
Laff beine Thränen fließen! Sie find ber natürliche
Ausbruck beines Muttergefühles; bein Herz hat ein
heiß geliebtes Kind, ein Wefen, bas bu mit höchfter
Wonne bein nannteft, verloren. Alfo weine! — Aber
mitten in beinem Schmerze erinnere bich, baß bu nicht
blos ein Naturgefühl haft, fondern auch einen burch
ben Glauben erleuchteten Geift. Sieh bich um, unb
überhöre nicht ben fanften Zuruf ber Wahrheiten, bie
bein Glaube bir vorftellt. Vor Allem erinnere bich:
bein Kind ift **Menfch:** bie Sünde Abams liegt auf
ihm; es muß einmal fterben. Beuge bich bem
Urtheilsfpruche ber ewigen Gerechtigkeit! Unb glücklich,
wer ber Sünde Solb zahlt in Jahren, wo man beffen
oft fchreckliche Bitterkeit weber kennt noch fühlt! —
Dann erinnere bich: bu felbft bift **Menfch,** bie Sünde
Abams unb ber Urtheilsfpruch bes Tobes liegt auf bir.
Abermal: Beuge bich biefem Gerichte. Schon haft bu
einen Theil beiner Tobesftrafe erftanben: Siehe, als
bein Kind ftarb, ftarb nicht blos es; bu litteft ben Tob
felbft in ihm. Glaube, baß biefer bein Tob nicht un=
zugerechnet bleibt. Vielleicht baß bir fchon hienieben
Erfaz wird in einem fanften ruhigen Hinfcheiben, wo=
mit bu zu vollenben einft bie Gnabe haben wirft. —
Weiter erinnere bich: Wo ift benn bein Kind hin=
gegangen? Wenn Raubhorben bir bein Haus ver=

brennen und dein Gut wegschleppen, so ist es dir für
immer verloren, du bist eine arme zu Grund gerichtete
Frau. Ist dir dein Kind auch für immer verloren?
Hat es nicht Gott zu sich genommen, um es dir in
der Ewigkeit wieder zuzuführen? Lebt es nicht selig im
Lande der Seligen? Wohlan also, wenn du Mutterliebe hast, warum willst du seines Glückes dich nicht
freuen? Bleibst du trostlos, so glaubst du entweder
nicht an seinen Himmel, oder du bist so eigenliebig,
daß dir sein Glück, neben deinem Schmerze nichts
wiegt. Das Kind soll eben, meinst du, nicht glücklich
im Himmel, sondern bei dir seyn, und deine Mutterliebe unterhalten. — Weiter erinnere dich, daß Alles,
was Gott thut, seiner Gnade und Weisheit angemessen ist. Ja, wenn du den Tod deines Kindes
durch Verzärtelung oder Verwahrlosung selbst herbei-
geführt hättest, müßtest du allerdings schuldbewußt wehklagen. Wenn aber Gott dein Kind abberufen hat,
so that er es, wie Alles, was Er thut, in seiner Gnade
und Weisheit. Warum nicht an diese Gnade und
Weisheit glauben? Warum dich nicht ihr gläubig
unterwerfen? Weißt du denn die Zukunft, welcher
dein Kind entgegen gegangen wäre? Wolltest du es
lieber unglücklich in der Welt, und sündhaft, als
todt sehen? — Nicht doch! Wie manche sterbende
Mutter flehte schon um den Tod ihres Unmündigen,
dessen schwere Zukunft sie voraussah! Ja, wenn sie es
erbitten könnte, holte sie nach ihrem Tode dasselbe zu
sich. Was willst du trostlos Gott anklagen, der deines
Kindes Zukunft besser kennt als du, oder als irgend

eine sterbende Mutter die Zukunft ihres Kindes weiß?
— Und dann: Wenn du Gott liebest, worin willst
du ihm einen Beweis deiner Liebe geben, wenn du ein
Opfer krampfhaft festhältst, welches er von dir gefordert? O, gieb es Ihm (wie Abraham den Isaak)
in Demuth und Ergebung. Sprich: Herr, Herr!
Du mein Gott und Heiland bist höher und theurer,
als Alles; höher auch als dieses Kind: dir sey es
in Demuth und Liebe geopfert! Mein Schmerz sey
Dir geopfert! Du hast es gegeben. Dein ist es. Du
hast es genommen, dein ist es; dein Name sey gepriesen! — Dann noch Eines: Das Knäblein Jesus
ward der Mutter durch göttlichen Schuz erhalten, und
innig dankend blickte die Mutter zum Himmel auf. Aber
dennoch kam die Zeit, wo sie den heiß Geliebten mußte
in den Tod, ja in den schauderhaftesten Tod gehen
sehen. Nun wohl, du christliche Mutter! bist du mehr
oder besser als sie? Oder ist der Tod deines Kindes
vergleichbar dem Tode ihres Sohnes? — Blicke darum
nicht starr in dein wundes Herz, oder auf den Leichnam deines Kindes, erhebe dein thränenvolles Auge
auch einmal zu der Hochgebenedeiten. Laß deinen
Schmerz sich messen an dem ihrigen, und deine Zerschlagenheit sich aufrichten an ihrer Ergebung und
Stärke. Siehe an den Leichnam des Sohnes auf
ihrem Schoose! —

16.

Der zwölfjährige Jesus im Tempel.

Joseph blieb mit Maria und ihrem Kinde bis zum Tode Herodis in Aegypten. Als dieser Blutmensch gestorben war, erschien ein Engel dem Joseph im Traume, und sprach: „Ziehe hinauf in das Land Israel, denn die dem Kinde nach dem Leben strebten, sind todt." So nahm Joseph das Kind und seine Mutter, und kam in das Land Israel, und nahm seinen Wohnsitz zu Nazareth in Galiläa.

Von izt an erzählt uns die hl. Geschichte nichts mehr, weder von dem Kinde noch seiner Mutter. Erst als dasselbe, zwölf Jahre alt, mit seinen Aeltern zum Osterfest nach Jerusalem reisete, ereignete sich ein Vorfall, welcher uns von dem hl. Lukas berichtet wird. Zwar möchten wir wohl wissen, wie sich die menschliche Natur des Kindes allmählig entfaltet, und wie sich seine unendliche Liebenswürdigkeit und Verständigkeit bei verschiedenen Anlässen gezeigt habe, allein wir kennen keine Einzelheiten. Der hl. Evangelist sagt nur: „das Kind wuchs, ward stark am Geiste, war voll Weisheit, und die Gnade Gottes war in ihm." Das ist indeß in der That auch genug, und

jedenfalls der zusammengefaßte Inhalt alles
deſſen, was hätte erzählt werden können. Wohl zwar
haben wir eine alte Schrift, welche uns Vieles über
die Kindheit Jeſu berichtet, aber ſie enthält beinahe
nichts als abgeſchmackte Fabeln, erdichtet von einem
Menſchen, welcher keine Ahnung von der Würde dem
Geiſte und der Beſtimmung des Kindes hatte, daher
daſſelbe in der Meinung es zu erheben, überall verunehrt.

Die Erzählung, welche uns aus der Jugend Jeſu
aufbewahrt iſt, beginnt mit den Worten: „Seine
Aeltern giengen jährlich nach Jeruſalem auf
das Oſterfeſt.“ So iſt es recht. Aeltern — Vater
und Mutter müßen ſich vor allem in der Frömmigkeit einigen, und gemeinſam zur Kirche und zu
den hl. Sacramenten gehen. Die Frau muß den Mann,
wenn er nicht Luſt hat, auf alle Weiſe dahin zu vermögen ſuchen. Beide ſind in dem Maße glücklich,
als ſie fromm ſind. Ihre Liebe erhält aus der Frömmigkeit ihre höhere Weihe; ihre Treue zieht aus der
Frömmigkeit d. h. aus ihrer Gottesfurcht ihre Standhaftigkeit; ihr Muth und ihre Hingebung empfängt aus
der Frömmigkeit ihre Kraft und Stärke. Es giebt
keine wahrhaft und dauerhaft glückliche Ehe, außer auf
Grundlage der Frömmigkeit.

So reiseten also die Aeltern Jeſu, als dieſer zwölf
Jahre alt war, wie gewöhnlich zum Feſte. Aber
nun hatte der Knabe das Alter, in welchem er dem
Geſeze verpflichtet war: derſelbe machte daher die
Oſterreise nach Jeruſalem mit. Man kann ſich denken,

wie oft die hl. Mutter mit dem Knaben von Jerusalem,
von dem Tempel und aller Pracht und Herrlichkeit
desselben, von den herrlichen Gesängen und Opfern da=
selbst ꝛc. gesprochen habe, und wie herzlich jederzeit die
Theilnahme des Kranken gewesen sey: war es ja der
seinem himmlischen Vater erbaute Tempel, war es ja
die seinem Vater dargebrachte Anbethung, wovon die
hl. Mutter erzählte. In der That war der Jesus=
knabe gewiß bei keiner anderen Besprechung so mit
ganzer Seele betheiligt und so innerlich selig, als bei
der Rede über Jerusalem, und den Tempel seines
Vaters. Ist es nicht so schon bei dem gewöhnlichen
Kinde? Dasselbe ist von Natur fromm. Es hört mit
großer Liebe von Gott und dem Heilande, und von der
hl. Geschichte, und von der Kirche und dem Heilande
darin, und seiner Verehrung. Und je mehr ihm die
Mutter davon sagt, um so mehr hat es zu fragen, und
um so theurer wird ihm Alles, was dahin gehört. Ach,
würde das erkannt! — Ich muß bereits früher Ge=
sagtes wiederholen: Was schwazest und tändelst du doch
mit deinem Kinde für erbärmliches Zeug, du schaales
Weib! Du machst ja dein Kind, statt es zu erheben,
nur kindischer und läppischer. Fasse Glauben, Furcht
und Liebe Gottes in dein Herz. Wovon dieses voll ist,
davon überläuft der Mund. Rede mit deinem Kinde
von Gott, von seinen Werken, seinen Offenbarungen,
insbesondere seiner Erscheinung in Christo ꝛc. auch von
der Kirche und dem Gottesdienste darin. Dein Kind
wird sich erheben, sein verborgenes religiöses Sehnen
wird erwachen, es wird mit Theilnahme hören, seine

Seele wird sich oft im Stillen mit dem Gehörten beschäftigen, und es wird zu einer geistigen Entwickelung gelangen, zu welcher all sein Spielzeug, und aller Bilderkram nicht entfernt eine Anregung geben. Das Kind ist ein Mensch: drum das nicht vergessen, was es zum Menschen macht! — An die Lehre knüpfe dann fleißig das Gebeth! Die heilige Wahrheit, von der Seele erkannt, stimmt zum Gebethe. Komme dieser Stimmung deines Kindes gerne entgegen. Bethest du ja selbst gerührter und inniger, wenn dein Kind seine Händchen mitbethend vor deinen Augen erhebt. Im Spiele gehört dein Kind seiner Puppe und seinem Steckenpferd 2c., im Gebethe ist es ein Mensch, und gehört Gott und dir. Ein frommes Kind ist auch ein liebendes Kind.

Die hl. Mutter ahnte wohl nicht, daß ihr Kind den ersten Gang nach Jerusalem auf das Osterfest mache, und eben dahin, und auf dasselbe Fest auch seinen lezten machen werde. Die hl. Mutter hatte vielmehr darob, daß sie ihr Kind auf die Osterfestreise mitnehmen durfte, nicht nur eine überaus große, sondern auch eine ungetrübte Freude. Was gab es in der That bei ihrer tiefen Frömmigkeit Erhebenderes für sie, als ihr Kind Gott in seinem Tempel zuzuführen? Was war auch für sie ergreifender, als Den, welchen sie von Gott empfangen, vor Gott zu bringen, nunmehr zwölf Jahre alt geworden, und voll Weisheit und Frömmigkeit? — So überhaupt: Christliche Mütter wissen von keiner heiligeren Freude, als ihre Kinder in die Kirche mit zu nehmen, insbe-

sondere sie zur ersten hl. Communion oder zur hl. Fir=
mung zu führen. Wie lange schon vorher reden sie
mit ihren Kindern davon, als von deren größtem Glücke!
Wie reden sie ihnen zu, ja recht gut zu seyn, ihrem
Herrn und Heiland ein durchaus reines Herz darzu=
bringen, ihm für izt und ewig ihr Leben zu opfern,
ihn mit der höchsten Dankbarkeit Ehrfurcht und Liebe
zu umfangen, und in sich aufzunehmen. Und ist der
ersehnte hl. Tag endlich angekommen, wie fühlen sie
sich sammt dem ganzen Hause erfreut, ihre Kinder so
weit gebracht zu sehen, daß sie Gott und ihren Heiland
erkennen, lieben, und mit diesem in jene geheimnißvolle
Vereinigung treten, welche in seinem für uns darge=
brachten Leib und Blute ist! Mit dem gerührtesten
Danke blicken sie auf alle Segnungen, die ihren Kindern,
und ihnen selbst in ihren Kindern bis hieher zu Theil ge=
worden ist; mit innigster Lobpreisung erwägen sie die
Gnade und Erhöhung, die ihren Kindern und ihnen in
ihren Kindern als Genossen des Tisches des Herrn heute
zugewendet wird; mit Betrübniß sehen sie auf alle Fehl=
griffe in ihrer Erziehung, und machen es aufs neue zu
ihrem heiligsten Vorsaze, ihre so hoch begnadigten, und
mit dem Leib und Blute Christi genährten Kinder Christo
treu zu bewahren, und ihm die übrigen noch nachkom=
menden Geschwister mit erneutem Eifer zu heiligen.

So führe denn, du fromme Mutter, dein Kind
freudigen Herzens zum hl. Tische! — Natürlich kann
dasselbe nicht in seinen Werktagskleidern erscheinen.
Aber eben so wenig darf es in einem Puze kommen,
wie man solchen anzieht, wenn man an Orte hingeht,

10*

wo man gefallen will. Oder soll es etwa sich selbst dienen, an sich selbst denken, sich und seinen Staat zur Schau stellen? Soll es den Schmuck Anderer betrachten und mit dem eigenen vergleichen, durch die Vergleichung beschämt oder stolz gemacht? Oder fühlst du dich etwa geschmeichelt ob dem Anblick der geschmückten Puppe, welche vor dir steht, und ob dem Beifall, welcher derselben zu Theil werden wird? — Ach, all Solches ist der frommen Mutter fremd, und findet sich nur bei der thörichten, über welcher man ausrufen muß: wie geistesarm, wie gedankenlos bist du, wie ohne Ahnung dessen, wohin dein Kind soll, und welches die Bedeutung seines Ganges! Wahrlich, wenn von dem Religionslehrer irgend etwas Besseres in die Seele des Kindes gebracht worden, so lähmt und tödtet die thörichte Mutter Alles, denn sie weckt den Teufel der Eitelkeit und Gefallsucht, beschäftigt ihr Kind mit sich selbst und Anderen, und führet das Herz, welches zu seinem Heiland gehen wollte und sollte, der Welt zu. — Und wenn nun das geschmückte Ding am hl. Tische erscheint, wie wird es dem Herrn gefallen? Wird er Wohnung nehmen in ihm? — Er wird es nicht. Er wird sagen: Sind das die Erstlinge der Liebe, die dieses Geschöpf mir bringt? Ist das ein Nahen der Seele zu Dem, welcher nackt, verhöhnt, am Kreuze hing und für dieselbe blutete und starb? — Mich jammert, wird er sagen, dieser Seele, die schon als Kind der Welt und ihrer Eitelkeit verkauft ist: und verkauft von der, welcher ich das Kind geschenkt habe, daß sie Mutter werde, sich freue, und mir dasselbe zu-

führe. Und ich füge bei: welch eine Verdunkelung
des Geistes und Herzens bei Müttern, die da glauben,
mit solchem Flitter dürfe man zum Herrn kommen.
Je einfacher und bescheidener, desto passender und an=
ständiger die Kleidung. Das gilt für Fürsten und
Bettler. — Die Vollendung dießfälligen Unsinnes muß
man darin finden, wenn selbst Geistliche das äussere
Prunkwerk unterstüzen, und durch zerstreuende Ceremo=
nien die innere Sammlung und Andacht der Kinder
stören. Oder wenn Kinder bei der Feierlichkeit die
Vorbether machen müssen, damit recht gewiß dem
Gebeth die erweckende Anregung fehle, und die Osten=
tation ihr Opfer habe.

––––––––

Als die hl. Aeltern Jerusalem und des Tempels
ansichtig wurden, erhob sich ihre Seele. „Wie lieb=
lich sind, betheten sie mit den Worten des Psalmisten,
wie lieblich sind deine Wohnungen, du Herr
der Heerschaaren! Meine Seele schmachtet
und sehnt sich nach den Vorhöfen des Herrn.
Mein Herz und mein Fleisch jauchzen hin nach
dem lebendigen Gott." „Eines habe ich er=
beten vom Herrn, darnach suche ich: daß ich
wohne im Hause des Herrn alle Tage meines
Lebens."
Hierbei wie viele selige Erinnerungen der hl. Jung=
frau an die im Tempel verlebten Tage ihrer Kindheit
und frühesten Jugend! Im Stande der kindlichen Un=

schuld ach, wie offen ist da das Herz der Freude, wie
wonniglich das Leben! Wie beseligend namentlich die
Uebungen der Andacht! — Es giebt nichts Theureres,
als eine fromm verlebte Jugend, und später die Er=
innerung an sie.

Als sodann die hl. Mutter mit ihrem Sohne und
Joseph zu Jerusalem angelangt war, giengen sie ohne
Aufhalt in den Tempel. Was die hl. Mutter, was ihr
Sohn hier empfunden und gebethet haben, kann geahnt,
aber nicht berichtet werden. Gewiß ist nur, daß die
hl. Mutter bei dieser Festreise Gedanken und Gefühle
haben mußte, wie nie vorher, wenigstens wie nie vor=
dem in diesem Grade. Wenn sie ganz Israel versam=
melt sah, diese ungeheure, wogende, anbethende Menge,
so blickte sie von dieser hinweg auf ihren Sohn mit
dem erhebenden Bewußtsein: Dieser Knabe ist euer
König. Wenn sie all das Getriebe des Eigennuzes,
des Wuchers, des Leichtsinnes und Uebermuthes ec. an=
schaute, wie sichs ihrem reinen Gefühle in und außer
dem Tempel darstellte, so blickte sie davon hinweg auf
ihren Sohn mit dem Bewußtsein: dieser Knabe
wird das ändern, und sein Volk von seinen
Sünden erlösen. Dabei fiel ihr aber unabweisbar
aufs Herz, daß die Besiegung der vielen festgewurzel=
ten sittlich=kranken Zustände heftigen Widerstand hervor=
rufen werde. Schon z. B. das Markt= und Wucher=
gewerb im Tempel — wenn sie es ansah, schien ihr
unangreifbar. Mit Wehmuth schaute sie ihr Kind an,
und es war ihr klar: „Dieser ist das Zeichen, dem
man widersprechen wird."

Was doch heilige Stätten, herrliche Tempel, glän=
zender Gottesdienst, tiefe Andacht der Bethenden für
einen unwiderstehlich erhebenden und begeisternden Ein=
druck hervorbringen! — Ist es zum Verwundern, wenn
man auszieht, um heilige Orte zu besuchen, prachtvolle
Tempel mit eben so prachtvollem Gottesdienste zu sehen,
und in Mitte von Tausenden, die in tiefster Andacht
vor Gott anbeten, von heiligem Geiste ergriffen, und
über seine Alltäglichkeit erhoben zu werden? — Gott
kann überall angebethet werden, und ist überall d e r=
s e l b e; wir aber sind n i c h t ü b e r a l l d i e s e l b e n,
sondern fühlen oft ein Bedürfniß, aus unserer lahmen
Einförmigkeit herauszutreten, und uns durch großartige
Eindrücke, und ehrfurchteinflößende Erinnerungen er=
schüttern und emportragen zu lassen. Namentlich auch
ist das weibliche Geschlecht für solche Eindrücke sehr
empfänglich, und ihrer vielfach wohl bedürftig. Der
nächste Ort, erhebende Eindrücke zu empfangen, ist die
eigene Kirche, und der Gottesdienst in derselben; aber
auch fremde Orte, besonders wenn sich heilige Erinne=
rungen an sie knüpfen, mögen (wo häusliche Pflichten
nicht entgegen stehen) gerne aufgesucht werden. Die
Wallfahrer sehnen sich nach einem seelenerfrischenden
Eindruck, sie werden an dem Orte ihres Sehnens mit
lebendiger Andacht die heiligen Sacramente empfangen,
und in ungewöhnlicher Weise gehoben und getröstet seyn.
— Der Anblick einer Dame auf ihrer Vergnügungs=
reise läßt sehr gleichgültig, der Anblick einer frommen,
sich mühlich fortbringenden Pilgerin aber mit dem Ro=
senkranz in der Hand, rührt und erbaut. Wenn es

nicht zu weit geht, und sonst seyn kann, nimm auch
deinen zwölfjährigen Knaben, oder dein zwölfjähriges
Mägdlein mit dir: sie sind für große, unvergeßliche
Eindrücke eben im rechten Alter.

Wir haben gesagt: Es kann geahnt, aber nicht be=
richtet werden, was die hl. Mutter und ihr göttlicher
Sohn im Tempel zu Jerusalem empfunden und gebethet
haben. So viel aber wissen wir, daß das Haus seines
himmlischen Vaters Jesum so mächtig anzog, daß Er
in demselben zurückblieb, als seine Aeltern vom
Feste heimkehrten. Forderte Er später, daß seine Gläubi=
gen um Seiner willen Vater und Mutter verlassen, so
verließ Er selbst hier Mutter und Vater, um seines himm=
lischen Vaters willen, und wegen des Hauses desselben. —
Er stellte sich damit selbst als Vorbild jener Knaben
und Mägdlein, jener Jünglinge und Jungfrauen dar,
welche eine Lust haben, die Kirche und den Gottesdienst
zu besuchen, demselben mit frommer Theilnahme bis
zum Ende anzuwohnen, ja nach seiner Beendigung noch
freiwillig zurückzubleiben, um der Andacht zu pflegen.
Wenn dein Sohn oder deine Tochter in der Kirche lang=
weilt, den Schluß des Gottesdienstes ersehnt, und dann
mit froher Hast hinausläuft, so hast du, o christliche
Mutter! einen Sohn oder eine Tochter ohne Glauben,
ohne Frömmigkeit, ohne Liebe, ohne Herz und Herzens=
bildung. Wie sie Gott und der Kirche kalt entlaufen,
so werden sie auch dir thun. Zweifle nicht!

Wie es gekommen, daß die Aeltern den Knaben in
dem Augenblick, als sie von Jerusalem abreisten, nicht
um sich hatten, und ohne ihn weggiengen, wissen wir

nicht. An Sorgfalt für das theure Kind fehlte es
ihnen, insbesondere der hl. Mutter, gewiß nicht. Wir
können daher nur annehmen, daß es eben so habe seyn
sollen.

Und nun Jesus zu Jerusalem zurückgeblieben ist,
wo hielt Er sich auf und womit beschäftigte Er sich? —
Wir finden Ihn in Mitte der Gesezgelehrten, welche
im Tempel Unterricht gaben, und den Fragenden Be=
scheid ertheilten. Aber was wollte Er bei ihnen? —
Ohne Zweifel mit ihnen über den Messias reden, und
richtigere Vorstellungen über denselben anbahnen. Ein
Senfkörnlein, das Er izt hinstreute, konnte, bis Er
einst als Messias hervortrat, zum Baume geworden
seyn. Die einstigen Schriftlehrer stammten von den
izigen. Vielleicht sprach er schon damals: Saget mir,
„wenn der Messias ein Sohn Davids ist, wie
kann David ihn seinen Herrn nennen?" —
Oder, wie ist das zu verstehen, wenn Jehova von dem
Messias sagt: „Mein Sohn bist du; heute habe
ich dich gezeugt"? — Oder, wie soll erfüllt werden,
was die Schrift sagt: „Die Könige der Erde leh=
nen sich auf, und die Fürsten rathschlagen zu=
sammen wider Jehova und seinen Gesalbten"?
— Wie dem sey; Alle erstaunten über seinen Verstand
und seine Antworten, und behielten ohne Zweifel dieß
und das als Gegenstand ihres weiteren Nachdenkens
im Herzen. Leichtlich hatten die Schriftgelehrten dem
zwölfjährigen Knaben gegenüber ein offeneres
Ohr, als später gegenüber dem Manne. Eine Wahr=
heit aus dem Munde eines Kindes rührt uns oft, in=

deß wir taub bleiben bei derselben Wahrheit aus dem Munde des Predigers.

Maria und Joseph meinten, als der Knabe bei ihrer Abreise von Jerusalem nicht da war, er sey bei der Reisegesellschaft, und machten sich daher in der Zuversicht, am Abende ihn bei den Anverwandten zu finden, getrost auf den Weg. Doch als sie ihn nicht fanden, war ihr Erstaunen und ihre Besorgniß groß. Eilig kehrten sie nach Jerusalem zurück, um ihn daselbst aufzusuchen. Vermuthlich gingen sie zuerst zu den Bekannten, bei welchen sie während der Festzeit gewesen; dann wohl auch an öffentliche Orte, wo großer Zusammenlauf von Menschen; ohne Zweifel auch in den Tempel. Aber sie fanden ihn nicht. Erst am dritten Tag suchten sie endlich in jenen Gemächern des Tempels, wo die Gesetzgelehrten zusammenkamen, und Lehr und Bescheid ertheilten; und siehe, hier fanden sie ihn. War ihre Angst während der drei Tage groß gewesen und immer noch größer geworden, so war ihre Freude, als sie ihn endlich hier fanden, nur um so lebhafter. Doch konnte die hl. Mutter nicht umhin, die ausgestandene Mutterangst in den Worten auszudrücken: „Warum hast du uns das gethan? Siehe, dein Vater und ich haben dich mit Schmerzen gesucht."

Seine Antwort war: „Warum suchtet ihr mich? Wußtet ihr nicht, daß ich in dem seyn müße, was meines Vaters ist?" Er gab ihnen damit zu erkennen, daß er wisse, dieser Tempel sey das Haus seines Vaters, die hl. Schriften seyen das Wort seines

Vaters, der Unterricht in diesen Schriften und die Ent-
scheidungen aus diesen Schriften sey Unterricht im
Wort und Entscheidung nach dem Willen seines Vaters, die Gebethe und Opfer im Tempel hier seyen
Verehrung seines Vaters. Er also, der Sohn,
der bei alle dem seyn müße, weil es das seines
Vaters.

Der hl. Text sagt: „Die Aeltern verstanden die
Rede nicht, welche er zu ihnen sagte." Ohne Zweifel
war das aber nur im ersten Augenblick der Fall: besonders der sinnenden Mutter mußte bald klar werden,
was ihr Sohn mit dem Worte habe sagen wollen.
Wenn sie dasselbe näher erwog, so erkannte sie, daß
das, was ihr vor mehr denn zwölf Jahren gesagt
worden, im Bewußtseyn des Kindes stehe, welches
ihr damals verheissen worden. Die Verkündung des
Engels hatte gelautet: „Der Sohn, welchen du gebähren wirst, wird Sohn des Allerhöchsten genannt werden." Und siehe, dieser Sohn, nun zwölf
Jahre alt, fühlt sich als solchen. Es ist ihm nicht gesagt worden; er weiß es von innen heraus. Er weiß
es, weil er es ist. Wie mußte das Wort des Knaben die hl. Mutter erheben! Die Mutter behielt es
tief in ihrem Herzen.

Aber das Wort des Knaben war nur ein Bliz gewesen, in welchem die Sohnschaft Gottes hervorge-
leuchtet hatte. Unmittelbar nachher trat die vollste
Selbstentäußerung ein, es war, als ob er der nicht
sey, welcher er war, er gieng mit seinen Aeltern
als ihr frommes, liebendes und gehorsames Kind nach

Nazareth zurück, und war ihnen still und harmlos unterthan.

Es ist unendlich rührend, den Knaben, in dem Bewußtseyn, der Sohn Gottes zu seyn, sich vollkommen selbst entäussern, aus dem Hause Gottes seines Vaters in die arme Wohnung zu Nazareth hinabgehen, und dort menschlichen Aeltern mit Freudigkeit und Pünktlichkeit gehorsamen zu sehen. Der erste Adam verweigerte, vom Stolze getrieben, Gott den Gehorsam; der zweite Adam, der Demuth voll, verweigert ihn nicht den Menschen. Welch ein Vorbild der Unterwerfung unter alle göttliche und menschliche Ordnung! Welch ein Gegensaz gegen die Sünde, als welche Ungehorsam, d. i. Eigenwille ist, und abermal und überall Eigenwille! Und welch eine Demuth! —

Stelle o Mutter! deinem Kinde gern die Demuth Jesu vor Augen. Vergegenwärtige ihm oft, daß es nichts ist, zur Zeit noch gar nichts, als ein Geschöpf, das man täglich ernähren, kleiden, unterrichten, bewachen und leiten muß. Und wenn Jesus unterthan war, um wie viel mehr es! Wehre seinem Stolze, seiner Eitelkeit! Dein Kind wird nur ein Herz haben und dich und Andere lieben, wenn es nicht sein eigener Abgott ist; und wird nur schön und liebenswürdig seyn, wenn es von seiner Schönheit und Liebenswürdigkeit nichts weiß. Dein Kind ist von Natur anspruchslos, mittheilsam, dienstfertig, wahr, und weiß noch nicht recht um sich selbst. Möchte es so bleiben! Solcher ist das Himmelreich. Mache es nicht zum Götzen seiner selbst. Sage ihm nicht, und laß ihm nicht sagen daß es vornehme oder reiche Aeltern hat, einer glänzenden Zukunft entgegensieht, und vor hundert oder tausend Andern Ehre und Wohlstand haben wird. Laß es Kind seyn; laß es seine Unwissenheit und Schwachheit fühlen, daß es nach Kenntniß und Tugend ringe, und der äusseren Glücksgüter würdig werde, welche es zu hoffen hat. Nur in Einem pflege sein Selbstgefühl — darin nämlich, daß es Gottes Kind ist, und vom Heiland geliebt. In der Kirche, am Tische des Herrn müße es sich groß fühlen, weil im Hause seines Vaters, weil Wohnstätte Jesu, weil voll der Gnaden.

***

So lebt nun zu Nazareth die hl. Familie — Jesus, Maria, und Joseph — ein Vorbild aller Familien, aller Zeiten. — Maria und Joseph waren zwar arm, und erwarben sich den nöthigen Lebensunterhalt durch harte Händearbeit, aber das minderte ihr ehliches Glück nicht im geringsten. Drei Stücke machten ihre Lebensgemeinschaft zu einer eben so beglückten als beglückenden. Das Erste war ihre Frömmigkeit. Ihr Glaube und ihre Hoffnung bildete den liebsten und wohlthuendsten Inhalt ihrer Gespräche; sie fühlten sich im täglichen Austausch ihrer frommen Gedanken und Empfindungen selig. Eben so in ihren täglichen gemeinsamen Gebethen. Wie frohgemuth schlug ihr Herz, wenn sie sich von der gemeinsamen Andacht erhoben.

Es war ihnen, als sey ihre gegenseitige Freundschaft
jedesmal noch inniger und wärmer; und mit stets
neuem Frohmuthe, mit erhöhter Hingebung und Ausdauer wendeten sie sich vom Gebethe zur Arbeit. —
Das andere Stück war die unbegrenzte Wahrhaftigkeit und Offenheit ihres wechselseitigen Um-
ganges. Ihre Seelen (durch und durch rein) hatten
nichts, was sie zu verbergen oder zurückzuhalten brauch-
ten, und ihre innige Freundschaft machte es ihnen zum
Bedürfniß, sich Alles, auch das innerste Gefühl oder
Erlebniß des Herzens für und für mitzutheilen. So
war das Leben des Einen auch das Leben des Anderen, und das Gefühl, im Vollbesize der treue-
sten Mit-Seele zu seyn, machte beide unendlich
selig. — Das dritte Stück endlich war die Treue in
ihrem Berufe, und der unverbrüchliche Zusammenhalt
in Erfüllung desselben. Die tägliche, wenn auch mühe-
volle, und nur wenig einbringende Arbeit gewährte doch
dem Herzen täglich innere Zufriedenheit, denn sie war
Erfüllung des göttlichen Willens, und verschaffte das
benöthigte Brod. Und kamen auch Widerwärtigkeiten,
so konnten diese nur dazu dienen, Beide im Gottver-
trauen, in der Hingebung, und im wechselseitigen Zu-
sammenhalten zu üben, und mittelst dieser Uebung zu
beglücken. — Hierzu kam dann noch der Besiz und
tägliche Anblick des göttlichen Sohnes, die Bewunderung
seiner übermenschlichen Weisheit und Güte, und die
Ehrfurcht ob seiner unendlichen Selbstentäußerung als
des Gehilfen in der Werkstätte seines Nährvaters. Es
war eine eben so heilige als glückliche Familie.

Möchten alle Familien so heilig und glücklich seyn,
als diese! — Warum sind sie es nicht? Schwebt doch
Allen, welche in den Ehstand treten, eine Zukunft voll
Glück und Freude vor Augen, warum ist später der
Stand selbst oft so bitter, oder doch so lau und leer
an Lebensglück? Sind die begeisternden Erwartungen
vielleicht in die Menschenseele gelegt, um heurathslustig
zu machen, und den Getäuschten sofort zu überlassen,
wie sie mit der herben Wirklichkeit auskommen mögen?
Nicht doch! Zwar giebt es phantastisch = sentimentale
Ansprüche an die Ehe, welche nur sich getäuscht finden
können, aber eine Vereinigung, reich an erhebenden
tröstenden und beseligenden Stunden kann die Ehe
immerhin seyn. — Warum ist sie es so oft nicht? —
Du sagst, die Schuld liegt an meinem Manne, oder sie
liegt in Armuth, Krankheit oder sonstigen unglücklichen
Verhältnissen. Es kann seyn. Aber liegt die Schuld
nicht auch an dir? — Vielleicht weißt du dich in allen
Stücken selbst zu rechtfertigen. Allein der Apostel Pau=
lus schreibt: Nicht der ist gerechtfertigt, welcher sich
selbst lobt, sondern der, welchen Gott lobt. Nimm im
Allgemeinen als gewiß an, daß du eine Mitschuldige
bist, und sey redlich darauf bedacht, daß du deine
Schuld wahrnehmest. Nichts ist schlimmer, als den
Grund ehelichen Zerwürfnisses kurzweg in Anderen zu
finden.

Ich möchte deine Ehe glücklich wissen. Halte
es mir darum zu gut, wenn ich einige Forderungen
stelle, die du wohl auch ohne mich weißt, und ohne
mich erfüllst. Es geschieht für alle Fälle.

Sey vor Allem fromm, und wähle dir (wie ich schon anderswo gesagt habe) einen Mann, der Religion hat. Hast du aber bei deiner Wahl zu wenig hierauf geachtet, und einen religiös-gleichgiltigen Gatten erhalten, so gewinne ihn dem Glauben, der Kirche und der Frömmigkeit. Sprich mit ihm von deinem Glauben, von dem Glücke gemeinsam zu glauben, von der Seligkeit gemeinsam Gott zu lieben, gemeinsam zu bethen, zu vertrauen, und vor Gott zu arbeiten. Erforsche die Geschichte der inneren Lebensbildung deines Gatten, und woher seine Lauheit und Gleichgiltigkeit oder auch seine verkehrte Religionsansicht komme. Nimm wahr, ob der Grund mehr im Mangel an tüchtigem Religionsunterricht, in irrgegangenem Selbstdenken, oder in einem bösen Zustand des Herzens liege. Siehe dich nach Büchern um, die für den Zustand deines Gatten passen, und gieb sie ihm. Führe ihn mit Männern zusammen, deren Wissenschaft und Weisheit das zur Reife bringen kann, was du bald da bald dort in günstiger Stunde gesäet hast. — Ob du dann deinen Gatten der Frömmigkeit gewonnen, oder aber einen frommen und gottesfürchtigen Mann schon in die Ehe bekommen habest: laß es dein Hausgesez seyn, täglich gemeinsam mit deinem Gatten zu bethen. Deine Ehe empfängt aus der gemeinsamen Andacht eine Freudigkeit, die keine blos natürliche Vereinigung geben kann. Du wirst liebender, ergebungsvoller, mutherfüllter; und wenn du zu leiden hast, bist du nicht sofort unglücklich und voll Seufzens, vielmehr ist deine Trübsal nur Uebung deiner Stärke in Gott, und mitten in Bedrängnissen erhebeſt du dich ſieghaft in dem Bewußtſeyn, daß Gott dir geblieben. — Laſſ dich immerhin von deinem Gatten in die Geſellſchaft, an Vergnügungsorte, auf Spaziergänge führen, aber lege einen unendlich höheren Werth darauf, von ihm in die Kirche, und zum Tiſche des Herrn begleitet zu werden. Ihr beide — Ein Leib, werdet wohl doch auch an dem Einen hl. Tiſche, von dem Einen Brode eſſen. Wie beglückt, wie geheiligt, wie neu gekräftigt kehrt ihr nach Hauſe zurück!

Haſt du indeſſ das Glück nicht, einen Gatten zu beſizen, welcher dir auch nach ſeinem geiſtigen Leben geeinigt iſt, und mußt du deine Seele vereinzelt zu Gott erheben, ſo thue es nur um ſo unabläßiger, denn izt bedarfſt du es doppelt, daß Gott dein Licht ſey, deine Stärke und dein Schuz. Wohin willſt du bei den tauſend und tauſend Fragen, Anſtänden und Bedrängniſſen deine Zuflucht nehmen? — Bethe viel, auch für deinen Mann. Warum ſollteſt du nicht das endliche Heil ſeiner Seele erflehen können?

Man redet von Flitterwochen des Ehſtandes. — Warum wird großentheils Alles ſo bald ganz anders? Ich antwortete: Weil einerſeits die bloße Naturliebe ſich ſelbſt in Kurzem verzehrt, anderſeits die unliebſamen Eigenſchaften der Gatten mehr und mehr hervortreten, und ſich gegenſeitig verlezen. Sonach wird die Liebe lauer und lauer, bis ſie endlich erkaltet. Hieraus ergiebt ſich an angehende Eheleute von ſelbſt die dringende Forderung, der Abnahme der Liebe gleich von Anfang zu wehren. Du mußt daher die Eigenheiten, Schwächen und Härten des Mitgatten beob-

achten, um die entsprechende Behandlung deſſelben zu
finden, die eigenen Launen, Herbheiten, Kopfhängereien,
Empfindlichkeiten, Unarten ꝛc. aber von vorn herein
beherrſchen, um von deiner Seite nicht Blößen zu
geben, die den Gatten überraſchen und erkälten. Wenn
ein Ehtheil ſich gehen läßt, und dem anderen gegen=
über ſich nicht zuſammennimmt, ſo kommt es bald zu
trüben Geſichtern, zu ſchnöden Reden, zu einſylbigen
ſpizen Antworten, zu lauten Anſchuldigungen und Vor=
würfen, zu Zank und Streit. Wenn nun (um das
Uebel voll zu machen) noch ſtunden= und tagelanges
Stummſeyn, Kopfhängen, oder gar offenes Zuleidleben
hinzukommt, ſo fühlt ſich der Mitgatte gedrückt, er ſezt
der Kälte Kälte entgegen, bald gewöhnt er ſich gleich=
gültig zu ſeyn, oder auch er fühlt ſich unglücklich, und
iſt erſtaunt, in dem ſüßen liebenden ſchmeichelnden Ge=
genſtand ſeiner Liebe und Wahl ein wunderliches, ſchnell
beleidigtes, köpfiſches, innerlich rohes, eigenliebiges,
eigenſinniges und grobes Weſen zu beſizen. Schon
beſchleicht ihn Reue über ſeinen Schritt. Hoffentlich
wird man ſich wieder verſöhnen, und dann abermal
verſöhnen, aber die erſte Erkaltung der Liebe, die erſte
ernſte Entzweiung bleibt immerhin eine nachhaltige Wunde
und ſelten kehrt mit der Verſöhnung die erſte volle
und freudige Liebe zurück. Ich meine nun, da man,
um in der Ehe glücklich zu ſeyn, ſchlechterdings ſeine
Fehler erkennen und beherrſchen muß, du ſollteſt damit,
o chriſtliche Gattin! gleich am erſten Tag deiner Vereh=
lichung anfangen. Warum erſt durch lange ſchmerzliche
Erfahrung mürbe gemacht, warum nicht ſogleich? —

Demüthig seyn, Schweigen, Dulden, in Bescheidenheit reden und antworten, Nachgeben, Zuvorkommen ist nun einmal dein Beruf. Folge ihm! Er allein bringt dich zum Ziele.

Eine weitere wichtige Forderung ist, daß du von vorn herein und für und für deine weibliche Würde behauptest. Dein Mann wird dich in dem Maße lieben und als Gattin behandeln, in welchem er dich hochachtet und hochachten muß. Und er wird in dem Maße schnöde und gemein mit dir umgehen, in welchem du seine Hochachtung verloren. Ein Weib, das selbst gemein ist, ohne Frömmigkeit des Herzens, ohne Zartgefühl, ohne Seelengüte und Seelenfreundlichkeit, frech und lieblos im Urtheil, unrein in der Bekleidung, nachläßig an sich selbst, ein Weib, das namentlich nicht auf die Würde ihres Leibes, auf Keuschheit im ehlichen Umgange hält, und nicht in allweg ein weiblich züchtiges Wesen bewahrt, verliert die Achtung ihres Mannes, und wird gemein behandelt, weil sie gemein ist. Sie klage nicht ihren Mann, sie klage sich selbst an! — Man erweist dem Weibe im öffentlichen Umgang viel Ehre. Man thut es, um das Gefühl ihrer weiblichen Würde zu heben, und der Würdigkeit Anerkennung zu zollen. Warum ist so oft, sobald man wieder zu Hause und unter sich ist, keine Spur von zarter Behandlung und Rücksicht? Das hat seinen Grund offenbar im Mangel an Achtung.

Das Leben hat eine poetische, aber auch eine sehr prosaische — materielle Seite. Mit der Liebe und dem Frieden in den Ehen hat es insgemein ein Ende, wenn

häusliche Verlegenheit, oder gar Noth eintritt, oder
auch, wenn nur der häusliche Wohlstand nicht vorwärts
kommt. Gerne schiebt der eine Gatte die Schuld davon
auf den andern. Hieraus ergiebt sich an die Hausfrau
von selbst die weitere Forderung, sich mit aller Sorgfalt der Führung des Hauswesens anzunehmen, ja
(nächst der Erziehung ihrer Kinder) in dieser Führung
den von Gott ihr angewiesenen äußeren Beruf
zu erkennen. Das Weib ist nicht da, bequem zu ruhen,
sich vornehm bedienen zu lassen, das Hausgeschäft in
fremde Hände zu legen, dem Puze des Leibes und dem
Vergnügen zu leben, von ihrem Manne gehätschelt, und
täglich mit einer Freude überrascht zu werden, sondern
sie ist da, ihr Brod eben auch zu essen im Schweiße
ihres Angesichts, und mit ihren Kräften einen Berufskreis, und zwar ihren Berufskreis auszufüllen.
Ich werde weiter unten das starke Weib schildern, die
Hausfrau sey es! — Der Mann will, wenn er von
der Arbeit kommt, den Tisch besorgt, und die Speisen
mit Fleiß zubereitet finden; er will für seine Bekleidung
gesorgt wissen; er liebt Sauberkeit und Pünktlichkeit; die
Aufmerksamkeit des Weibes auf seine kleinen Bedürfnisse thut ihm wohl; es gewährt ihm eine innere Zufriedenheit, wenn er mit seinen Einnahmen ausreicht,
und für Tage der Noth, oder für Versorgung der
Seinigen etwas zurücklegen kann; es freut ihn, wenn
seine Gattin von seinen Dienstbothen und allen Nachbarn als verständig, fleißig und wohlwollend geachtet
und geliebt ist. Er ist gern um seine Gattin, aber doch
will er (unbeengt) oft auch im Kreise seiner Freunde

fich erheitern. Hiernach denn weiß jede Gattin und
Hausfrau, wodurch sie den Mann befriedigen, erfreuen
und fesseln kann. Aber sie sieht auch, wodurch sie die
Unzufriedenheit des Mannes und das ehliche Zerwürfniß heraufbeschwören wird. Sie vernachläßige daher Gatten und Kinder, sey unwissend im Hauswesen, nachläßig in Zimmer und Küche, unreinlich und unpünktlich
im Hausgeschäfte, dabei verschwenderisch und puzsüchtig,
klatschhaft und unfriedlich, dem Manne jede Freiheit ver-
kümmernd, eigensinnig und herrschsüchtig, eigenmächtig
und unwahr, launig und köpfisch, so wird sie eben so
gewiß unglücklich seyn, als unglücklich machen. Namentlich ist Eitelkeit und Puzsucht, welche die Kasse des
Mannes durch nie befriedigte Ansprüche erschöpft, die
traurige Quelle mancher ehlicher Zerwürfnisse.

Auf der andern Seite sind freilich die Ehmänner
sehr oft nicht, wie sie seyn sollen. Du klagst z. B.,
dein Gatte sey ein Müßiggänger, ein Wohlleber, dem
Trunk und Spiele ergeben, ein Ausläufer, oder ver-
dächtig ehlicher Untreue, oder er behandle dich grob,
sey jähzornig, eigensinnig, verschlossen, schalte und walte
ohne Rücksprache mit seinem Weibe, gelte als streit-
süchtig, und sei unbeliebt in und außer dem Hause, ein
Tirann seiner Dienstbothen und Kinder, oder gleichgiltig
und ohne Zucht und Ernst ꝛc. Du sagst, es ist nicht
zu beschreiben, was ich auszustehen habe: und täglich
kommen andere Auftritte, und täglich ist mein Elend
neu. — Was kann ich dir erwidern? Ich habe das
herzlichste Mitleid mit dir; aber wie soll ich dir helfen?
— Du mußt deine Noth deinem Beichtvater oder Seel-

forger vortragen, aber du mußt, wenn du einen Beicht=
vater berathen willst, einen weisen, welterfahrenen,
frommen Beichtvater suchen — wo möglich einen sol=
chen, welcher dich und deine Verhältnisse kennt. Ihm
klage deine Noth. Er wird sich (soweit er es nicht schon
ist) von Allem ausführlich unterrichten lassen, was er
zu wissen braucht, um dir Rath und Weisung zu geben.
Im allgemeinen kann ich nur sagen: 1) Prüfe dich selbst
redlich, ob, und worin du selbst mit Schuld tragest an
den Fehlern deines Gatten. Sey herzlich bereit, dir es
zu gestehen, wo du selbst gefehlt hast oder fehlest. —
2) Sieh dich um Hilfe um gegen Fehler und Ver=
irrungen deines Gatten gleich von Anfang, und eh das
Uebel eingewurzelt ist. Suche die Hilfe aber vor Allem
in dir selbst. Deine milde Vorstellung, deine liebende
Bitte, dein immer sanftes Wort zur rechten Stunde
vorgebracht, vermag viel. — 3) Sey von Herzen de=
müthig. Dann bist du nicht empfindlich, nicht heftig,
nicht grob, nicht Trotz bietend, vielmehr versöhnlich, ge=
lassen, gleichmüthig. Demuth und Geduld über=
winden Alles. — 4) Klage deine Noth nicht rechts
und links. Klage sie Gott. Rufe seine Hilf und Gnade
an. Er hat es in seiner Hand, die Herzen zu lenken
wie Wasserbäche. Richte dich auf in dem Wort: Sein
Wille geschehe! — Endlich 5) Vergiß nicht, welche
Stufe von Vollkommenheit und Gottgefällig=
keit du in deiner gedrückten Lage erschwingen kannst.
Täglich im Glutofen des ehlichen Unglücks, wie viel
kannst du an Glauben, an Vertrauen, an Selbstver=
läugnung, an Geduld, an Starkmuth, an Gütigkeit,

Langmuth und Milde gewinnen! — Die Glückliche neben
dir heißt glücklich, aber sie ist es in Wahrheit nicht.
Du vielmehr bist es, denn du wirst von Jahr zu Jahr
geheiligter; sie dagegen verweltlichter. Die
edelste, theilnahmvollste, anspruchloseste, innerlich durch-
gebildetste und achtungswürdigste Frau ist laut aller Erfahrung stets die, welche in ihrem Leben viel gelitten,
getragen, geduldet, geweint, gebethet, gehofft und überwunden hat. Was durchs Feuer geht, wird von
Schlacken gereinigt.

17.

Jesus läßt sich von Johannes taufen, und geht in die Einsamkeit.

Es ist uns von der Geschichte der hl. Mutter und ihres göttlichen Sohnes nach dem zwölften Jahre bis zu seinem öffentlichen Leben nichts überliefert. Der hl. Evangelist sagt nur: „Jesus nahm zu, wie an Jahren, so an Weisheit und Liebenswürdigkeit bei Gott und den Menschen." Es versteht sich von selbst, daß die hl. Mutter bei dieser wachsenden Weisheit und Liebenswürdigkeit unendliche Freude hatte. Wenn ihr Sohn in den hl. Schriften las, und eine Einsicht in den Rath Gottes zeigte, vor welcher sie erstaunte, so war alle diese hl. Erkenntniß ihres Herzens Lust, denn sie war die Weisheit ihres Sohnes. Und wenn ihr Sohn ein großes weltumfassendes Liebe= herz offenbarte, so war dieses Herz ihre Wonne, denn es war das Herz ihres Sohnes. Und wenn er mit beharrlicher Anstrengung in der Werkstätte seines Va= ters arbeitete und diesen unterstützte, so war diese Ar= beitsamkeit und Unterstützung ihres Herzens Freude, denn es war die Arbeit und Mühe ihres Sohnes. Sie hatte tausend und tausend selige Stunden, denn sie hatte nicht

nur den Sohn des Allerhöchsten, sondern auch den edel=
sten und besten der Menschensöhne.

Eigentlich sollte es überall so seyn, daß die Kin=
der, je älter sie werden, ihren Vätern und Müttern
stets wachsende Freude bereiten. Wie wenig ist ein
kleines Kind! Es hat noch nicht Verstand, hat
eine bloß sinnliche Liebe, kein Geschick und keine Brauch=
barkeit. Dennoch macht es seinen Aeltern große Freude.
Um wie viel mehr wird dasselbe deren Lust seyn, wenn
sein Geist sein Herz und seine Lebenstüchtigkeit im Lauf
der Jahre mehr und mehr entwickelt ist! Diese reine
Frömmigkeit, diese jungfräuliche Züchtigkeit, diese herz=
liche Anhänglichkeit an Aeltern Lehrer und Freunde,
dieses frische überall beispringende Wohlwollen, diese
mannigfache Gewandtheit und Geschicklichkeit, dieses
gesunde Urtheil über Leben und Lebensverhältnisse 2c.,
welches in der heranreisenden Jugend hervortritt —
muß es nicht das Herz jeder Mutter hoch erfreuen?
Und ist ein kleines Knäblein oder Mägdlein der Mut=
ter Freude, so muß es viel mehr der Jüngling und
die Jungfrau seyn. Warum doch ist es in der Wirk=
lichkeit nicht so? Warum heißt es: Kleine Kinder,
kleine Sorgen; große Kinder, große Sorgen? Woher
so manches Herzeleid, das der Mutter von Sohn oder
Tochter verursacht wird? — Ich weiß nicht, wie viel
davon auf Rechnung einer schlimmen Natur und böser
äußerer Einflüsse fällt: Vieles jedoch, oft das Meiste,
manchmal Alles fällt auf die Schuld der Aeltern selbst:
sie ärndten, was sie gesäet. Ich will nicht die ver=
kehrten Erziehungsweisen, deren ich schon oben gedacht

habe, noch einmal aufzählen. Aber wahr ist: Große
Kinder sollten den Aeltern große Freude machen. Und
es ist unnatürlich, es ist gegen Absicht und
Ordnung des Schöpfers, wenn es nicht so ist. Wahrlich, man muß die Aeltern, man muß namentlich die
Mütter sehr bemitleiden, die nach jahrelangen Sorgen
und Mühen nichts haben als ein grobes, eigensinniges,
leichtfertiges, träges, gottvergessenes Kind. Aber das
ist, wie gesagt, nicht der Wille Gottes, sondern vielfach Werk unverständiger Aeltern, die sich bemühen um
ihre Werkstatt, um ihr Vieh, ihr Feld oder ihre Schrei-
berei, nie aber sich besinnen, wie man Kinder erziehe, und meinen, diese wachsen ohngefähr wie die
Bäume von selbst heran.

Ihr aber, ihr herangewachsene Söhne und Töchter!
Merket auf, ob euch die Leute noch eben so lieben,
als sie euch, da ihr Kinder waret, geliebt haben. In
Wahrheit solltet ihr itzt liebenswürdiger seyn, als damals, weil nach Verstand, Herz und Geschick ausgebildeter. Wenn ihr euch aber nun nicht geliebt, und
nur etwa von Geschlechtsinteressen aufgesucht sehet,
wie habet ihr eure Bildungszeit verloren! Ach, nicht
an Liebenswürdigkeit habet ihr gewonnen, sondern der erbsündliche Zustand ist zur Entwickelung gekommen — die gemeine Sinnlichkeit, der Stolz, der
Eigensinn, die Grobheit, die Schadenfreude, das lieb-
lose Urtheil u. s. w. Und weiter merket auf, und du
besonders o Tochter! nimm wahr, ob deine Aeltern,
ob namentlich deine Mutter noch eben so viele Freude
an dir habe, als sie an dir gehabt hat, da du noch

Kind warest. Eigentlich wohl sollte sie izt noch größere Freude haben, weil du damals nur erst eine verschloffene Knospe warest, izt aber eine aufgeschloffene in Fülle prangende Blume bist oder doch seyn sollst. Wie müßte es dich beschweren, wenn du dir gestehen müßtest, daß deine Aeltern, daß namentlich deine Mutter unzufrieden mit dir ist, und es mit ihrer Freude ein Ende hat. O, wie hättest du dann ihre Mühen, Sorgen und Hoffnungen getäuscht! Wenn du ein neugebornes Kind siehest, bemerke, wie tausend Mühe es der Mutter macht, bis es nur laufen kann; und wie tausend Sorge und Kosten, bis es zur Schule geht, und endlich zum Tische des Herrn: siehe, solch ein Kind warst du auch, und alle diese Mühe und Sorge machtest du auch; und mit all dieser Geduld und Liebe wardst auch du von deiner Mutter gepflegt: wie muß es dir seyn, wenn du dir sagen mußt: meine Mutter hat an mir für all das keine Freude; ich mache ihr durch Ungehorsam, Leichtsinn, herbe Worte, Launenhaftigkeit ꝛc. Tag für Tag Verdruß und Sorge. Ich war einst vor Gott und Menschen liebenswürdig; izt nicht mehr! — Leider wirst du das vielleicht nicht sagen, vielmehr Recht haben, in deinen Augen liebenswürdig seyn, und die Schuld des oft getrübten Verhältnisses auf die Eigenheiten der Mutter schieben. — Ach, wie bist du so verblendet! —

Als Jesus mit zwölf Jahren seine Aeltern ziehen ließ, und allein zu Jerusalem im Tempel zurückblieb,

11 *

so war das wohl schon eine Vorbedeutung für die
Zukunft. Es kommt die Zeit, wo Er zum zweitenmal, aber nun für immer hinweggeht, und in dem
bleibt, was seines Vaters ist. Freue dich
darum der ungetrübten Freude, heilige Mutter,
die du hast, so lange dein Sohn noch bei dir ist; bald
wird er weggehen, und deine Seele unstet getrieben
werden von Freude zu Schmerz und von Schmerz zu
Freude.

Und als er endlich wegging, was sagte Er seiner
theuren Mutter? — Ich muß hingehen, sagte er
ohne Zweifel, und das Werk thun, welches
mir mein Vater aufgetragen. Es überraschte
die Mutter nicht, und betrübte sie nicht. War ja der
Täufer bereits in der Wüste mit dem Rufe aufgetreten: „Thut Buße! Lasset euch taufen! Dem
ich die Schuhe zu lösen nicht werth bin, ist
bereits mitten unter euch. Ebnet seine
Wege!" Also mußte wohl Der, welchen Johannes
verkündete, hervortreten. Und hatte sie Ihn nicht dazu
empfangen und geboren, daß er ausgehe, einen großen
Auftrag vollführe, und das Reich herstelle seines Vaters David?

Nur war von einem sichtbaren Glanze dieses Reiches, und einer irdischen Herrlichkeit keine Spur. Aber
die hl. Mutter, die demuthvolle Magd des Herrn, ließ
sich dadurch nicht beirren. Was sich bisher entwickelt
hat, war wunderbar und gnädig; was sich weiter entwickeln wird, wird nicht weniger weise und gnädig
seyn: also geschehe des Herrn Wille!

Der größte Theil der Mütter muß ihre Kinder, zumal die Söhne, nachdem sie groß geworden sind, verlieren. Die erwachsenen Kinder ziehen aus vom väterlichen Hause, gehen in die weite Welt, gründen ihr eigenes Hauswesen, und leben dem Berufe, welchen sie sich gewählt. Wohl! der junge Baum muß wachsen, der alte stirbt ab. Du hast, o Mutter! dein Kind erzogen, daß es seine Stelle einnehme in der Welt, und Gott diene, und den Menschen nützlich sey an seinem Ort. Laß es darum ziehen, opfere es Gott und seinem Berufe, gieb ihm deinen Segen, und geleite es mit deinem Rathe und deinem Gebethe!

Du hast von jeher in deinem Kinde gelebt, und gern mochtest du dir selbst weh thun, um ihm wohl zu machen. Aber izt rathe ich dir doch, nicht so weit zu gehen, daß du dich selbst ausziehest, und von der Freigebigkeit deines Kindes abhängig werdest. Weißt du nicht, daß „der Mann Vater und Mutter verläßt, und seinem Weibe anhängt", und daß die Verheuratheten nicht rückwärts schauen auf ihre Aeltern, sondern vorwärts auf ihre Kinder? Seze dich, wo möglich, in den Stand, geben zu können, denn „seliger ist geben, als empfangen". Und von seinen Kindern sich verlassen sehen, ist hart. — Ihr Töchter aber, die ihr euern eigenen Herd in oder außer dem älterlichen Hause gründet, vergesset nie der Liebe — der Mühen und Sorgen eurer Aeltern um euch! Wenn die erwachsenen Thiere ihren Weg gehen, und nicht fragen, woher? so finden wir es natürlich, weil es Thiere sind, auch haben sie als klein wenig

Mühe gemacht. Wenn aber Kinder ihrer Aeltern vergessen oder denselben wohl gar gram sind, so ist das unnatürlich und verdammungswürdig, weil sie als Klein unsägliche Mühe und Sorge gemacht, und einen Verstand und ein Herz empfangen haben, diese Sorge und Mühe zu erkennen und zu fühlen. — Warum läßt die Natur eure Aeltern gebrechlich und schwach werden? Ist sie nicht gütig gegen sie? — Gewiß. Aber sie hat ihnen Stüze und Hilfe zubereitet in euch. Sie hat euch Gelegenheit gegeben, Liebe mit Liebe zu vergelten. Soll die Natur sich, soll Gott sich in euch getäuscht haben? — Es sey ferne! „Wer seinen Vater ehrt, wird lange leben, und wer dem Herrn gehorcht, wird seine Mutter erquicken. Nimm dich deines Vaters im Alter an, und wenn er schwach würde an Verstand, so habe Nachsicht mit ihm, und verachte ihn nicht in deiner vollen Kraft. Denn der Segen des Vaters befestiget der Kinder Häuser, der Fluch der Mutter aber zerstört ihre Grundfesten." Jes. Sir. K. 3.

Aber, nun Jesus von dem älterlichen Hause wegging, wohin wendete Er sich? — Johannes war seit geraumer Zeit am Jordan aufgetreten, verkündete daselbst den ohne Verzug kommenden Messias, predigte Buße zur würdigen Aufnahme desselben, und weihete für sein Reich ein durch eine Taufe zur Vergebung

der Sünden. Dahin nun — zu Johannes, begab sich
Jesus, um von ihm auch selbst die Taufe, d. i. die
Einweihung zu dem messianischen Reiche zu erhalten,
welches Er eröffnen und aufrichten sollte von nun an.
Und siehe, während Jesus sich von Johannes taufen,
und damit in das messianische Reich einführen ließ,
wurde Er gleichzeitig auch von seinem himmlischen Vater eingeführt. Der heilige Geist ließ sich in sichtbarer
Gestalt über Ihm nieder, und eine Stimme erscholl vom
Himmel: „Du bist mein geliebter Sohn, an dir
habe ich mein Wohlgefallen."

Wenn die hl. Mutter von dem Zusammenkommen
ihres Sohnes mit Johannes hörte, oder vielleicht selbst
dabei zugegen war, was wird wohl in ihrer Seele
vorgegangen seyn? Unfehlbar trat die Erinnerung
an ihren einstigen Besuch bei Elisabeth lebhaft in
ihre Seele. Welch ein Mann, dieser Johannes, der
damals im Mutterleibe aufhüpfte! Welcher gewaltige Prediger! Welcher ernste, allgemein mit Ehrfurcht angeschaute Verkünder des nahenden Messias! Welcher hehre Repräsentant der höchsten Sitten-
strenge und Weltverläugnung! Wie hat sich das pro-
phetische Wort des Zacharias erfüllt: „Du, mein
Kind, wirst ein Prophet des Allerhöchsten
genannt werden, denn du wirst dem Herrn
vorangehen, um ihm den Weg zu bahnen, um
sein Volk zur Erkenntniß des Heils zu führen, in Vergebung seiner Sünden!" — Und
siehe, schon ist Der, den ich einst zu Elisabeth getragen, bei ihm, und der Vater im Himmel hat ihn er-

klärt als seinen Sohn. Von nun beginnt er sein
Werk. Ach, dachte sie, lebte Elisabeth noch, und
wäre hier! und wir sähen die einstigen Kinder, die
uns Gott gegeben, nun beisammen am Jordan,
als Männer voll des heiligen Geistes und der Kraft,
beglaubigt vom Himmel herab — den Einen schon am
Ziele seiner Sendung, den Andern am Anfang! —

18.

Die Hochzeit zu Kana.

Johannes hatte, auf Jesum hinzeigend, zu seinen Jüngern gesprochen: Sehet das Lamm Gottes! Dieser ists, von dem ich gesagt: Nach mir kommt ein Mann, der vor mir gewesen, und auf Den ich getauft habe und taufe. — Natürlich giengen auf dieses Wort Jünger des Johannes Jesu sogleich nach; Andere, welche Ihm folgen sollten, berief Jesus selbst, und so sammelte sich schnell eine Zahl von Männern um Ihn als um den Messias. Das war der unscheinbare Anfang jenes Reiches, worin Tausende von Millionen aus allen Völkern und Stämmen gesammelt seyn sollten um Ihn.

Was Ihm diese Erstlinge seiner Anhänger zubrachten, war eine kindliche Glaubenswilligkeit. Allein ein gutmüthig-zuvorkommender Glaube reichte für die Prüfungen, welche später bevorstanden, nicht aus; der Glaube an Ihn mußte auf unerschütterliche Grundlagen gestellt werden. Daher von Anfang an jene Wunderthaten, worin Jesus vor seinen Jüngern auftrat als ein Mann, ausgerüstet mit göttlicher Macht und Liebe. Die Jünger sollten Ihn gleichsam mit den

Händen als den von Gott Verheißenen und Gegebenen greifen können.

Die erste dieser Wunderthaten geschah schon drei Tage nach der Berufung von Jüngern. Es war nemlich eine Hochzeit zu Kana in Galiläa, wozu Jesus, seine Mutter, sammt den Jüngern geladen waren. Da Jesus eine nicht unbedeutende Zahl von Gästen mitbrachte, legte sich der umsichtigen und fürsorgenden Seele der Mutter das Bedenken nahe, ob wohl für so viele zum Theil nicht in Berechnung genommene Gäste genugsam Speise und Getränk vorhanden seyn möchte, denn um Alles wollte sie die Brautleute nicht etwa beschämt sehen. Sie bemerkte das ihrem Sohne, welcher sie indeß beruhigte, indem er die Sache auf sich zu nehmen zusagte. Wirklich fieng es nun an, an Wein zu fehlen, und die hl. Mutter in ihrer Fürsorge war die erste, welche es bemerkte. Sie machte ihren Sohn unverzüglich darauf aufmerksam. Dieser jedoch wollte nicht gedrängt seyn, sagte vielmehr: „Meine Stunde ist noch nicht gekommen." — Also daß er Rath schaffen werde, wiederholte er, nur wollte er damit noch zuwarten, denn es mußte, wenn sein Werk nicht übersehen werden sollte, die Wahrnehmung, daß kein Wein mehr da sey, allgemein seyn. Die Mutter indeß unterrichtete die Aufwärter, ohne Zögern Alles zu thun, was Jesus ihnen auftragen würde. Endlich war die Verlegenheit der Brautleute und der Gäste peinlich. Und nun befahl Jesus die sechs steinerne zum Waschen bestimmte Wasserkrüge mit Wasser zu füllen. Die Diener füllten dieselben bis oben an.

Dann sprach Jesus: Schöpfet daraus, und bringet es dem Speisemeister. Der Speisemeister kostete das Gebrachte, und fand den köstlichsten Wein. Er dachte nicht anders, als der Bräutigam habe den Wein irgend woher kommen lassen, und sagte zu demselben: „Sonst giebt man zuerst den besten Wein, und wenn man genug getrunken hat, den geringern, du aber hast den besten Wein bis izt aufgehoben." Allein der Bräutigam hatte keinen Wein aufgehoben oder kommen lassen, und fragte eben so verwundert als erfreut die Diener, Wer ihnen den Wein gegeben, und woher sie ihn gebracht? Da stellte es sich denn heraus, daß sie auf das Geheiß Jesu Wasser geschöpft hatten, und daß das Wasser Wein geworden war. Man kann sich denken, mit welchem Auge und Herzen die Jünger auf diese That hin Jesum angeblickt haben werden. Mit einem begeisterten Glauben, und mit einer unendlichen Ehrfurcht Hingebung und Hörwilligkeit folgten sie Ihm. Die hl. Mutter aber sah hier das erstemal in ihrem Sohne den Sohn des Allerhöchsten hervortreten; mit der höchsten Lebhaftigkeit trat die ihr gewordene erste Ankündigung vor ihre Seele; mit großer Ehrerbietigkeit schaute sie den Gottessohn an, nnd nichts war ihr klarer, als daß er, ohne alle äußere Macht, blos durch die in ihm wohnende Kraft den Thron seines Ahnherrn David herstellen könne und werde. Und behielt sie dieses und jenes Wort, das ihr bezüglich auf Ihn gesagt war, tief im Herzen, wie Vieles wird sie über das heutige Ereigniß gedacht und empfunden haben! Daß Er alle Verlegenheit gehoben, und den heutigen

Tag zu einem großen Freudentag der Gäste gemacht
hatte, trat ganz in den Hintergrund, aber das bewegte
mit überwältigender Macht ihre Seele, daß sie ihren
Sohn gesehen, voll der Gnade und der Kraft
Gottes.

Wenn Maria so besorgt war, daß es den Gästen
an nichts fehle, und wenn sie die Erste den eingetretenen Mangel an Wein bemerkte, und ihren Sohn um
Abhilfe bath, so erkennen wir darin ein theilnahme-
volles, jede Noth oder Verlegenheit Anderer lebhaft
mitfühlendes, und hilfebereites Herz. Hatte sie nun
ein solches Herz schon, eh sie den schmerzvollen Gang
durch dieses Leben gemacht, und eh sie die Feuertaufe
des hl. Geistes empfangen, und eh sie in den Himmel
aufgenommen war: wie können wir ihr Herz groß,
mitleidvoll, hilfewillig und fürbittend genug denken izt,
nachdem sie vollendet ist? — Wie viele herzliche
Theilnahme, Sorge und Aufopferung für Andere hat sich zu allen Zeiten bei dem weiblichen
Geschlechte gezeigt! Das Andenken hieran erfüllt uns
mit der höchsten Hochachtung und Bewunderung. Dennoch war unter allen diesen Millionen von Frauenherzen keines so groß geschaffen, als jenes der hl.
Mutter. Darum heißt und ist sie die Mutter der
Barmherzigkeit und des Trostes; und Millionen
und Millionen Gepreßter und Bangender haben zu
allen Zeiten ihr Mitleid und ihre Fürbitte angefleht.
Ja die katholische Kirche begrüßt sie nicht nur als
Trösterin der Betrübten und als Helferin der
Christen, sie ruft in ihren Gebethen ausdrücklich ihr

mildes Erbarmen mit den Worten an: „Wie heimathlose Kinder Evas schreien wir zu dir.
Wehklagend und weinend seufzen wir in diesem Thränenthale. Sey du unsere Fürsprecherin, und wende deine Augen, die er-
barmungsvollen, zu uns.“ Gewiß mit Recht.
Denn, wie gesagt, unter allen Millionen mitleidvoller
und hilfreicher Frauenherzen war keines so groß geschaffen, als jenes Marias; und war sie auf Erden
besorgt, einer häuslichen Verlegenheit abzuhelfen,
um wie viel mehr wird sie im Himmel geneigt seyn,
unsere großen Nothstände anzusehen, und dieselben
fürbittend ihrem göttlichen Sohne vorzutragen. Denn
ach, tausend und tausend unserer Bedrängnisse sind ohne
Vergleich größer und tiefer, als die Verlegenheit zu
Kana; Maria aber, als Mutter des Heilandes der
Welt, macht als Mutter Geist und Reich ihres
Sohnes zu dem eigenen, und es ist daher das Heil
der Welt, es ist die ganze Menschheit, was sie
liebend besorgt und fürbittend in ihrem Herzen trägt.
Wie klein in der That ist unsere Vorstellung von ihr,
wenn wir sie uns als eine Selige denken, welche in
ihrer himmlischen Herrlichkeit ihre Mutterschaft abge-
than hat, und nur noch sich selbst, ihrer eigenen Seligkeit, und etwa ihrer glorreichen Umgebung
lebt! — Nein! sie hat die Mutterschaft des Weltheilandes mit sich genommen, und trägt eben damit
die gesammte Menschheit in ihrem Herzen. Stehe darum nicht an, du Bedrängte! sie vertrauensvoll in
deinen Nöthen anzurufen. Laß sie deine Fürsprecherin

seyn! Aber dabei vergiß das Wort nicht, welches sie
zu Kana den Aufwärtern sagte: „Alles, was Er
euch sagen wird, das thut!" Hoffe nicht Fürbitte
noch Hülfe, wenn du an den Sohn nicht glaubst, und,
was Er dir sagt — sein Geboth, nicht beobachtest.

Wenn wir die theilnahmvolle, die besorgte und sorgende Mutter sehen, erinnern wir uns unwillführlich
an das Frauenherz, wie dasselbe von dem Schöpfer
gemacht ist für häusliche Sorge, Theilnahme,
und Thätigkeit. Schon in der an Seele und Leib
gesunden Jungfrau offenbart sich das; noch mehr in
der Gattin und Hausfrau. Ihr Mann, ihre Kinder,
ihre Dienstbothen, ihre Verwandten und Bekannten, die
Armen, die Verlassenen, die Kranken — sie Alle liegen
ihrem Herzen nahe, und von früh bis spät, und
Tag für Tag trägt sie sich mit der Liebe und Sorge
für sie. Was ist es doch Großes, Preis- und Liebe-
würdiges um eine weibliche Seele, deren Leben aufgeht in Anderen, und sich bewegt in der sinnenden und
sorgenden Thätigkeit für sie! — In den Sprüchen Salomos heißt es: „Ein tapferes Weib, Wer wird
es finden? Weither, von den äußersten
Grenzen ist ihr Werth. Sie sorgte für Wolle
und Flachs, und arbeitete nach Lust ihrer
Hände. Sie ist geworden, wie ein Handels-
schiff; von ferne her bringt sie ihre Nahrung.

Sie stand in der Nacht auf, und gab die Aus-
beute ihren Hausgenossen, und zu essen ihren
Mägden. Sie ersah sich einen Acker, und
kaufte ihn; von dem Gewinn ihrer Hände
legte sie einen Weinberg an. Mit Kraft
umgürtete sie ihre Lenden, und strengte ihren
Arm an; nie erlosch bei Nacht ihre Lampe.
Ihre Hände legte sie an den Spinnrocken,
und ihre Finger an die Spindel. Ihre Hand
öffnete sie den Dürftigen, und ihre Spanne
streckte sie gegen die Armen. Sie fürchtete
sich nicht vor Winters Kälte, denn ihre Hausgenossen hatten doppelte Kleidung. Die kost-
barste Kleidung machte sie sich selbst. Ihr
Anzug war feinbaumwollener und purpur-
färbiger Zeug. Ihren Mund öffnete sie der
Weisheit, und das Gesez der Güte war auf
ihrer Zunge. Die Lebensweise ihrer Hausgenossen überwachte sie, und Brod aß sie nie
müßig. Trügerisch ist Anmuth, eitel ist Schönheit. Das Weib, das Jehova fürchtet, soll
gelobt werden." — Sehr treffend nennt Salomo
das Weib, dessen ruhmwürdiges Thun er in der angegebenen Weise schildert, ein tapferes Weib. Das
feige, weichliche Weib, welches ihrer Sinnlichkeit,
ihren Launen, ihren unangenehmen körperlichen Empfindungen nachgiebt, ist in allen Punkten das gerade
Gegentheil. Man sieht sie Nachts nicht bei der Arbeit,
vielmehr in Gesellschaft, im Theater, am Spieltisch rc.
Man sieht sie nicht in Stoffen gekleidet, die sie selbst

erzeugt hat, vielmehr vom Kopf bis zum Fuße in
fremdländischem Puze. Man sieht sie nicht am Spinnrocken, noch weniger an der Waschbank rc., vielmehr
schiene ihr Solches unschicklich: das gehört den Mägden.
Man findet nicht, daß sie ihre Arme mit Kraft an-
strengt, vielmehr ist es ihr zuviel, nur ihre Kinder
zu reinigen und anzukleiden, oder sich selbst frischweg
anzuziehen, um an ein Geschäft zu kommen. Daß sie
für doppelte Bekleidung ihrer Hausgenossen sorgte, das
kommt ihr nicht zu Sinn. Die Dienstbothen sind ihr
wie Geschöpfe niederer Art; es fällt ihr nicht bei, zu
denken, ob sie frieren oder huugern; sie meint, für sie
sey Alles gut genug; und während für Puz und Vergnügen Summen hinausgehen, kargt sie ihnen den
Bissen ab, welcher ihr zu fett scheint. Gegen die Dürftigen hin streckt sich ihre Hand nicht aus. Sie hat für
den Kummer und Hunger der Armen kein Gefühl, denn
sie hat ihn nie empfunden; und hat für sie auch keine
Hilfe, denn ihr Geld geht für Anderes auf. Sie will
in ihrer innern Leerheit und Weichlichkeit nur ja kein
Mißbehagen, vielmehr Unterhaltung, Zerstreuung, wech-
selnden Genuß. Da das aber oft fehlt, und auch leib-
liches Mißbehagen zuweilen eintritt, so ist (weil alle
Selbstbeherrschung, alle Willenskraft, aller sittliche Ernst
fehlt) böse Laune, Widerwärtigkeit gegen Mann Kinder
und Hausgenossen, mißmuthige und unaufhörliche Klage
wegen Uebelbefinden, Forderung größter Theilnahme und
Aufmerksamkeit unausbleiblich; und sie wird sich selbst
und Andern eine schwere Plage.

Wer eine Hausfrau wird, muß die Phantasien von

einem irdischen Paradiese, und die schwelgerischen Erwartungen eines genußvollen Sinnenlebens von sich
thun. Handelte es sich um einen Himmel auf Erden,
wozu brauchte man denn die weihende und stärkende
Gnade des hl. Sacramentes der Ehe? — „Du sollst
mit Schmerzen Kinder gebähren." Dieses Wort,
von Gott dem strafenden im Paradiese gesprochen,
gilt nicht blos den Geburtsschmerzen, sondern dem
ganzen Stand und Verhältniß der Frau. Ihr
Beruf ist voll Mühe und Beschwerde; und Wer denselben antritt, muß es thun mit großem Muthe im
Herzen, mit hoher Opferwilligkeit, und in getroster Erwartung und Hinnahme vieler Arbeit und Mühsal.
Sie muß ein starkes Weib seyn. Denn siehe, sie muß
tausendmal, wenn sie noch gerne ruhen möchte, oder
sich unwohl fühlt, aufstehen, die Kinder reinigen und
anziehen, das Morgengebeth mit ihnen verrichten, für
ihr Frühstück, und daß sie zur rechten Zeit in der
Schule seyen, Sorge tragen, dem Gesinde seine Arbeit
geben und es beaufsichtigen, Fürsorge für Verpflegung
des ganzen Hauses treffen, Einkäufe machen und machen
lassen, u. s. w. Gerne möchte sie oft hinliegen, und
ihrem Unwohlseyn Rücksicht tragen, aber es kann nicht
seyn, es fehlet ihr die Zeit. Sie muß in die Küche,
in das Waschhaus, in den Garten, auf den Markt, auf
das Feld. Sie muß selbst sehen, das Geschäft selbst
thun, wenigstens mitarbeiten. Wo ihr Auge nicht ist,
da fehlt es. Und ist das häusliche Geschäft besorgt,
so liegt ihr vielleicht noch ein Kind krank, oder ein
Armer: sie muß pflegen, trösten, Speise senden und

erquicken. Und sind ihre Kinder auch wohl, wie viel muß sie hüten und wehren! Wie vieles richten und schlichten! Nie findet sie Ruhe. Wenn man am Tische ist, hat sie Freude, wenn es Allen wohl geht, und soll Jemand verkürzt werden, so ist sie es, welche sich mit dem Wenigeren und Geringeren begnügt, weil sie die Erste ist in der Liebe, die Lezte in den Anforderungen. Sie ist sparsam, aber vornehmlich an sich selbst, namentlich ist sie bescheiden in der Kleidung, für edlere Zwecke erübrigend, was so tausendfach von einem gefallsüchtigen Luxus verzehrt wird. Die Härten und Fehler ihres Mannes fühlt sie, aber erwidert sie nicht: sie ist dafür zu demüthig und Gott ergeben. Die Härten und Fehler ihres Mannes rügt sie, aber sie ersieht sich den rechten Augenblick, und erdenkt das treffendste und mildeste Wort. Mit dem Unverstande ihrer Dienstleute hat sie Geduld, und je weniger sie diesen Unverstand tragen muß, desto großmüthiger trägt sie ihn, belehrend und mahnend als eine Mutter. Sie sorgt gewissenhaft für Beobachtung der Hausordnung, hält ihre häusliche Andacht, wobei Kinder und Dienstleute erscheinen müßen, schickt leztere treulich in die Kirche, und besucht nicht selten nächtlich die Schlafstätten ihrer Mägde ꝛc. Ach, was ist sie Tag für Tag und Jahr für Jahr geplagt! Aber eben darum hinweg mit den sentimentalen Bildern von der Ehe, wie leichtsinnige und unwissende Bücher sie schildern! Sey du ein starkes Weib! Ein starkes Weib ist auch ein glückliches Weib. Alle Romanenweiber sind unglücklich, weil sie die geträumte Welt nicht finden, für die

wirkliche Welt aber keine Kraft und keinen Muth haben.
Nur das starke Weib ist glücklich. Man wähne nicht,
daß ihre Mühsal sie unglücklich mache. Nein! Gott
hat dem Weibe ein Herz gegeben, das von Natur liebe-
und opferreich ist. Sie thut, wenn sie alle diese Mühen
trägt, nur etwas, was ihr in ihrer Frömmigkeit, Liebe
und Demuth natürlich. Daß nur ihre wahre weibliche
Natur kräftig entwickelt und gebildet worden sey! —
Dann aber kommt zu der natürlichen Anlage die Gnade
des hl. Geistes, und hebt und stärkt den Starkmuth des
Herzens, und die geduldige demuthvolle Ausdauer. Wie
müde legt sich die Rastlose oft zu Bette, aber mit
einem großen Seelenfrieden! Wie halbausgeruht
steht sie oft auf, aber mit einem großen Muthe. Schon
opfert sie, die bevorstehenden Mühen des Tages über-
schauend, ihre Arbeit in Liebe Gott auf. — Welch ein
Unterschied zwischen ihrem Leben und Wirken und jenem
so mancher ihrer Schwestern! Aber nun auch welch ein
Unterschied muß seyn, wenn beide am Ende ihrer Tage
nach Hause gehen, den Lohn ihrer Werke zu empfangen!
Der König und Richter wird zu der einen sagen: „Du
gute und getreue Magd! Da du treu gewesen
über Weniges, so will ich dich sezen über
Vieles. Gehe ein in die Freude deines Herrn!"
Zu den anderen aber wird er sprechen: „Die Nichts-
würdigen, werfet sie hinaus in die äußerste Finsterniß!"

19.

Maria in der Zeit der öffentlichen Thätigkeit Jesu.

a. Ihre Freuden.

Nach der Hochzeit zu Kana bis zu den Leiden Christi geschieht der hl. Mutter in dem Evangelium nur noch einmal Erwähnung, nämlich damals, als sie gekommen war, ihren göttlichen Sohn zu besuchen, und man diesem sagte: „Siehe, deine Mutter und deine Brüder sind draußen, und fragen nach dir." Es scheint demnach, als wissen wir während dieser ganzen Zeit nichts von ihrem Leben. Allein dem ist nicht so. Das Leben ihres göttlichen Sohnes war auch das ihrige: Alles, was dieser that, und was diesem begegnete, das lebte ihr Mutterherz mit. Wissen wir daher das Leben des Sohnes, so wissen wir auch das Leben der Mutter.

Ihr Sohn lehrte, und zwar nicht wie die herkömmlichen Lehrer, sondern wie Einer der Macht hat. Alles Volk erstaunte über seine Vorträge, und fragte verwundert: „Woher hat Er solche Weisheit?" — Werden wir irren, wenn wir annehmen, seine hl. Mutter sey eine oftmalige und eifrige Hörerin gewesen? — Sie mit ihrem hohen Geiste und sinnenden Gemüthe war es ganz vorzugsweise, welche in die Tiefe seines Wortes eindrang, aber eben darum nach diesem Worte eifriges Verlangen, und an demselben hohe Seelenlust hatte. Wenn der Sohn sagte: „Ich stamme von Oben"; „Ich bin, eh Abraham war"; „Ich lehre, was ich beim Vater gesehen"; „der Vater ist in mir und Ich in Ihm" ꝛc., welchen Eindruck mußte das auf die Mutter machen! Das Wort: daß Er beim Vater gelebt, eh Er in die Welt kam, daß der Vater Ihm Alles zeige, daß, Wer Ihn sehe, den Vater sehe ꝛc., war der Gegenstand unerschöpflichen Nachdenkens, und überwältigenden Hochgefühles für sie. — Wenn der Sohn sagte: An mir ist die Schriftstelle erfüllt, wo es heißt: „Deßwegen hat mich der Herr gesalbt, daß ich den Armen das Evangelium predige; gesandt hat er mich zu heilen, die gepreßten Herzens sind, den Gefangenen Loslassung, und den Blinden das Sehen zu predigen." „Selig von nun die Armen, denn für sie ist das Himmelreich; selig die Sanftmüthigen, sie werden das Erdreich besizen; selig die Traurenden, sie werden getröstet werden; selig, die nach Gerechtigkeit hungern und dürsten, sie werden gesättigt werden" ꝛc., wie beschäftigte das den Geist der hl. Mutter! — „Jesus" sollte das Kind heißen d. i. Erlöser; „Friede den Menschen, die eines guten Willens sind", hatten die Engel über dem Neugebornen gesungen; eine große Freude allem Volke hatten sie den Hirten verkündet: Siehe, dachte die Mutter, wie sich das erfüllt! Der armen Leute nimmt

er sich an, der unwissenden, der Schafe, die ohne Hirten
umherirren, der Hungernden, denen die Gesezlehrer keine
Nahrung geben. — So hat die hl. Mutter ohne Unter=
laß zu hören oder auch sich erzählen zu lassen, und
über das Gehörte oder Berichtete zu sinnen und zu
denken.

Neben den Lehren waren es die großen T h a t e n
ihres Sohnes, in denen die Mutter lebte. Sie sah
deren manche selbst, andere wurden ihr berichtet, be=
reits täglich gab es deren neue. Es waren lauter
Unglückliche — Lahme, Taube, Stumme, Blinde, Aus=
säzige, Besessene, Trübsinnige, Gichtische, Fieberkranke
und sonstige Leidende, an denen diese Thaten geschahen.
Wie ward das Mutterherz gerührt durch den Anblick
so vieler Noth, die sich um ihren Sohn sammelte! Wie
erfreute es sie, wenn sie den Glauben der Leute sah,
ihr vertrauensvolles Anbringen, darauf ihre Heilung,
und dann den Jubel der Geheilten! Noch lange nach=
her stand dieser und jener Unglückliche mit dem schmerz=
lichen Ausdruck seines Leidens, mit dem festen hoffenden
Ausdruck seiner Zuversicht, und mit dem unbeschreib=
lichen Ausdruck seiner ob der plözlichen Genesung gott=
lobenden Seligkeit vor ihrer Seele. Sie fühlte Leiden
und Glück aller Gesundgewordenen und ihrer Angehö=
rigen herzlich theilnehmend mit. Wie reich an Freude
wurde ihr Seelenleben durch ihre Liebe!

Und dann war es der Sohn, in welchem solche
Barmherzigkeit und Gotteskraft wohnte. Wie erhob es
ihre Seele, wenn Er sprach: „Ich will es; sei
rein!" und es war so; wenn Er sprach: „Gehe aus

du unreiner Geist!" und es geschah so; wenn Er
sprach: „Komm hervor, oder: Stehe auf du
Todter!" und der Todte kam oder richtete sich auf!
— Ja, wie gern weilte sie bei der Erinnerung an den
gnadenvollen oder mächtig gebietenden Blick, an den
gewaltig ausgestreckten Arm, und den gütevollen oder
befehlenden Ton seiner Stimme! — Besonders erhebend
war es ihr, daß eine Kraft von ihm ausgieng, von
welcher Alle (wenn sie Ihn auch nicht ausdrücklich
bathen) geheilt wurden, so sie Ihn nur mit Glauben berührten; ebenso, daß sein Wort und Wille
nicht nur auf die Gegenwärtigen heilend wirkte,
sondern auch auf Abwesende und Ferne; daß sich
Ihm nicht nur Geister und Krankheiten, sondern
auch die Elemente — Luft und Wasser unter-
warfen; und endlich, daß seine Kraft nicht nur in ihm
war, sondern auch in denen, welchen Er sie verlieh,
so, daß diese in seinem Namen wirken konnten, wie
Er selbst. Welch ein unendlicher Stoff ihrer Bewunderung und Freude! —

Aber nun kommt hinzu der Ruhm ihres Sohnes, der sich weit über Judäa und Galiläa hinaus
erstreckte, das Erstaunen des Volkes, die Lobpreisungen
desselben und alle die Zeichen der höchsten Ehrfurcht,
Bewunderung und Dankbarkeit, die eine begeisterte
Menge auffindet, und in ihrer Begeisterung dem Be-
wunderten zollt. „Ein großer Prophet, riefen sie,
ist auferstanden; ja dieser ist der Prophet, welcher in die Welt kommen soll; Hosianna dem
Sohne Davids! Er hat Alles wohl gemacht.

Selig der Leib, der dich getragen, und selig die Brüste, die du gesogen." Alle diese Zurufe, wie sie immer wieder von einer andern Seite und immer wieder in Folge einer neuen Großthat erschollen, klangen tief in das Mutterherz hinein. Hundertmal dachte sie: Bin ich nicht die Gebenedeite unter den Weibern? Ist nicht der Herr mit mir? Bin ich nicht voll der Huld Gottes? und ist nicht hochgebenedeit die Frucht meines Leibes? — Sie war unaussprechlich selig. Und wir können uns leicht denken, wie oft und tief sie Gott für das Glück, welches Er seiner Magd geschenkt hatte, gedankt, wie oft Ihn geliebt und gepriesen habe mit der ganzen Inbrunst ihrer Seele.

Der höchste Jubel ward ihrem Herzen bereitet, als ihr Sohn feierlich als Messias in Jerusalem einzog. Schaaren giengen Ihm, als er der Stadt nahete, entgegen, um Ihn im Triumphe zu empfangen und hereinzuführen. Sie warfen ihre Oberkleider auf den Weg, streuten Palmzweige auf denselben, und giengen vor Ihm her und folgten Ihm nach mit dem Jubelrufe: „Hosannah dem Sohne Davids. Gepriesen sey, der da kommt im Namen des Herrn! Hosannah vom Himmel herab!" — Nun ist das, was die hl. Mutter bisher still in ihrem Herzen bewahrt hatte, vor ganz Israel kund gethan und ausgesprochen: „Dieser ist der verheißene und erwartete Sohn Davids." Nun ist Er als solcher von dem Volke anerkannt, und eben itzt nimmt Er Besitz von der hl. Stadt. Wird Er nicht nun sein Reich aufrichten, und als König Israels herr-

schen? Ganz Jerusalem ist ob seinem feierlichen Ein-
zuge in Bewegung. Das alles — dieser begeisterte
Zug, der jubelnde Zuruf der Menge, die allgemeine
Begeisterung, das laute Bekenntniß seiner Würde, welch
eine unbeschreibliche Freude mußte es der Mutter verursachen! Gewiß rief sie abermals im höchsten Entzücken:
„Meine Seele preiset hoch den Herrn, und
mein Geist jauchzt zu Gott auf, meinem Helfer. Denn angesehen hat Er die Niedrigkeit
seiner Magd. Von nun preisen mich selig alle
Geschlechter."

Indem wir uns der Freuden Mariens herzlich mit-
freuen, legt sich die Frage nahe, ob wir eines ähnlichen
gemüthreichen und seligen Lebens im Hinschauen auf ihren
Sohn nicht auch theilhaftig werden können? Mir scheint,
daß die Schuld blos an uns liege, wenn wir ein so
kaltes, leeres, und werthloses Daseyn hinschleppen. Ich
meine nemlich, das unaussprechlich tiefe, unaussprechlich
anregende, und unaussprechlich erhebende Lehrwort
Christi werde nicht nur fortwährend mündlich gepredigt,
sondern sey uns auch von den hl. Evangelisten schrift-
lich hinterlassen: es kommt daher blos auf uns an, ob
wir (mit der Gnade des hl. Geistes) eine Begierde
nach hl. Erkenntniß haben, und mit dieser Begierde das
Lehrwort Christi hören und lesen. Haben wir nach
dem Worte Christi eine Begierde, so gewährt uns dieses Wort einen hohen Genuß, es wird der Gegenstand

unseres Nachdenkens, der Inhalt der einsamen Beschäftigung unseres Geistes, und, weil es die theuersten Interessen unserer Seele berührt und befriedigt, der Geber
unserer reinsten Freuden. Und so können wir wirklich
im Hören oder Lesen des Wortes Christi ein tief innerliches und seliges Leben finden, ähnlich jenem der
seligsten Mutter. Wenn wir freilich in den Sorgen unseres Hauswesens ganz und gar aufgehen, oder
in den Zerstreuungen und Genüssen der Welt, oder in
jener Zerflossenheit, die alles fragt, alles weiß, alles
beschwazt, was außer uns vergeht, aber fremd ist im
eigenen Herzen, dann freilich fehlet uns aller Sinn für
Gott und Wahrheit, alle Lust daran, alles Verweilen
darin: und wir begreifen nicht, wie Jemand in dem
Anhören der Predigt und christlichen Lehre, in frommen
Gesprächen, in der Lesung der hl. Schrift oder überhaupt eines geistlichen Buches ein Interesse finden
könne und einen Genuß. Dann haben wir auch Interessen und Genüsse, aber Interessen und Genüsse so
ohne alle Innerlichkeit, ohne alle Würde, ohne Geist
und Nachhalt, daß uns deren Armseligkeit früher oder
später drückt und mit Ekel erfüllt. — Erhebe dich,
christliche Wittwe, christliche Gattin und Mutter, christliche Jungfrau! aus jener Verweltlichung Lebensseichtig-
keit und Lebensarmuth, in welcher alle Lust an Gottes
Wort, ja aller Sinn für dasselbe untergeht. H a b e
e i n e S e e l e , habe doch, ich bitte, e i n I n t e r e s s e
für deine Seele! fühle ihre Bedürfnisse! Wie und
sobald du geistig lebst, hast du auch Freude an geisti-
gem Hören Lernen und Denken. Wenn und sobald

dir z. B. die Unterdrückung und Noth der Tau=
sende, die bedrängt seufzen neben dir, zu Herzen geht,
so hast du Freude an dem Wort: „Selig die Trau=
renden, denn sie werden getröstet werden."
Und wo immer du etwas hörest oder liesest von einem
Bedrängten, der gerettet und getröstet worden, so er=
hebt es dich, und du sagst: der alte Gott lebt noch. —
Und wenn dein Gewissen beschwert ist, und du
hast Jahre verloren, ohne etwas für den Himmel ge=
than zu haben, so interessirt und tröstet dich Alles, was
du von Sündenvergebung und von dem guten Gebrauch
späterer Lebensjahre hörst oder liesest. Wie gern magst
du daher die Geschichte von der weinenden Magdalena,
die Parabel vom verlorenen Sohne, vom verlorenen
Schafe und Groschen, von den zu verschiedenen Tages=
zeiten in die Arbeit eingetretenen Weingärtnern und
dem gleichen ihnen gewordenen Lohne ꝛc. lesen und
durchdenken! — Und wenn du im Freien dich ergehst
bei Tag oder Nacht, und schauest die Werke Gottes,
und hast ein offen und fromm Gemüth, wie süß ist
dir's, deine Empfindungen in Worten der hl. Schrift
aussprechen zu können! Du declamirst ganze Stellen
aus den Psalmen oder verwandten Liedern. Das
Wort Gottes ist deine Freude. — Oder wenn
du liesest vom Unkraut, das der Feind unter den Wai=
zen gesäet hat, und das belassen werden muß bis zur
Aerndte, wie viel giebt dir das zu denken über die Ein=
richtung, wornach Gute und Böse auf Erden
neben einander leben: wie gefährlich, und dann doch
wieder wie bildend ist dieses Zusammenseyn! Das Nach=

12*

denken hierüber ist dir vom höchsten Interesse. — So ist das Wort: „Ich bin das Brod des Lebens; Wer von diesem Brode isset, wird ewig leben", für dich von höchster Wichtigkeit. Du fragst: Was ist Leben? Was ist Brod des Lebens? Was heißt: das Brod des Lebens essen? Wie hängt dieses Essen mit dem ewigen Leben zusammen, so daß, wer isset, das Leben in sich hat? Nichts ist für deinen wach und geistig gewordenen Geist interessanter, als das Nachdenken oder Reden hierüber. — Eben so, wenn du liesest: „In meines Vaters Haus sind viele Wohnungen. Ich gehe hin, euch einen Platz zu bereiten", wie kann, ja muß dich das freudig erheben! „Des Vaters Haus", Wer faßt dieses Wort? Welche Phantasie giebt ein Bild von diesem Hause? Was sind Wohnungen in diesem Hause? Welches ist ihre Einrichtung? Welches ihre Zahl? — Jedes Denken erliegt im Durchdenken des Hauses des Vaters; aber darum ist dieses Denken nicht weniger ansprechend, ja es ist unendlich erhebend. — Ganz so nun mit Allem, was Gott geoffenbart, und im geschriebenen und mündlichen Worte der Kirche den Menschen zum hören und glauben vorgestellt hat. Es liegt ein unerschöpflicher Reichthum geistiger Freude darin. Es kommt blos darauf an, ob wir Sinn und Herz dafür haben. Wir haben aber Sinn und Herz dafür in dem Maße, als wir, über Welt und Fleisch erhoben, Geist geworden d. h. nicht blos nach unserm irdischen, sondern auch nach unserm überirdischen Theile entwickelt sind. Wie z. B. die von geschlecht-

lichen Dingen erfüllte Seele nie müde wird, von ge=
schlechtlichen Dingen zu hören und zu lesen, ja immer und
Alles dahin Gehörige mit Interesse hört und liest wohl
selbst verschlingt, also verhält es sich auch mit der den
göttlichen Dingen zugewandten Seele: sie hört und liest
mit innerster Theilnahme Alles, was sich auf Gott und
den Weg zu Gott bezieht, und wird nie milde, es
wieder zu hören, es wieder zu lesen und wieder zu
besprechen. Darum, wie gesagt, erhebe dich, und pflege
den edleren Theil deines Wesens, damit du fassest, was
des Geistes ist, und Freude daran habest.

———————

Aber auch die Thaten Christi kannst du, wie die
hl. Mutter, theilnahmvoll mitleben. Was hindert dich,
dir das heilende und beglückende Leben Christi zu ver=
gegenwärtigen, dich in die verschiedenen Nothstände der
Leidenden, von denen die hl. Evangelisten erzählen, und
in alle Barmherzigkeit und Macht des Helfenden zu
versenken? — Thue das! So oft du der Werke Christi
eines hörest oder liesest, betrachte dasselbe, versenke dich
in dasselbe, bewundere, danke, liebe! Das wird dein
Gemüth mit Freude erfüllen, veredeln, und dem Her=
zen der hl. Mutter ähnlich machen. —

Allein es kommen nicht blos die Lebens= und Leidens=
zustände, welche in der hl. Schrift erzählt sind, vor
dein Auge: jede Zeit und jeder Ort zählt deren in
Menge. Sollten die Kranken, Armen, Betrübten und
Bedrängten, welche um dich sind, nun verlassen seyn,
weil ihr Heiland nicht mehr sichtbar umhergeht und

hilft? — Nicht doch! Er hat seinen Helfer= und
Tröstergeist auf die Erde gesendet an seiner
Statt. Er hat seine Gläubigen mit diesem Geiste zu
Trost und Hilfe der Leidenden erfüllt. Auch du,
meine Christin, hast diesen Geist empfangen. Durch
dich also will Christus in Kraft des hl. Geistes
helfen heilen und trösten. Uebersieh nicht deinen Beruf,
das Werk Christi mitzuleben, ja selbst dieses
Werk in der Liebe und Kraft Christi fortzu=
sezen. Das Jahr ist so lang, der Leiden darin so
viele: wie Manches vermagst du zu thun! Ein wenig
Wein, ein Bissen Brod, eine Tasse Suppe, ein abge=
legtes Kleidungsstück, ein Korb Holz, ein tröstendes
Wort, eine Fürbitte bei Anderen, ein theilnehmender
Besuch ꝛc. ist an sich wenig, aber für den Armen Kran=
ken und Betrübten oft sehr viel. Die Hausfrau ist
selten in der Lage, über große Mittel zu verfügen,
wohl aber eine Menge kleiner Hilfeleistungen und
Tröstungen zu geben. Nimm, liebe Christin! diese
kleinen Anlässe wahr! Die Fürsorgen und Tröstungen
im Kleinen sind deine Sphäre. Es giebt nichts Hoch=
achtbareres, als eine Hausfrau mit Augen, die allen
Nothstand sehen, mit einem Herzen, das allen Noth=
stand mitfühlt, und mit Händen, die allen Nothständen
geöffnet sind. Seyen auch ihre Mittel gering, so thut
sie doch in Jahren Großes, und das Wichtigste ist, daß
sie selbst durch ihre jahrelange Liebethätigkeit an innerem
Liebereichthum unendlich gewinnt. Ihre Liebe erschöpft
sich nicht in ihrem Sorgen und Geben, sie wird
nur allezeit liebender. — Muthet man ihr aber

etwa zu, daß sie im Dienste Fremder ihre eigenen An=
gehörigen verkürze? Gewiß nicht. Sie kann auch in
den Dienstleistungen zu weit gehen. Aber Niemand
wird behaupten, daß der Segen des Hausstandes nicht
von Oben komme, und daß der zerstreue, welcher durch
Barmherzigkeit und Beistand diesen Segen auf sein
Haus herabzieht.

Indem wir die irdischen Lebensfreuden der hl.
Mutter, welche ihr im Hinschaun auf ihren göttlichen
und göttlich thätigen Sohn zu Theil wurden, aufzählen,
legt sich jeder christlichen Mutter die Erinnerung an
die Freuden nahe, welche auch ihr aus ihren Kindern
hervorgehen. Siehe, ihre Kinder sind erwachsen, sie
blühen, haben etwas Tüchtiges gelernt, sind voll Hoff=
nung und Lebensmuth, haben vielleicht schon ihre gute
irdische Versorgung, leben glücklich und geehrt, haben
einen glänzenden Wirkungskreis, besitzen das Lob der
Welt, sind vielleicht schon selbst mit blühenden Kindern
gesegnet, erweisen ihren alternden Aeltern Liebe und
Ehre. Was willst du mehr, du glückliche Mutter? —
Freue dich dessen mit tausend Danksagung gegen Gott,
welcher dich in deinen Kindern also gesegnet hat. Du
ärndtest die Frucht jahrelanger Muttersorgen und Mü=
hen, aber eben so sehr, ja noch mehr die Frucht des
göttlichen Segens. Die getreue Aussaat ist nothwendig,
aber sie gedeiht nicht ohne die Sonne und den Regen
von oben. Freue dich übrigens nicht so sehr der Ge=

sundheit, der Kräfte, der Leistungen, des Glückes und Wohlstandes deiner Kinder, als vielmehr dessen, daß ihre Namen im Himmel geschrieben sind. In kurzer Zeit mußt du abscheiden von hier. Was kann dich dann trösten, wenn du sie nicht wiederfindest im ewigen Leben? — Ja, was mag dich der augenblickliche Glücksstand deiner Kinder freuen, wenn du denken mußt, sie wandeln in Sünde und haben ein verweltlichtes Herz, und werden vielleicht schon hienieden, ganz gewiß aber jenseits gestraft werden und unglückselig seyn? —

Nur noch folgende Bemerkung: Was ist es doch Wunderbares und Gnadenvolles um die Einrichtung, daß die Aeltern Leben Thaten und Geschicke ihrer Kinder durchweg zu dem ihrigen machen! Wie reich zwar an Sorgen aber auch an Interessen und Genüssen wird dadurch das Leben! Wie fad und leer wäre ohne dieses das Daseyn von Millionen! — Es ist nicht gut, daß der Mensch allein sey. Er muß seine Liebe und Freude haben — vor Allem in Gott, dann mit Gott in seiner Familie und seinem Berufe.

———

20.

Maria in der Zeit der öffentlichen Thätigkeit Jesu.

b. Ihre Schmerzen.

Dem Worte: „Du bist die Gesegnete unter den Weibern", steht ein anderes Wort gegenüber, das Wort: „Deine Seele wird ein Schwert durchbohren." Wie jenes erfüllet ward, so auch dieses. Die hl. Mutter, welche (wie schon früher bemerkt worden) das Leben ihres Sohnes mitlebte, theilte auch seine Schmerzen.

Wer kannte den Sohn besser, als die Mutter? und wer verstand dessen Herz mit seiner großen weiten unbegränzten Liebe tiefer, als sie? Welcher Mensch konnte Ihm daher nach dem Urtheile ihres Muttergefühles, wenn Er auftrat, Hochachtung und Liebe versagen? — Aber nun hatte Er überdieß die Kraft mächtiger Gotteswerke, und legte die Beweise, daß Er von Gott gekommen, der Welt thatsächlich vor die Augen hin. Wer konnte darum nach ihrem Muttergefühle, die Werke sehen, ohne an Ihn zu glauben, und mit tiefer Ehrfurcht gegen Ihn erfüllt zu werden? — Aber noch mehr: Diese Werke alle waren eine fortlaufende Barmherzigkeit gegen Nothleidende. Wer wird daher (abermal nach ihrem mitleidvollen Menschen= und Muttergefühle) diesen Helfer und Wohlthäter nicht freudig und entgegenkommend auf= nehmen? — Allerdings nun nahmen Ihn Viele Gott= preisend auf, aber weitaus nicht Alle. Die hl. Mutter mußte gleich von vorn herein auf eine allgemeine freudige Aufnahme ihres göttlichen Sohnes verzichten. Ach, selbst die eigenen Anverwandten glaubten nicht an Ihn, und eben so wenig die Einwohner seiner Vater= stadt. Denn als Er nach einiger Zeit nach Nazareth kam, mutheten ihm die Leute zu, Er soll sich vor ihnen ausweisen, und Wunder verrichten; und als er es nicht that, ihnen vielmehr zu verstehen gab, daß sie es nicht würdig seyen, erhoben sie sich wider ihn, trieben ihn zur Stadt hinaus, und wollten ihn von dem Abhange, auf welchem die Stadt erbaut war, hinabstürzen. Was nimmt er sich heraus? sagten sie. Ist er nicht des Zimmermanns Sohn? Heißt nicht seine Mutter Maria? Und seine Brüder Jakob, Joseph, Simon und Ju= das? Wie darf ein Mensch so niedriger Herkunft uns beschimpfen? — Man kann sich die Empfindungen der hl. Mutter denken, als die Leute ihn aus der Stadt jagten, mit wildem Geschrei vor sich her trieben, und willens waren ihn in den Abgrund zu stürzen. Da war es, daß das Schwert ihr Herz durchdrang. Und gewiß nicht das leztemal, denn solche Feindseligkeit gegen die Wahrheit, solcher Anstoß an seinem Her= kommen, solche blinde Leidenschaftlichkeit — sollte sie blos in Nazareth gefunden werden?

Ach, der verlezte Ehrgeiz, der gefährdete Eigennuz,

der scheelsüchtige Neid sind gewaltige Mächte, die mit
Erbitterung wider Alles, was sie beeinträchtigt oder
reizt, aufstehen. Als der göttliche Sohn daher die
Massen durch seine Lehre und seine Werke in Erstaunen
sezte und an sich zog, als sie ihm schaarenweise überall
folgten, und sein Ruhm durch ganz Judäa Galiläa
und die Nachbarländer erscholl, da ward der Neid der
Pharisäer — der bisherigen Volksführer, auf das hef-
tigste erregt, und sie sparten keine Nachrede und Ver-
dächtigung, um sein Ansehen zu schwächen. Und als er
sie — diese Volksführer, überdieß noch unmittelbar
angriff, und ihre schwachköpfigen und eigennüzigen Lehren, so wie die Heuchelei ihres Herzens und Lebens ans
Licht zog, da wurden sie wüthend, und ihre Existenz
schien ihnen so lang gründlich bedroht, als dieser Mann
lebe. — Was nun? Zuerst suchten sie sein Ansehen
bei dem Volke zu Grunde zu richten. Sie sagten:
Sehet, wir fasten; er aber läßt sichs wohl seyn — ist
ein Fresser und Säufer. Wir halten streng auf den
Geboten Mosis, und auf den Sazungen der Väter;
er aber ist ein Feind Mosis, ein Sabbathschänder, ein
Tadler und Uebertreter der Lehren und Vorschriften
unserer Väter und Lehrer, ein Freigeist. Wir befleißigen
uns reiner Sitten und des Umgangs mit Reinen; er
aber hält es mit den offenkundigen Sündern, und mit
Leuten, die bei allen Guten verachtet und gehaßt sind;
nicht nur geht er mit ihnen um, sondern sizt sogar
mitten unter ihnen zu Tisch. Wir lehren das Volk nach
den bewährten Lehren unserer Groß-Rabbinen zu Jerusalem, und führen dasselbe nach den bewährten Grund-

ſäzen unſerer Religion; Er aber hat nicht ſtudiert, er redet aus ſich ſelbſt, erhebt ſich dabei aber doch frech über die geſezmäßigen Lehrer, ja ſezt dieſelben herunter, und verführt und verderbt das Volk. Er hat ſich großen Zulauf und Anhang gemacht durch allerlei angebliche Wunderwerke; allein es iſt nichts daran: es ſind Betrügereien und Taſchenkünſte, mit denen er die gaffende Menge in Verwunderung ſezt, oder vielleicht auch ſind es Kunſtwerke, die er im Bunde mit dem Teufel verrichtet: gewiß iſt, daß er einen Teufel hat. Ey, wenn er wirklich Macht, und Macht von Gott hat, ſo ſoll er (ſagten ſie) uns ein Zeichen am Himmel thun. Aber das läßt er bleiben, denn bis dorthin reichen ſeine Zauberkünſte, und ſeine und ſeiner Helfer Betrügereien nicht. Forſchet in der Schrift, ob aus Galiläa ein Prophet ausgeht; was will man doch mit dieſem Galiläer, und vollends mit einem Nazarethaner? — Ein Samariter iſt er, ein Kezer, ein Verbrecher am Tempel Jehovas. Hat er nicht geſagt: „Brechet dieſen Tempel ab?" — „Wollet ihr, ſagten ſie dem Volke, wollet ihr denn es beſſer verſtehen, als die Phariſäer, als die Geſezesgelehrten, und als der ganze hohe Rath zu Jeruſalem? Fraget doch nach, ob Einer von ihnen an Ihn glaubt? Niemand hängt ihm an, als der dumme und fanatiſche Pöbel." — So weit ihre Verläumdungen, Verdrehungen und Läſterungen. Wenn nun aber die hl. Mutter dieſe empörenden Nachreden hörte, wie mußte ihr zu Muth ſeyn? Denke dich doch, chriſtliche Leſerin, in ihre Lage! Ein Herz, rein, liebereich, arglos, von Allen in ſeiner Unſchuld und Liebe das Beste denkend, begreift gar die Möglichkeit solcher Verläumdungen und Lästerungen nicht. Wie? dachte die hl. Mutter, mein göttlicher Sohn hat gesprochen: „Ehe würde Himmel und Erde vergehen, als daß der kleinste Buchstabe oder der mindeste Punkt vom Geseze verginge; und Er sollte ein Feind Mosis und ein Samariter seyn? — Mein göttlicher Sohn hat vierzig Tage und vierzig Nächte in der Wüste gefastet, und Er sollte, weil er ißt und trinkt, wie andere Leute, ein Fresser und Säufer genannt werden? — Mein göttlicher Sohn predigt mächtig gegen die Sünde, und erschüttert die Herzen der Sünder; und es sollte ihn und sollte seinen Abscheu gegen die Sünde verdächtigen, weil Er die Erschütterten und Reumüthigen aufnimmt? — Mein göttlicher Sohn hat für die Ehre des Hauses Gottes zu Jerusalem geeifert, und die Verunehrer desselben — die Käufer und Verkäufer hinausgetrieben, und Er sollte ein Verbrecher wider den Tempel seyn? — Mein göttlicher Sohn hilft allen Elenden und heilt alle Kranke; und das nennen sie Sabbathschändung und Teufelskünste: als ob Werke Gottes und der Barmherzigkeit den Sabbath verunehrten, oder als ob der Teufel ein Geist der Liebe sey, und ihm beistehe zu Werken der Liebe! — Mein göttlicher Sohn thut Zeichen des Himmels, aber das gilt ihnen nichts; sie wollen Zeichen am Himmel. — Mein göttlicher Sohn hat nicht bei den Gelehrten studiert, und hält sich nicht zu den Hohen und Vornehmen, darum heißt Er ein Mann, der sich selbst aufbringt, und das Volk verführt; und doch redet Er nicht aus sich selber, son=

dern seine Weisheit ist ihm vom Vater gegeben, und doch ist gerade das sein Ruhm, daß er sich der Armen, Unwissenden und Bedrängten annimmt. — Er ist ein Galiläer und aus Nazareth, und von armer Herkunft, also kann nichts an ihm seyn. So ist denn Gottes Sendung an Ort und Stand gebunden? Also konnte Gott den Moses nicht aus der Wüste, und seinen Knecht David nicht von der Heerde berufen? Ueber=dieß, ist Er in der That ein Galiläer? Weiß doch ich, wo Er geboren ist." — Indem die hl. Mutter so das Leben und Wirken ihres göttlichen Sohnes erwog, und je öfter sie dasselbe erwog, desto unbegreiflicher erschienen ihr die wider ihn ausgestreuten Lästerungen, desto größer die Leidenschaft, Verblendung und Bosheit der=jenigen, welche ihn lästerten. Aber nun war es so, und es durchbohrte ihr das Herz. Kaum war sie ob den Werken ihres Sohnes, ob der Macht seiner Rede, ob dem Ruhme seines Namens froh geworden, so hörte sie schon wieder von neuen Anfeindungen, boshaften Ausstreuungen, und öffentlichen Angriffen. Sie hörte auch von seinen Antworten und schlagenden Wider=legungen: allein zehnmal widerlegt, ward die Lästerung das eilfte und zwölftemal wiederholt. So war das Leben der hl. Mutter ein beständiger Wechsel zwischen Freude und Schmerz. Aber der Schmerz verwundete tiefer, weil zu dem Leid um ihren geliebten Sohn das Gefühl das Unwillens ob so gräßlicher Verblendung und Bosheit hinzukam.

Doch endlich wird die Verläumdung und die Ver=folgung ermüden, oder von dem allgemeinen Glauben

und Jubel des Volkes erstickt werden? — Die hl.
Mutter mochte es hoffen; allein die Leidenschaft eines
Pharisäers legt sich nicht zur Ruhe, und das Volk ist
ein Rad, das sich dreht nach der Hand des Lenkers.
Nicht nur ermüdete die Verfolgung nicht; vielmehr,
als die Vornehmen zu Jerusalem, die Gelehrten und
frommen Heuchler sahen, daß sie mit allen ihren Verläumdungen und Lästerungen nichts ausrichten, suchten
sie einen vorweisbaren Grund zu irgend einer gericht-
lichen Klage wider Ihn, und als dieser nicht gefunden
werden konnte, namentlich alle verfänglichen Ihm vor-
gelegten Fragen nicht verfiengen, beschlossen sie (um
der Sache ein Ende zu machen) Ihn ohne Weiteres
gefangen zu nehmen, und über sein Lehren und
Wirken zur Verantwortung zu ziehen. War Er nur erst
in ihren Händen, so kam er (dachten sie) gewiß nicht
wieder los, und es konnte nicht an einem Rechtstitel
fehlen, unter welchem er verurtheilt würde. Es stand
fest, er müße sterben. Es war auch allgemein bekannt, daß Ihm die Oberpriester Gesezlehrer und
Pharisäer nach dem Leben streben, ja es gieng sogar
förmlicher Befehl aus, daß jeder Gutgesinnte seinen
Aufenthalt anzeigen, und zu seiner Verhaftung beitragen
solle. — Allein nun konnte nicht fehlen, daß von alle
dem auch die hl. Mutter Kunde erhielt. Man denke sich
daher ihren Schmerz! Wie, sagte sie, tödten wollen
sie Ihn? Den Gott gegeben hat, wollen sie tödten?
Der den Thron seines Ahnherrn David besteigen und ewig
herrschen soll, den Verheißenen und Ersehnten, den Erlöser und Beglücker seines Volkes, den Heiland aller Lei-

denben, den verheissenen Beglücker aller Völker wollen sie
tödten? Dich, mein Kind, dich, durch den ich die Gebenedeite bin unter den Weibern; dich wollen sie tödten?
— Gräßliches, himmelschreiendes, doch (dachte sie) o hn-
mächtiges Beginnen. Auch Herodes strebte dir nach
dem Leben; auch die Einwohner von Nazareth wollten
deinen Tod; auch die Juden im Tempel erhoben sich,
dich zu steinigen. Eitle Wuth! Du bliebest bewahrt,
und bist unversehrt bis heute. Wohl fühlt mein
Herz schmerzvolle, unaussprechlich schmerzvolle Empfindung ob solch schrecklichem Hasse; du aber, mein Sohn,
wirst unantastbar durch ihre tobenden Reihen hindurch-
gehen, und Gott wird deine Feinde dir legen
zum Schemel deiner Füße.

Diese und ähnliche Gedanken und Empfindungen
mögen die Seele der hl. Mutter theils tief schmerzend,
theils tröstend durchdrungen haben seit der ersten Kunde
von dem Gelüsten nach dem Leben ihres göttlichen
Sohnes.

Wirklich dürfte sich die hl. Mutter über das schreckliche Vorhaben seiner Feinde als über ein durchaus
ohnmächtiges beruhigt und getröstet haben, wenn
nicht etwas Neues erschreckend hinzugekommen wäre.
Jesus hatte nämlich zu seinen Jüngern gesagt, „Er
müße nach Jerusalem gehen, daselbst Vieles
von den Aeltesten, Oberpriestern und Schriftlehrern leiden, ja sogar getödtet werden."
Nicht genug. Selbst die Art seines Todes hatte er ihnen
angekündet. „Siehe, sprach er zu ihnen, wir reisen
nach Jerusalem hinauf. Der Sohn des Menschen

wird den Oberpriestern und Schriftlehrern
überliefert werden. Diese werden ihn zum Tode
verurtheilen, und den Heiden zur Verhöhnung
Geißelung und Kreuzigung überantworten."
Dieses Wort konnte der hl. Mutter nicht verborgen
bleiben. Je weniger die Jünger dasselbe begriffen und
begreifen wollten, je mehr sie es für einen jener bildlichen und geheimnißvollen Aussprüche hielten, deren sie
schon manche vernommen, desto weniger waren sie be-
strebt, es der hl. Mutter zu verbergen. Aber die Mutter vermochte es nicht, sich über das Wort hinwegzu-
setzen. Zwar sollte nach der herrschenden Lehre Christus
ewig bleiben *), und auch der Engel hatte ihr gesagt: „Gott wird ihm den Thron seines Vaters David
geben, und er wird über das Haus Jakobs regieren
ewig, und sein Reich wird ohne Ende seyn", allein
in ihr tiefes nachsinnendes Gemüth hatte sich das Wort
ihres Sohnes untilgbar eingesenkt, und sie konnte desselben um so weniger los werden, je unglaublicher
und schmerzvoller es lautete. Es war ihr wohl,
als könne es nicht seyn, und werde nicht seyn, aber
wenn es dann doch wäre? — Hätte es Jemand für
möglich gehalten, daß der größte der Propheten,
Elisabeths Sohn, der von Gott Geschenkte, Johannes, der Hochgepriesene und von allem Volke
mit Ehrfurcht Angestaunte solches Ende haben
würde? Dennoch geschah es, und er fiel als Opfer der
Sinnlichkeit und Rache eines Weibes. Was einmal

---

*) Joh. 10, 34.

geschehen ist, kann wieder geschehen. Wer ergrün=
det die·Wege Gottes? Und sagt nicht der Prophet
Jesaias von dem Messias: „Er ward wie ein
Schaf zur Schlachtbank geführt, und wie ein
Lamm, das stumm ist vor seinem Scherer, thut
er seinen Mund nicht auf!" — So verlor sich die
hl. Mutter in einen Abgrund von Gedanken; und wenn
sie von der Furcht gebeugt war, griff sie nach der
Hoffnung, und wenn sie in Hoffnung ruhig seyn wollte,
erwachte die Furcht. Wie konnte sie aus dieser Todes=
noth herauskommen? Es war in ihrer Seele ein großes
Wort übrig: nach diesem griff sie. Aus dem tiefsten
Grund ihrer Seele flehte sie: Ich bin des Herrn
Magd; mir geschehe nach seinem Rathschlusse
und Wort! — Doch glaube man nicht, daß nachher
ihr Nachsinnen, ihr Kummer und Leid nicht wieder=
gekehrt sey. Kann das Mutterherz ruhig werden, so
lang es sich handelt um des theuern Kindes Leben? —
Doch wenn sie bangte und sorgte, hoffte und fürchtete,
sich in Nachdenken verlor, und doch im Dunkel blieb,
schloß sie immer in stummer Hingebung mit demselben
Worte: „Siehe, ich bin des Herrn Magd."

So war das Leben der hl. Jungfrau und Mutter
nicht ohne zahlreiche Stunden inniger Freude, aber
noch weit reicher an Tagen des Leidens. Wo ist eine
Frau, welche eine so tief fühlende Seele, eine so tief
liebende Liebe hat, wie sie? Nun siehe, ihr Einziges
und Alles, ihre Hoffnung und ihr Ruhm wird so bitter,

so teuflisch, so fortgesezt angegriffen, und bis zum Tode
verfolgt. Ja, es ist vielleicht sogar im Rathe Gottes
beschlossen, daß die Hasser und Verfolger wider ihn
obsiegen: wer ermißt die Stärke ihres Schmerzgefühles?
— Dennoch ist sie von dem Engel gegrüßt als die
Gesegnete unter den Weibern. — Was folgt
daraus? Erkenne, meine Christin! daß du nicht fordern
oder erwarten darfst, ohne Leiden, ja wohl selbst ohne
schwere und bittere Leiden zu seyn. Es liegt umgekehrt
schon in der ganzen Natur und Stellung deines Geschlechtes, daß du zu leiden habest, von innen und
aussen. Halte dich darum gefaßt darauf; und wenn
du bereits gedrückt bist, so gebährde dich nicht, als ob
dir etwas Ausserordentliches und Unerträgliches begegne.
Verlassen, oder ungesegnet von Gott bist du darum
noch keineswegs. In der Fülle der jugendlichen Gesundheit, unter den Liebkosungen der Welt, in der Sorg-
losigkeit des väterlichen Hauses, vor den Zauberbildern
der erregten und erfahrungsarmen Phantasie erscheint
das Leben freilich als ein Pfad mit dornenlosen Rosen
bestreut; ich mag dir sogar dein träumerisches Glück
gönnen: es ist dein Paradies. So bist du doch einmal
in deinem Erdenleben im Paradiese gewesen. Aber,
bethöre dich selbst nicht, als könntest du darin bleiben:
dieses Erdenleben ist kein Paradies, vielmehr eine Zeit
vieler Mühen und Leiden. Tausende wissen das nur
zu gut, und du selbst wirst es früh genug erfahren.
Ach blicke um dich! Höre! wie tausendfach die Klagen!
— Diese jammert, ihr Mann sey so verschlossen, so
heftig, so grob, so unverständig: oder er liebe den

Trunk, das Spiel, das nächtliche Ueberſizen, den Müßig-
gang; oder er verdächtige ſeine eheliche Treue, und
zeige keine Spur mehr ſeiner früheren Liebe ꝛc. Wie
nagt das Alles an ihrem Herzen! — Eine Andere hat
einen kranken Gatten, der Verdienſt ſtockt; oder ſie
ſelbſt iſt viel krank, und ſoll ihren Kindern und ihrem
Hausweſen nachgeben, indeß ihre Füße ſie nicht tragen;
oder ihre Kinder kranken und kränkeln, und ſelten oder
nie kann ſie ſich ihrer ſo ganz von Herzen freuen.
Wie trüb geht jeder Tag auf und unter! — Eine
Dritte iſt reich an Kindern, aber arm an irdiſchem
Gut. Wo ſoll ſie Brod hernehmen? Woher Kleidung?
Woher die Mittel des Unterrichts? Täglich iſt die
Sorge neu; täglich die Armuth dieſelbe. Wie kann
ſie froh ſeyn? — Eine Vierte hat viel Kreuz ob ihren
Kindern: ſie ſind trozig und grob gegen ihre Aeltern,
händelſüchtig unter Anderen, leichtfertig wohl gar aus-
gelaſſen in ihrem Wandel. Es trifft ſie Schande und
Strafe. Wer leidet ſchmerzlicher um ſie, als ihre un-
glückliche Mutter? — Eine Andere ſeufzt über die
ſchweren Verluſte, die ihr Hausweſen durch Brand,
Hagel, Ueberſchwemmung, Krieg, Seuchen, Betrug,
Diebſtahl, Zahlungsunfähigkeit von Schuldnern ꝛc. erlitten habe. Je bedrängter überhaupt ihr Hausweſen,
je bedeutender der Verluſt, und je verwachſener mit
dem Verlorenen die Seele, deſto größer und andauernder
ihr Kummer. — Wieder Eine ſieht ſich von bösartigen
Nachbarn verfolgt. Kein freundlicher Gruß bei der
Begegnung, keine Theilnahme oder Hilfe in Verlegenheit, kein geſelliges Wort in der Feierſtunde. Dagegen

bittere Blicke, verläumberische Ausstreuungen, verfein=
bende Aufhezungen. Nie kann, sagt sie, das Herz froh
werden in solcher Umgebung. Vielleicht kommen dazu
noch treulose, grobe, leichtsinnige, verläumberische Dienst=
botben, ben einzigen Trost lassenb, daß man ihrer los
werben kann, aber — um vielleicht noch schlimmere zu
bekommen. Keine der Frauen ist wohl frei von ben
genannten Plagen allen, manche aber hat beren nicht
blos die eine ober anbere, sondern mehre zugleich, und
ihre Seele ist unendlich gebrückt. Was wollen wir
sagen? Was kann sie aufrichten? — Man hat eine
Menge von Trostgründen, aber innerlich wahrhaft und
nachhaltig beruhigen kann sie am Ende nur Eines:
nemlich das Wort der hl. Jungfrau und Mutter:
„Siehe, ich bin des Herrn Magd." Sie spreche
dieses Wort nach vom Grund ihres Herzens, und seze
bei: „der Herr hat es so kommen lassen; ich beuge mich
seiner Zulassung und Fügung, und bitte nur um die
Gnabe der Stärke zur Gebulb." Je demüthiger, je
resignirter, je gläubiger an Gottes Weisheit und Gnabe
die Frau — die Gattin, Mutter ober Wittwe dieses
bethet, besto getrösteter wird sie seyn. Und wenn die
Sorge, das verlezte Gefühl, die Noth, das Unrecht ꝛc.
gleichwohl wieber, und immer aufs neue erwacht und
brückt, so kann und wird das Sinnen, Zürnen und
Weinen am Ende sich stets wieber in das Wort auf=
lösen müssen: „Siehe, ich bin des Herrn Magd;
dein Wille geschehe!" Ja, der Herr spricht: „Ich
weiß um dein Thun, um deine Mühe und deine
Gebulb. Wer überwinbet und bis ans Ende

aushält, dem will ich Macht geben über die
Völker, und den Morgenstern will ich ihm
geben" *).

Ich habe dir das Mittel genannt, welches allein
im Stande sey, dir in deinen Leiden ausreichenden
Trost zu gewähren. Allein wirst du es brauchen?
Wirst du es redlich brauchen? — Ach, die Wenigeren
sind so demüthig, so gläubig, so gotthingegeben, daß
sie aus der vollen Tiefe ihrer Seele bethen können:
„Siehe, Herr! ich bin deine Magd." Und eben
darum sind auch die Wenigeren der Gnade und Tröstung des hl. Geistes wirklich fähig. — Dazu kommt
aber noch, daß die Großzahl der Klagenden reichlich
Mitschuld hat an dem Leiden, worüber sie seufzen.
Das weibliche Geschlecht nämlich hat, außer den all-
gemeinmenschlichen Gebrechen, noch eigene Fehler, die
ihm von Natur nahe liegen, und sehr Viele dieses Geschlechtes widerstehen denselben nicht. Natürlich, daß
diese Vielen dann in dem Maße Mitschuld an ihren
Leiden tragen, in welchem sie ihren Geschlechtsgebrechen
unterliegen. Zürne mir nicht, christliche Leserin, wenn
ich die Gebrechen, die deinem Geschlechte nahe liegen,
aufzähle, denn sie sind dir darum nicht weniger nahe,
wenn ich sie nicht neune. Auch kann der Umstand, daß
das andere Geschlecht (das männliche) gleichfalls
seine eigenen ihm nahe liegenden großen Fehler hat, die
deinigen nicht wegwischen.

*) Offb. 2, 26. 27.

Ein Hauptfeind, welcher das weibliche Herz bedroht,
ist die Gefallsucht. Diese legt hohen Werth auf
weiblichen Schmuck, auf Herausstellung der körperlichen
Schönheit, auf Kunstgeschick, häusliche Tüchtigkeit, seinen
Geschmack, Geist und Witz im Umgang, und fühlt sich
glücklich in dem Beifall und den bewundernden Aner=
kennungen der Welt. Aber wie kann das eine Quelle
von Leiden werden, was nur antreiben soll, voll=
kommen zu werden und vollkommen zu seyn?
— Ach, die Anderen neben ihr sind nicht weniger be=
strebt, die Huldigungen der Welt zu empfangen, und
empfangen sie wirklich. Das aber erregt Neid und Ab=
neigung, der Neid und die Abneigung dann führen zu
Verkleinerungen Anderer, zu böslichen Bemerkungen über
sie, zu Verläumdungen und Ehrabschneidungen ꝛc. Dieses
aber bringt tausend Feindschaft, Aerger und Streit.
Nächst diesem bringt die Gefallsucht und mit ihr die
unmäßige Sorge für Puz und Beifall unmäßigen Auf=
wand, Vernachläßigung von Haus und Küche, von Kin=
dern und Gesind. Das aber hat den Tadel des Gatten
und Hausvaters, und weil solcher nicht gebilligt werden
will, ehlichen und häuslichen Unfrieden, oder auch Her=
abkommen des Wohlstandes und tausend hieran sich
knüpfende Unannehmlichkeiten im Gefolge. — Hier noch
die Bemerkung: Je kleiner und enger die Seele einer
Frauensperson oft ist, desto kleinere und armseligere
Verletzungen ihrer Eitelkeit können sie in Zorn und Haß
versezen und unglücklich machen: eine versäumte Höflich=
keit z. B., eine Widerrede, ein Vergessen eines Auf=
trages, eine einer Dritten bewiesene besondere Aufmerk=

famkeit, ein Verſehen gegen Rang und Titel verlezt ſie. Prüfe dich doch, wie vielen Theil die Eitelkeit und Gefallſucht an deinem Herzen hat, und wie viele deiner Widerwärtigkeiten in dieſer Sünde ihren Urſprung haben! —

Ein anderer Hauptfeind, welcher das weibliche Herz bedroht, iſt die Hingegebenheit an die Auſſen= welt, ja die Zerfloſſenheit in ihr: das endloſe Gaffen nach Allem, was um uns vorgeht, das Durchmuſtern jeder Perſon, die uns begegnet, das ruheloſe Erforſchen ihrer Herkunft Verwandtſchaft und Lebensgeſchichte, die traurige Fertigkeit, Alles zu bemängeln und mit ſcharfen Bemerkungen zu beglei= ten, die unbeherrſchte ewige Schwazhaftigkeit, welche Anweſende und Abweſende an ihrer Ehre verlezt — oft weniger aus böſem Willen, als aus jenem hohlen Leicht= ſinn, welcher nicht weiß, noch fühlt, was er thut, oder aus jener Gefallſucht, welche der Geſellſchaft etwas Neues oder Pikantes vorſezen will, dann die heilloſe Zu= trägerei, welche eine Luſt darin findet, Reden oder Handlungen ihres Nächſten denen, welche von ihnen be= troffen werden, oft noch mit böslichen Zuſäzen oder Bemerkungen zu hinterbringen, und an dem hierdurch erregten Unwillen und Zerwürfniß ſich zu erfreuen ꝛc. Sage ſelbſt, kann Friede und Freude ſeyn, wo Horche= rei Tadelſucht Schwazhaftigkeit und Zuträ= gerei iſt? Darum, wenn Aerger Zerwürfniß und aller= lei Leiden kommen, klage nicht Andere, klage dich an. Ach, wie viele Uebel haben in der ungezügelten, nicht von der Liebe beherrſchten, ſondern von der Eitelkeit

dem Neide der Schadenfreude dem Leichtsinne der Rohheit regierten Zunge ihren Grund und Ursprung! „Die
Zunge, sagt der hl. Jakobus, ist ein kleines Glied,
richtet aber große Uebel an. Ein kleines Feuer
entzündet einen großen Wald. Auch die Zunge
ist ein Feuer, eine Welt voll Unheil; sie befleckt den ganzen Körper. Wilde Thiere
Schlangen Seethiere und Vögel können vom
Menschen bezähmt werden und sind bezähmt
worden, nur die Zunge wird von Niemand bezähmt — dieses Glied voll tödtlichen Giftes.“
Jak. 3, 5 fg. Ich zweifle nicht daran, daß dem weiblichen Geschlechte von dem Schöpfer eine natürliche
Redseligkeit gegeben sey im Interesse der Kinder,
welche derselben bedürfen, wenn sich ihr Verstand und
Herz entwickeln soll: bei einer wortkargen Mutter gedeiht das geistige Leben des Kindes nicht; allein darum
ist diese natürliche Redseligkeit doch zugleich eine große
Versuchung, und wenn sie im Dienste der Schadenfreude,
des Neides, des überlegungslosen Leichtsinnes, der Gefallsucht und Eitelkeit, des Hasses oder der Rache steht,
ein Feuer, welches überall Zwietracht Haß Zorn und
Verfolgung anzündet, und Ehre Gesundheit Eigenthum
Fortkommen und Wirksamkeit des Nächsten angreift und
verzehrt. Ja, Welche schwere Verantwortung liegt auf
dem Mißbrauch der Zunge! — Du aber sey ein starkes Weib! Ueberlege, eh du sprichst, prüfe die Empfindung und Absicht, aus der du sprichst, beachte die
Person zu welcher du sprichst, erwäge die Folgen, die
dein Wort haben wird. Ich wiederhole: Sey du ein

ſtarkes Weib! In nichts erweiſt ſich deine Stärke
mehr, als in Beherrſchung deiner Zunge. Reden iſt
Silber, Schweigen Gold.

Wieder ein Hauptfeind, welcher das weibliche Herz
bedroht, iſt jene Eigenliebe, welche in ihren Augen
ſtets recht hat, ihre Meinung unnachgiebig feſthält,
ihren Kopf durchſezt, und wo ſie weichen muß, Stunden,
ſelbſt Tage lang grollt. Das weibliche Geſchlecht iſt,
wie ſchon wiederholt bemerkt worden, zum Gehorchen
und Dienen berufen: Vater und Gatte ſind das
Haupt. Demuth iſt daher der Tochter und Gattin
erſte Tugend. Wenn dieſe Tugend aber fehlt, und der
Frauensperſon das Schweigen und Nachgeben uner-
ſchwinglich, das Widerſprechen Schreien und Beſchimpfen
zur zweiten Natur geworden iſt, oder wenn ſie zwar
nachgiebt, aber die Bitterkeit ihrer Empfindung in
tagelanger Köpfigkeit fortführt und zu Tag legt, was
Wunders dann, wenn das Herz des Mannes erkaltet,
voll des Mißmuthes wird, und auswärts Zerſtreuung
in ſeinem Hauskreuz, oder Entſchädigung für empfangene Unbild ſucht? — Prüfe dich darum, ob an ſchweren häuslichen Leiden nicht deine Eigenliebe, dein Stolz,
deine Rechthaberei und Unbeugſamkeit, und dein unerträgliches köpfiſches Weſen die weitaus größte Schuld
trägt? — Vergiß beſonders nicht, daß die Leiden-
ſchaft verblendet, und dein Verſtand ohnehin ſchwä-
cher iſt. Zweifle darum nicht, daß dir gerne auch der
kleinſte Vorwand zu deiner Rechtfertigung genügt,
weil du eben in deiner Verblendung immer Recht haſt
und haben willſt, und daß du überdieß ſehr oft bei der

Frage gar nicht bleibst, vielmehr vom Zehnten auf das
Hundertste überspringst, um nur immer noch etwas
zu sagen.

Noch ein großer Feind, welcher das weibliche Herz
bedroht, ist die Weichlichkeit. Wo sie herrscht, wird
die Mutter schwach und kann ihre Kinder nicht strafen,
und ihren Zudringlichkeiten nicht widerstehen: das thäte
ihrem gefühlvollen Herzen zu weh! Da mag sie sich
auch mit dem Reinigen derselben und allem schmuzigen
Dienst nicht abgeben: das ist nicht für sie. Da will
sie auch das Kindergeschrei und das tolle Wesen und
Treiben der Kinderstube nicht hören: das zerreißt ihr
die Ohren. Da ist denn aber die Kinderzucht schlecht,
und die bösen Früchte, welche wachsen, so wie die
Leiden, welche hieraus entstehen, sind zum guten Theil
ihre Schuld. — Die Weichliche ist auch eine
schlechte Wirthschafterin. Sie erhebt sich Morgens
spät von ihrem Lager, und ehe sie zum Vorschein
kommt, hatte das Gesinde lange Zeit, zu thun, was
ihm gefiel, und gewiß ließ dasselbe diese Zeit nicht un-
benüzt. Sie arbeitet wenig, und das Wenige mehr
als Zeitvertreib, denn das Arbeiten ist sauer; dagegen
liebt sie Genuß — unterhaltende Lesung, Lustparthien,
vor Allem guten Tisch, und leckerhafte Gerichte. Da
ist denn aber im Hause keine Aufsicht und Ordnung,
da wird viel veruntreut und noch mehr verzehrt, dagegen nichts erarbeitet und zusammengehalten. Und
indem nun das Hauswesen zurückgeht und endlich untergeht, und daraus die größten häuslichen Zerwürfnisse
und Nothstände entstehen, wer trägt die Schuld an

13*

diesen Leiden, als sie? — Endlich wird die Weichliche
auch der Versuchung zu geschlechtlichen Versündigungen
schwerlich widerstehen. Sie ist ja, wie einerseits der
Genußsucht hingegeben, so anderseits ohne alle Kraft
der Selbstverläugnung. Genußsüchtig aber und ohne
Selbstverläugnung, wie wird sie das Gelüsten ihres
Fleisches beherrschen? Allein nun kommt (sey es Frau
oder Tochter) jenes Heer von Uebeln für Seele und
Leib, für Gegenwart und Zukunft, für Haus und Fa=
milie, welches den Geschlechtsverirrungen, wie der Schall
dem Echo, folgt. Die Unglückliche wird klagen, aber
— sie klage sich selbst an! — Prüfe du darum, die
du zu leiden hast, redlich dich selbst, ob du eine starke
Frau bist, in nichts tadelhaft von Allem, dessen sich die
weichliche Lüsternheit schuldig macht.

Ein anderer Feind endlich, welcher das weibliche
Herz bedroht, ist die natürliche Schwäche des Ge=
schlechts. Aus dieser kommt die Veränderlichkeit
und Unverläßigkeit, indem nicht der Grundsaz
und Wille, sondern die wechselnde Empfin=
dung des Herzens Meister ist, ihr Gewicht izt dahin
izt dorthin legt, und die Sache heute so, morgen so
entscheidet. — Aus ihr kommt weiter die Verstellung
und Lüge, weil der offene Weg mehrentheils Hinder=
nisse hat, und es natürlich ist, das, was man wünscht,
aber auf offenem Wege nicht so leicht erzielen kann,
auf krummem Wege anzustreben. — Aus ihr kommt
der Argwohn, indem die Schwäche ihrer Natur nach
fürchtet, und die Furcht argwöhnt. Der Argwohn
dann gestaltet sich in nächster Beziehung zum Manne

gern zur Eiferfucht, diefer fchweren Plage der Ehen.
Aber nun aus der Wortbrüchigkeit, aus der Verstellung
und Lüge, aus der Hinterlist und Intrigue, aus dem
Argwohn und eiferfüchtigem Lauern und Deuten: welch
ein Heer von Uebeln, namentlich von Entzweiungen,
Feindfchaften, Rachegedanken und Verfolgungen! ꝛc. —
Wenn du daher feufzest, so prüfe dich felbst, wie
viel von den genannten Gebrechen du etwa an dir
habest, und wie viele Schuld du damit felbst an deinen
Widerwärtigkeiten tragest.

Ich habe es wiederholt: „Prüfe dich felbst!"
Klage nicht Andere an, wo du dich felbst anklagen
follst. Nimm als gewiß und ausgemacht an,
daß höchst felten alle Schuld auf Eine Seite fällt.
Auch du hast deine Schuld. Und meinest du doch,
daß du fchuldlos leiden müßest, so frage die Welt um
dich, frage das Urtheil Dritter Unbetheiligter. Alle
Welt weiß oft deine Fehler, nur du felbst nicht. Ach
der Mensch ist mit feinem Herzen so gar unbekannt,
und zugleich von der Eigenliebe so geblendet, daß er
stets recht hat, und gegen alle Welt fich felbst in Schuz
nimmt. Das größte der Uebel ist die Eigenliebe,
denn diese macht uns blind, und damit uns und
unfere Zustände unheilbar.

Wohl ist viel Uebel in der Welt, und an Trübfal
wird es darin, insbefondere den Verehlichten, nie fehlen;
aber gewiß bleibt doch: Würden und wären wir
nur felbst beffer, so würde bald Alles beffer feyn.

Wie gefagt worden: In dem Worte: „Siehe,
Herr, deine Magd!" liegt die tieffte und endlich

einzige wahre Tröstung. Um jedoch dieses Wort im
Drange der Leiden aus der ganzen Tiefe des Herzens
sprechen zu können, mußt du erst ein gutes Bewußtsein
haben, und entweder schuldlos seyn, oder wenigstens
deinen eigenen Beitrag zu deinen Leiden zurückgezogen
haben und zurückziehen.

21.

Maria in der Leidenswoche ihres göttlichen Sohnes.

Als der Sohn am Oelberg mit der Todesangst
kämpfte, und Schweiß in blutigen Tropfen von seinem
Angesichte rann, sandte der Vater einen Engel vom
Himmel, der Ihn stärkte. Glauben wir nun, daß der
Sohn, wenn die hl. Mutter in tiefster Bangigkeit um
Ihn litt, ja der höchste aller Mutterschmerzen ihr zu
leiden bevorstand, daß Er (sage ich) sie nicht gestärkt
habe? — Wiederholt hatte er seinen Jüngern, um
sie auf sein Ende vorzubereiten, gesagt, Christus
müße mißhandelt und getödtet werden; aber
am dritten Tage werde er wieder auferstehen.
Sollte Er dasselbe nicht auch seiner geliebten Mutter
gesagt haben? — Gewiß offenbarte Er auch seiner
theuern Mutter in Zeiten den Ausgang, womit Er
vollenden müße, und die Verherrlichung, womit der
Vater Ihn hierauf verherrlichen werde. Aber die
Jünger faßten es nicht, oder ließen es in ihrer Seele
nicht aufkommen. Ob auch die hl. Mutter es nicht
faßte? Gewiß, ob es gleich ihre Seele durchschnitt,
glaubte sie das Wort — und von Stund an haf-
tete dasselbe wie ein Stachel in ihrer Seele.. Mit der

ganzen unausſprechlichen Schwere lag es auf ihrem
Herzen; mit der ganzen Größe und Weite ihrer Seele
umfaßte, durchdachte und durchfühlte ſie es. Wie ſtimmt
dieſes Ende, fragte ſie, zu der Verkündigung, die ich
empfangen? wie zu der ewigen Herſtellung des Thrones
Davids durch Ihn? wie zu ſeiner ewigen Herrſchaft?
Was heißt: Am dritten Tage auferſtehn? Wie ſoll
das geſchehen? Was ſoll dann werden? Und warum
nicht leben, und im Leben bleiben? —

Wir werden daher ſchwerlich irren, wenn wir an=
nehmen, ihr göttlicher Sohn ſey, als Er dem Tode
wirklich entgegen gieng, noch vorher mit den Worten
zu der Gebeugten getreten: Theure Mutter! Nun iſt
die Stunde da. Von dem Vater bin ich ausgegangen
und in die Welt gekommen; ich verlaſſe die Welt
wieder und gehe zum Vater. Dein Herz verzage
nicht; glaube an Gott und glaube an mich! Ich gehe
zum Tode, aber der Tod hat nicht Macht, mich zu
behalten: Ich komme wieder zu dir. Ich gehe hin,
dir und allen den Meinigen einen Plaz zu bereiten.
Und wenn ich euch einen Plaz bereite, will ich wieder=
kommen, und dich zu mir nehmen, damit zu ſeyeſt,
wo Ich bin. Izt verherrlicht der Sohn den Vater,
und der Vater verherrlicht den Sohn bei ſich. Faſſe
Muth: „Ich habe die Welt überwunden. Mein Reich
iſt dennoch ewig.“

Vielleicht faßte die hl. Mutter auf dieſe Worte
den geliebten Sohn flehentlich bittend an, um ihn feſt=
zuhalten und nicht zu laſſen. Ach! dir iſt ja, ſagte
ſie vielleicht, dir iſt Alles möglich. Laß dieſen Schmer=

zenskelch an dir und mir vorübergehen. Und gewiß
rührte der unendliche Mutterschmerz den Sohn auf das
innigste; allein Er entgegnete: „Damit die Welt erkenne, daß ich den Vater liebe, und das thue, was
Er mir aufgetragen, so laß mich, daß ich hingehe."
Und als Er gieng, und als sie Ihn gehen sah, da
wollte ihr das Herz zerspringen. Und kam Er auch
seiner Zusage gemäß wieder, und konnte Er auch vom
Tode nicht gehalten werden, ja that Er nur, was Ihm
der Vater aufgetragen, so war der Gang des Heiß-
geliebten zum Tode nichtsdestoweniger etwas Seele
und Muth der Mutter Zerdrückendes. Wenn der
Sohn selbst, trozdem daß Er seine Auferstehung und
ewige Verherrlichung wußte, doch am Oelberg eine
Bangigkeit bis zum Tode empfand, warum sollte es
das Herz der hl. Mutter nicht bis zum Todesschmerz
zusammengepreßt haben, als sie den von Gott empfangenen Sohn hingehen sah, mit diesem Ausgange
zu enden? — Wohl freilich, als sie den Schmerz
durchempfunden hatte, griff sie auch nach dem Worte
der Tröstung, welches sie vernommen, und kniete in
weinender Ergebenheit nieder, bethend: Siehe Herr!
deine Magd.

Was die hl. Mutter nun weiter gethan bei der
Gefangennehmung des Sohnes, bei seinen Verhören,
bei seiner Verurtheilung, bei seinen schweren Mißhandlungen, bei seiner Geißelung, Krönung und Kreuz-
tragung, das wissen wir nicht; oder vielmehr, wir
wissen es wohl: ihr Leben während der beiden
Leidenstage ihres göttlichen Sohnes war das Mit-

leiden des ganzen Leidens desselben. Kein Apostel, kein geliebter Jünger, wie schmerzlich er auch um seinen grausam verspotteten, zergeißelten und zur Richtstätte geführten Herrn und Meister litt, litt um ihn in derselben Weise, wie die Mutter, denn sie Alle hatten wohl das Herz seiner Verehrer und Schüler, aber nicht das Herz der Mutter, und nicht das Herz dieser großen hohen tiefen und unendlich zart empfindenden Mutter. Wir haben für ihren Schmerz, für ihren langen, das ganze Leiden ihres Sohnes mit durchleidenden Schmerz keinen Namen. Was während der Nacht nach der Gefangennehmung mit ihrem Sohne vorgieng, wußte sie wahrscheinlich nicht, aber eben dieses Nichtwissen war eine schwere Qual, und setzte sie in eine grenzenlose Bangigkeit. Daß es doch endlich Tag werde! Aber nein! du liebende Mutter! verlange nicht nach dem Tag, nach dem bittersten, den je eine Mutter erlebt. Verhülle dein Angesicht, daß du die schwere Noth deines Kindes nicht sehest! Doch du verhüllest dein Angesicht nicht, sondern erhebest dich, sie mit Augen zu schauen. Wenn zarte Frauenspersonen unserer Zeit einen theuern Leidenden haben, so können sie ihn nicht leiden sehen, sondern entfernen sich von seinem Bette; und wenn sie einen theuern Todten haben, so wollen sie nicht dabei seyn, wenn man ihn in den Sarg legt, und wollen den Hammerschlag nicht hören, der den Sarg verschließt. So wenig Muth und Kraft haben sie, zu leiden, und so sehr wird ihre Liebe zurückgedrängt von der Scheu ob zerschneidendem Schmerz. Nicht so

Maria. Sie macht sich auf, den Todesgang mit dem Sohne zu gehen. Sie sucht Ihn auf, und findet Ihn. Doch wo? Als Ihn Pilatus dem Volke vorführt, und das Mitleid desselben anspricht mit dem Worte: Ecce, homo! Er war zergeißelt, sein Angesicht von den nächtlichen Mißhandlungen entstellt, mit Blut befleckt, die Dornenkrone auf dem Haupt, und der rothe Soldatenmantel um seine Schultern. Herzzerreißender Anblick! Den du, o Mutter, von dem heiligen Geiste empfangen, den du als holdseliges Knäblein in den Tempel gebracht, den du als bewundertes Kind im Tempel gefunden, den du in seinen Worten voll Weisheit, in seinen Thaten voll Macht und Liebe bewundert hast — den Erben des Thrones seines Ahnherrn David, welcher auf dessen Throne sitzen soll ewig — Ihn findest du den Heiden überliefert, blutbedeckt, verspottet, fast zur Unkenntlichkeit entstellt und dem Erbarmen seines Volkes empfohlen!! — Aber nicht genug. So wenig war in der Brust dieser Heuchler — dieser Schriftgelehrten und Pharisäer ein Funken von Erbarmen, daß sie dem Landpfleger, welcher den Zergeißelten und Blutbedeckten dem Volke zur Bemitleidung vorführt, mit wildem Zorne entgegenschreien: „Ans Kreuz mit Ihm, ans Kreuz!" — Noch schmerzhafter gewiß, als der martervolle Anblick des geliebten Sohnes war der hl. Mutter dieses fanatisch blutdürstige Schrei'n der Menge. Wer je das Ohr- und Herzzerreißende des Gebrülls einer wilden Volksmasse gehört hat, ermißt den Eindruck auf das Mutterherz. O, mein Volk! seufzte sie, ist dieß der Lohn für ein Leben voll Wohlthun? Mein Volk, ach mein Volk! was hat Er dir gethan? —

Umsonst. Der Ungestüm des Volkes bringt durch; und der eingeschüchterte Landpfleger übergibt Jesum zur Kreuzigung. Doch war es dem Herzen der Mutter wie ein Trunk Wassers im höchsten Fieberdurst, als Pilatus zu Gericht sitzend vor allem Volk die Hände wusch und mit lauter Stimme ausrief: „Ich bin un= schuldig an dem Blute dieses Gerechten." Und es ergriff sie ein Gemisch von tiefster Wehmuth und mütterlichem Hochgefühl, als Pilatus noch vorher, wie aus höherer Eingebung zu dem Volke sprach: „Sehet hier euern König!" Ja wohl „euer König." Schnell flammte bei dem Worte des Landpflegers in Davids Tochter das Andenken an die Weissagung des Engels auf: „Gott der Herr wird ihm den Thron seines Vaters geben, und Er wird über das Haus Jakob regieren ewig." Aber keiner Hoff= nung Raum lassend erscholl ohr= und herzzerreißend so= gleich der Blutruf: „Weg, weg, ans Kreuz mit Ihm."

Schon führen sie Ihn zur Richtstätte. Er muß das Kreuz, an welchem Er sterben soll, selbst tragen. Aber wie ist dieses dem durch die Leiden der vergangenen Nacht und des heutigen Tages Erschöpften möglich? Er sinkt unter der Last zusammen, so, daß sie ge= nöthigt sind, das Kreuz einem Manne Namens Simon von Cyrene, der eben vom Felde kam, aufzubürden. Viel Volk begleitet den Zug, auch Frauen, die ihn beklagen und beweinen. Ganz bestimmt war die hl. Mutter unter diesen, denn wir finden sie später mit

ihrer Schwester, Klopas Frau, und Maria von Mag=
bala unter dem Kreuze. Welch ein anderer Zug
dieser, als der feierliche Einzug in Jerusa=
lem! — Wir erstaunen, daß die hl. Mutter sehen
konnte, was sie vor dem Palast des Landpflegers sah,
und hören, was sie daselbst hörte, und noch Kraft be=
halten, den Zug zu begleiten, und den Sohn zu sehen
in seiner Erschöpfung, und die blutdürstige Bosheit
seiner Hasser zu schauen in ihrem Triumphzuge. Aber
sie hatte die Kraft. Sie wollte seine Mutter seyn,
und Ihm zur Seite stehen, bis ans Ende. Sie
wollte auch auf dem Richtplatze gegenwärtig seyn, auch
unter dem Kreuze, und Ihn sterben sehen. Welche
Mutter! — Ach, ihr Schmerz ist unaussprechlich;
und wenn sie die weinenden und wehklagenden Frauen
sieht, fühlt sie wohl, daß ihnen Allen Vieles, ja Alles,
aber doch nicht „der Sohn" zum Tode geführt werde.
Kann die Seele, kann die Kraft einer Frau so viel
aushalten? — Menschlichem Maßstabe nach: nein! Aber
durch die Kraft Gottes: ja! Merke: der höchste
Schmerz hatte bei ihr in die höchste Selbsthin=
opferung umgeschlagen. Wenn es so im Rath=
schlusse des Allerhöchsten — seines Vaters ist, daß Er
sterbe; wenn dieser schreckliche Tod der Weg ist in
sein Königreich; wenn Er im Bewußtseyn, Der zu
seyn, welcher Er ist, dennoch hingehen, und am Kreuze
vollenden will; wenn Niemand Macht über Ihn hat,
und alle Machthaber nur Gewalt über Ihn haben,
weil der Vater und Er selbst sie ihnen läßt: so will,
sprach sie in sich selbst, auch ich das Opfer bringen,

welches der Vater bringt, und Er selbst bringt.
Wer bin ich, daß ich widerstrebe? Sieh an, o Herr!
bethete sie, dieses brechende Herz! Nimm gnädig hin
das Opfer meines Schmerzes! Ach! was ist dieser
Schmerz im Vergleiche mit dem meines Sohnes?
Trägt er den rohesten Undank, die verhöhnendste Zurückweisung seiner Liebe, den entsetzlichsten unnennbarsten
Schmerz seiner Kreuzigung, diese grenzenlose Verunehrung und Beschimpfung seiner Würde, so werde
wohl auch ich sie tragen. Bin ich nicht darum seine
Mutter, daß ich nicht mein, sondern sein Leben
lebe, und mich opfere in Ihm und mit Ihm?

Mit dieser tiefsten Selbsthingabe an den Sohn, mit
dieser höchsten Selbsthinopferung betrat sie Golgatha.
Was sie hier fühlte und lebte, war eine fortlaufende
Vereinigung ihres Opfers mit dem Opfer ihres göttlichen Sohnes. Ihr Glaube, ihre Liebe, ihre
Einigung mit dem Sohne war ihre Kraft. Und
dann, hatte ihr göttlicher Sohn, als Er von ihr schied,
gesagt: „Verzage nicht! Glaube an Gott, und glaube
an mich! Ich gehe zum Tode, aber der Tod hat nicht
Macht, mich zu behalten: Ich komme wieder zu dir."
Damals kniete sie ohne Zweifel in tiefster Selbsthinopferung nieder, bethend: Siehe Herr! deine Magd.
Das nun wiederholte sie sich auf Golgatha, und er-
neuete aufweinend das Opfer ihres Schmerzes.

Wodurch auf Golgatha ihre Seele noch besonders
gehoben wurde, war das Wort ihres Sohnes: „Vater
verzeih ihnen, denn sie wissen nicht, was sie
thun." Sie ist über die Peiniger nicht erbittert, denn

der Sohn ist es nicht. Sie schreibt den Rathschluß Gottes in Demuth an, denn Gott hat solch schreckliche Verblendung kommen lassen, und der Sohn trägt sie.

Als aber die Kreuzigung geschehen war, und der Sohn festgenagelt, mit durchbohrten Händen und Füßen, blutend, mit ausgespannten Armen, nackt, zwischen Himmel und Erde dahieng, da wagte sie im ersten Augenblick nicht, Ihn anzuschauen, und als sie es gewagt, da wollte ihr das Herz zerspringen. Und nun zu diesem Jammeranblicke die lauten Lästerungen, die teuflischen Verhöhnungen, die siegestrunkenen Herausforderungen der Umstehenden! Ist ein Schmerz, wie der Schmerz dieses Sohnes? Ist ein Schmerz, wie der Schmerz dieser Mutter? — Als aber der Sohn wie ein Lamm, welches zur Schlachtbank geführt ist, seinen Mund nicht aufthat, sondern duldete und im Geiste opferte, so erhob sich an diesem göttlichen Dulden und Schweigen mächtig die Seele der schmerzvollen Mutter. Und der hl. Geist führte ihr die Worte des Propheten vor die Seele, da er spricht: „Verachtet ist Er, und zurückgesezt unter den Menschen, ein Mann der Schmerzen... Aber Er trägt fürwahr unsere Missethaten, und unsere Schmerzen hat Er auf sich genommen.. Er ist durchbohrt um unserer Sünden willen, und geschlagen wegen unserer Missethat.. Durch seine Wunden werden wir gesund.. Jehova warf auf ihn die Strafe für uns Alle.. Er ward gequält, doch that er seinen Mund nicht auf, wie das Schaf verstummt vor seinem

Scherer.. Darum will ich ihm Viele zum Erbtheil geben, und Mächtige soll Er zur Beute
haben." Die hl. Mutter fühlte, daß des Propheten
Weissagung in dieser Stunde in Erfüllung gehe. Das
erhob ihre Seele mächtig, und sie wiederholte: Siehe
Herr deine Magd: es geschehe nach deines Propheten
Wort!

Wiederum rührte, erhob und stärkte es sie tief, als
der Schächer den mitgekreuzigten Lästerer strafte, und
zu Jesus gewendet flehte: „Herr, gedenke mein,
wenn du in dein Reich kommst!" und als Jesus
antwortete: „Wahrlich, heute noch wirst du mit
mir im Paradiese seyn." Dieser Glaube des
Schächers that ihrem Herzen wohl. Ach, dachte sie,
dieser Missethäter weiß, daß des Menschensohn vom
Kreuze aus in sein Reich kommt: und des Menschensohn wird ihn heute noch dahin aufnehmen.
Also vom Kreuze ins Paradies; vom Kreuze in das
Ihm vom Vater bestimmte ewige Reich, darin Er
herrschen wird ohne Ende. Dahin also ist die
Verkündigung zu verstehen, daß Er herrschen
werde über das Haus Jakob ewig.

Ob die hl. Mutter, während ihr Sohn unter den
furchtbaren Martern der Kreuzigung in den Tod gieng,
an sich selbst, und an ihre künftige Verlassenheit dachte?
— Gewiß nicht. All ihr Denken und Empfinden
gieng in dem Leiden ihres Sohnes auf. Und dann
war ihr — mit dem Tode desselben das Leben werthlos geworden; was konnte sie sich um dasselbe kümmern?
Dagegen gedachte der Sohn, obwohl in Schmerzen auf-

gelööt, seiner Mutter und ihrer Zukunft. Frau, sagte Er, das Auge zu Johannes hinwendend, „sieh da deinen Sohn!" Und zu Johannes sagte Er, das Auge zur Mutter hinwendend, „siehe, deine Mutter." Und von Stund an nahm der Jünger sie zu sich. — Die Empfindung der hl. Mutter in diesem Augenblicke war: Er wollte, der die Mutter in dieser Welt geliebt hat, bis ans Ende sie lieben. Das Wort bewegte in unaussprechlicher Rührung ihre Seele. Es war das Testament des Sterbenden.

Der Schmerz der unveränderlichen Lage, das Brennen der durchbohrten Hände und Füße, die Beklommenheit der Brust und das steigende Fieber mit seinem quälenden Durste hatten den Schmerzenszustand des Gekreuzigten mehr und mehr zu einer Höhe gebracht, die kein Mensch ohne in Wahnsinn oder Verzweiflung zu fallen, aushalten kann, es sei denn die Gnade Gottes wunderthätig stärkend in ihm. Auf dieser Höhe des Schmerzes, einen Augenblick ganz der menschlichen Natur und ihrer übermannenden Qual hingegeben, rang Er unter der überwältigenden Wucht der Qualen flehentlich um Hilfe zum Vater auf. „Gott, Mein Gott", rief Er mit den Worten, die der Psalmist dem Messias in den Mund legt, aus, „mein Gott! warum hast du mich verlassen?" — Man kann sich den Seelenzustand der hl. Mutter denken, als sie ihren Sohn, welcher bis dahin stumm geduldet hatte, diese vom höchsten Schmerze ausgepreßten Worte ausrufen hörte. Wie ein dreischnei-

bendes Schwert durchbohrte dieser Klageruf ihre Seele.
Ganz gewiß hatte sich die Mutter des Psalms, aus
welchem diese Worte genommen sind, schon während
der Leidensstunden erinnert. Sah sie ja die Erfüllung
dessen, was in jenem Psalm vom Messias gesagt ist,
vor Augen. Wie schrecklich, sagte sie in ihrem Herzen,
erfüllt sich die Weissagung! Und mit dem Blick auf
ihren Sohn, bethete sie die prophetischen Worte: „Ein
Wurm bin ich, und kein Mensch, Spott
der Leute und die Verachtung des Volks.
Die mich sehen, höhnen mich, sperren das
Maul auf, und schütteln den Kopf. Er vertraute auf den Herrn: Er rette Ihn, denn Er
hat ja Wohlgefallen an Ihm! ... Wie Wasser bin ich hingegossen, und aufgelöst
sind alle meine Gebeine. Vertrocknet wie
Scherben ist meine Kraft, und meine Zunge
klebt mir am Gaumen ... Mich umgeben
Hunde, eine Rotte Bösewichter umgeben mich,
sie durchbohren mir Hände und Füße .. Sie
theilen meine Kleider unter sich, und über
mein Gewand werfen sie das Loos." Aber die
weiteren Worte des Psalms: „Gott, mein Gott!
warum hast du mich verlassen!" zeigten sich mehr,
als nur erfüllt: sie erschollen wirklich aus dem
Munde des Gemarterten, und verkündeten in dem
Schmerzenstone, womit sie gerufen wurden, die unaussprechliche Qualfülle, die den Leidenden erdrückte.
Namenlos erschüttert und gepreßt in ihrem Herzen
flehte die hl. Mutter um Hilfe mit den Worten des

Pfalms: „Vom Mutterleibe an bist du mein
Gott. Entferne dich nicht, da Niemand ist,
der hilft. Jehova, du meine Kraft, eile mir
zu Hilfe!"

Ach, wie so lange? O, seufzte die schmerzhafte
Mutter, daß es doch vollbracht wäre, daß Er voll=
endete! Eile, Jehova, Ihm zu helfen, und löse seine
übergroße Noth im Tode! — Endlich nach sechs fürchter=
lichen Stunden ist es geschehen. „Es ist, ruft Er,
es ist vollbracht." Darauf: „Vater in deine
Hände empfehle ich meinen Geist." Dann neigte
Er sein Haupt, und starb. — Als der Engel Maria
die Bothschaft gebracht, fühlte die Begnadigte sich hoch
entzückt. Aber ungleich erhobener, obgleich in anderer
Weise, schlug ihr Herz ob dem mächtig schallenden
Rufe: „Es ist vollbracht!" Ja, betete sie, sey
gepriesen o Gott! daß es vollendet ist! Groß bist du
Sohn, du Sohn der Schmerzen! Du hast den Kelch
getrunken, den dir dein Vater gereicht; du bist durch
diese Qual der Qualen hindurchgegangen und hast
überwunden; du wirst herrlich seyn beim Vater, dem
du gehorsamet bis zum Tod, ja bis zum Tod des
Kreuzes. Ich habe einen Schmerzensmann, aber einen
großen Sieger geboren, einen Mann wunderbar im
Leben, wunderbarer im Tode; einen Mann von Gott
gekommen und Sohn Gottes, nun wieder zum Vater
eingegangen, in dessen Hände Er seinen Geist em=
pfohlen. Wie ruhig todesmüde, aber wie mild und
groß sein Angesicht! Ich habe es im Stalle zu
Bethlehem gesehen wie das Angesicht eines Engels;

ich sehe es wieder, aber wie das Angesicht Gottes.
Ich habe den Sohn Davids geboren, den Erben
seines Thrones: Er ist hingegangen, seinen Thron
in Besitz zu nehmen. Er vergißt der Mutter nicht;
Er wird wiederkommen, und sie zu sich nehmen, damit
sie sey, wo Er ist. Ein schneidend Schwert hat
meine Seele durchbohrt: doch was ist mein Schmerz
im Vergleich mit dem seinigen! Aber nun hat Er
es vollbracht, und die Mutter denkt nicht mehr der
Schmerzen dieser Geburt, worin der Sohn zur ewigen
Herrlichkeit geboren ward: es ist geschehen.

Bisher war Alles Klage und Schmerz gewesen;
selbst die Natur hatte sich verdüstert, und die Sonne
ihr Angesicht ob diesem Leiden, und ob dieser Greuel-
that der schwärzesten Bosheit verhüllt; aber nun fand
die siegbegeisterte Mutter bereits Genossen ihres Glaubens. Der wachehaltende Hauptmann, als er die Ver-
finsterung der Sonne, das Erbeben der Erde, den gewaltigen Aufruf des Sterbenden, und die höchst merk-
würdige Weise seines Verscheidens sah, rief aus:
„Wahrlich, dieser Mensch war schuldlos, er
war Gottes Sohn;" und das Volk, da es sah,
was geschah, schlug an die Brust, und eilte hinweg.
Siehe, schon fängt die Sache an, sich zu wenden,
und dieser beginnende Umschwung erhebt mitten in tiefster Noth der Mutter Seele, und bekräftigt ihren
Glauben.

Das Volk ist hinweggeeilt: die Mutter des Gekreuzigten aber, die Jünger und Frauen blieben auf
dem Richtplaze. Wie könnten sie den Leichnam dessen

verlassen, von dem sie nun nichts mehr sehen und
haben, als eben den Leichnam? Ihre Liebe wendet
sich darum diesem zu, und ihre Sorge ist, daß sie ihn
als ihr theuerstes Eigenthum behalten und bestatten mögen. Joseph von Arimathäa geht daher zu Pilatus,
bittet um den Leichnam Jesu und erhält ihn. Nun
wird derselbe vom Kreuze abgenommen. Und als er
(den Seinigen wiedergegeben), in seiner marter-
vollen Gestalt daliegt, erfaßt der Anblick die hl. Mutter noch einmal mit unendlichem Schmerze; sie küßt
mit unaussprechlicher Wehmuth das blaße Angesicht,
und umfaßt das heilige Haupt. Aber bald kehrt sie
von dem augenblicklich überwältigenden Schmerze zu
ihrer glaubensstarken Fassung zurück. Sie weilt mit
heiligem Wohlgefallen bei der Betrachtung des unendlichen über das Angesicht des Todten ausgegossenen
Friedens, und ist innerlich erhoben in dem Anschauen
der aus seinen Zügen hervorleuchtenden, von der Verwesung nicht erreichbaren Größe. Mit den Worten
ihres Ahnherrn Davids bethet sie: „Du wirst, o Herr,
meine Seele nicht lassen im Todtenreiche, und
nicht zugeben, daß dein Geheiligter die Verwesung sehe. Du thust mir kund den Weg des
Lebens; wirst vollauf Freude mir geben vor
deinem Angesicht.“

Das lezte Werk, welches die hl. Mutter an dem
Leichnam ihres Sohnes verrichtete, dürfte wohl die Ab-
waschung desselben gewesen seyn. Als sie ihn dann nach
der Reinwaschung mit der beigebrachten feinen Lein-
wand umwickelte, that sie es nicht ohne der Nacht zu

gedenken, wo sie im Stalle zu Bethlehem den Neugebornen in Windeln gehüllt hatte. Bis hierher,
welch eine Bahn! —

Ob die hl. Mutter der Begräbniß ihres göttlichen
Sohnes angewohnt habe? — Es scheint nicht. Denn
da der Frauen, welche dabei zugegen waren, ausdrücklich gedacht wird, so wäre ihrer, wenn sie dabei gewesen wäre, gewiß nicht vergessen worden. Man darf
wohl annehmen, daß Johannes, welcher die Erschöpfung der Mutter sah, sie zur Rückkehr nach Jerusalem gedrängt habe. Nicht weniger auch ist natürlich,
daß die Frauen, welche den geliebten Herrn und Lehrer
für immer verloren zu haben glaubten, seinen Leichnam nicht lassen wollten bis zum lezten Augenblick,
und zu ihm zurückzukehren beschlossen in der ersten
Stunde, da sie es des Sabbaths wegen durften: aber
die hl. Mutter hatte ihn nicht zum leztenmal gesehen;
seine Laufbahn ist (das hält sie in ihrem Glauben
fest) nicht geschlossen; die Wunderkraft des Vaters über
Ihm ist nicht erschöpft: vielmehr wird etwas Neues
und Größeres geschehen: der Tod kann Ihn nicht
festhalten. Wohl konnte sie sich also von dem hl.
Leichname trennen, eh derselbe in der Gruft beigesezt war.

Sie wankte, das Herz überfüllt von schmerzlichen
und sieghaften Empfindungen, ihrer Herberge zu. Was
sie da gethan habe nach ihrer Ankunft und während der
Nacht und während des folgenden Sabbaths, und während
der Nacht darauf? — Wir wissen es nicht. Und doch
wissen wir es wohl. Sie hat die Geschichte ihres gött-

lichen Sohnes durchgedacht von seiner Verkündung an
bis auf den gestrigen Tag. Sie hat sein Leben noch
einmal durchgelebt, und sein Leiden noch einmal, ja
immer wieder aufs neue durchgelitten. Sie hat in
ihrer großen sinnenden Seele nachgeforscht, warum es
so im Rathschlusse Gottes beschlossen gewesen, und
warum Christus also habe leiden und sterben müßen?
Sie hat sich in Gedanken verloren darüber, in welcher
Weise sich das Wort des Engels: „Gott der Herr wird
ihm den Thron seines Vaters David geben, und
sein Reich wird ohne Ende seyn", nunmehr er=
füllen werde? Sie hat nachgedacht, in welcher Gestalt
ihr göttlicher Sohn wiederlebend hervortreten, und ob
die Juden vielleicht, wenn Er wiederlebend vor sie
träte, Alle wie Ein Mann an Ihn glauben würden?
Sie hat sich in den seligen Gedanken seines Wieder=
lebens und ihrer ersten Begegnung versenkt. Sie hat
tausend wechselnde Empfindungen des Schmerzes, der
Siegesfreude, der Hoffnung gehabt, aber wenn sie sich
in fragendem Sinnen verlieren wollte, immer sich zu=
sammenfassend mit dem Worte geschlossen: Siehe, ich
bin deine Magd. Dein Wille geschehe. Sie hat
namentlich viel gedankt für das Wort: Es ist voll=
bracht. Noch hört sie dasselbe in seiner gewaltigen
Kraft, und mit seinem Inhalt voll der Tröstung und
des Sieges.

Ich kann mich über die Empfindungen, welche
du o Christin! bei Lesung der eben erzählten schmerz=

haftesten und erhebendsten Erlebnisse der heiligsten Jung=
frau und Mutter gehabt hast, nicht täuschen. Es würde
daher eine Verunehrung dieser Empfindungen seyn, wenn
ich izt aus dem Erzählten allerlei Nuzanwendungen
ziehen wollte. Dein fühlend Herz konnte sie nicht
verfehlen, und hat sie schon gezogen. Nur zwei Be=
merkungen will ich nicht schweigend übergehen. Die
erste ist, daß kein Verlust oder Schmerz, den du er=
leiden magst, gleich seyn kann jenem der heiligsten
Jungfrau und Mutter. Ob dir also auch dein innigst
geliebter Gatte, dein hoffnungsvoller Sohn, deine auf=
geblühte Tochter sterbe, und dein Herz vor Jammer zer=
springen wolle: blicke auf die Mutter hin unter dem
Kreuze ihres Sohnes. Wo ist ein Schmerz, wie der
ihrige? Tröste dich: die Magd will es nicht besser,
als die Frau. Opfere dich! du brauchst nicht zu wissen,
warum und wozu? Es ist genug, daß du weißt, daß
eben Der deinen Gatten, deinen Sohn, deine Tochter 2c.
abruft, oder abgerufen hat, welcher seinen Eingebornen
Sohn gemartert und todt auf den Schoos der hl. Mut=
ter legte. — Oder vielleicht leidest du große und anhal=
tende leibliche Schmerzen, vielleicht hast du Haus und
Gut verloren, vielleicht bist du bitter verläumdet und
um Achtung und Ehre gebracht 2c. Allein was sind
alle leiblichen Schmerzen gegen den Seelenschmerz ei=
ner Mutter unter dem Kreuze ihres Sohnes? Was
sind alle Verluste an Geld und Gut gegen den Ver=
lust des einzigen von Gott empfangenen Kindes? Und
was sind alle Lästerungen und Verspottungen, welche
du erfahren magst, gegen jene, welche die hl. Mutter

mit Ohren hören mußte unter dem Kreuze? Tröste
dich darum: die Magd will es, wie gesagt, nicht
besser, als die Frau. Opfere deinen Schmerz!
Frage nicht, warum und wozu? Der, welcher ihn über
dich verhängt hat, ist (wie bemerkt) derselbe, welcher den
geliebten Sohn zermartert und todt legte auf den Schoos
der hl. Mutter. Genug, wenn du nur nicht selbst Ur=
sache deines Leides bist!

Die andere Bemerkung betrifft das Vertrauen,
welches wir in aller Noth (nächst dem Sohne) auf die
hl. Mutter sezen dürfen. Wer kann ein mitleidvol=
leres Herz haben, als die Schmerzhafteste der
Frauen, welche ihren Sohn — den Heiligen Gottes,
den ihr angekündeten ewigen König Israels — zer=
geißelt, mit Dornen gekrönt, verspottet, das Kreuz
tragend, gekreuzigt, am Kreuze hilferufend, sterbend,
und todt gesehen hat? Ja, wer kann ein mitleid=
volleres Herz haben als die Mutter mit dem
zweischneidigen Schwerte in der Brust? —
Ist sie aber die Mitleidvolle, die Mutter voll der
Barmherzigkeit, glauben wir etwa, sie habe wohl
Mitleid, aber ihr Mitleid sey ein leeres und ohn=
mächtiges? Wird die, welche das Leiden des
Sohnes also mitlitt, nicht auch in ausgezeich=
neter Weise an dessen Herrlichkeit Theil neh=
men? Und wenn sie für Jemand bittet um des
Opfers willen, welches sie — Eins mit ihrem Sohne
— unter dem Kreuze darbrachte, und um der Schmer=
zen willen, welche sie um ihren Sohn und mit Ihm
litt, wird ihre Fürbitte nicht Erhörung finden? —

Ulrich: das Leben Mariä.   14

Glauben wir etwa, der Sohn werde sie für ihren namenlosen Schmerz nicht entschädigen und belohnen? Belohnt Er sie aber, was anderes wird der Lohn seyn, den sie will, als daß sie helfe, heile, tröste und Barmherzigkeit übe, und daß ihr gewährt sey, gnädig zu seyn jeder leidenden Seele, welche zu ihr aufruft, und fähig ist, Hilfe und Trost zu empfangen? Nicht als wollte sie eine Barmherzigkeit üben neben und ausser jener ihres göttlichen Sohnes; aber Niemand soll zweifeln, daß der Allerbarmer dem großen, gnade- und mitleidvollen Herzen der hl. Mutter einen diesem Herzen entsprechenden Wirkungskreis geschenkt habe.

Und hier kann man nicht umhin zu fragen, wie es gekommen, daß eine große Zahl von Christen das Vertrauen auf die Schmerzhafteste der Mütter, und deren Anrufung verurtheilt hat und verurtheilt — gleichsam als sey sie nichts weiter, denn eine gottselige, zum ewigen Leben eingegangene, und daselbst in einem auf sich selbst beschränkten Zustande lebende Seele; oder als thue das ihr zugewendete Vertrauen jenem auf Christus Eintrag; oder als werde ihr eine Hilfeleistung zugeschrieben, über welcher man jene des alleinigen Helfers zurücksetze und vergessen lasse. Gewiß liegt in solcher Ansicht ein schwerer Irrthum. Wenn ich auf Erden mit gottvereinigtem Herzen und gottgeweihter Hand einem Bittenden helfe, sezt meine Hilfe Gott den alleinigen Helfer zurück, und macht sie Ihn vergessen? Umgekehrt: Gott hilft durch mich, und empfängt den lezlich Ihm allein gebührenden Dank.

— Oder thut das Vertrauen, welches der Bittende auf mich sezt, seinem Vertrauen auf Gott Eintrag? Eben so wenig. Wer hat denn die Herzen, welche helfen wollen, und die Hände, die helfen können, in seiner Macht, daß er sie öffne oder schließe? Also wo hat alles Vertrauen seinen lezten und alleinigen Halt? Gewiß in Gott. Ist es nun aber auf Erden so, daß Gott die Herzen der Menschen öffnet und ihre Hände befähigt zu helfen, und daß die Bedürftigen und Leidenden hilfesuchend zu ihnen herzukommen, warum sollte sich diese Einrichtung auf die Erde beschränken, und Niemand vertrauend und bittend den Verklärten im Himmel nahen sollen, deren Herz jedenfalls ungleich liebvoller, und deren Güterreichthum jedenfalls größer ist, als jener der Menschen auf Erden? — Was insbesondere die heiligste Mutter betrifft, so kann man sie wahrlich an dem großen für die Welt erduldeten Leiden nicht mitleidend, an dem großen für die Welt dargebrachten Opfer nicht mitopfernd gesehen haben, ohne überzeugt zu seyn, daß sie auch an der Verherrlichung ihres Sohnes, und an dem Beseligungswerke desselben ihren Antheil empfangen habe. Ja es ist undenkbar, sie bei der Erlösungsthat der Menschheit in solch namenloser Weise mitleidend zu sehen, dabei aber ohne Antheil bei der Austheilung der Früchte der Erlösung. Wer sie im Himmel auf sich selbst zurückweisen, und gleichsam in Ruhestand versezen will, verkennt gänzlich, wie die Oekonomie des Reiches Gottes überhaupt, so insbesondere ihre Stellung in dieser. Wer im Reiche Gottes mit zu leiden hatte, hat

14*

auch (wie schon gesagt) mit zu herrschen. Uebrigens war
ihr Leben auf Erden nur das Leben ihres Sohnes: an=
ders ist es auch nicht im Himmel. Ihre Liebe dort ist
keine von der seinigen getrennte, ihre Barmherzigkeit ist
keine zweite und von der seinigen abgelöste, ihre Hilfe ist
keine eigene und gesonderte: es ist Alles, was an Liebe
Barmherzigkeit und Hilfe in ihr ist, die Liebe, Barm=
herzigkeit und Hilfe ihres Sohnes, welcher mit dem
Vater und hl. Geiste als gleicher Gott lebt und regiert
in Ewigkeit: dem Ehre und Preis sey hinab durch alle
Zeiten der Zeiten! —

Es möge erlaubt seyn, noch eine dritte Bemerkung,
die, wenn sie hier auch nicht den passendsten Ort haben
mag, doch nicht überhaupt weggelassen werden wollte,
anzufügen. Der Umstand nemlich, daß Jesus sterbend
seiner hl. Mutter den Jünger Johannes zum Sohne
giebt, erinnert an die Millionen von Fällen, wo eine
Mutter Kinder erhält, welche nicht von ihr geboren sind,
an die Fälle also, wo eine Frauensperson einen Mann
heurathet mit Kindern aus früherer Ehe. Sie wird
Stiefmutter.

Die Stiefmutter übernimmt große, und dabei herbe
Pflichten. Sie soll die angeheuratheten Kinder halten
wie eigene. Allein sie fühlt dazu nicht, wie die na=
türliche Mutter, einen innern Trieb und eine inwoh=
nende Lust, vielmehr fühlt sie sich zu den eigenen Kin=
dern hingezogen, leichtlich aber von den Stiefkindern,

weil und sofern die eigenen Kinder von denselben verkürzt werden, angewidert. Dazu kommt, daß die
Stiefmutter von ihren Stiefkindern vielleicht als eine
Fremde angesehen mißachtet und geflissentlich beleidigt
wird, oder daß der Gatte gegen diese Kinder parteiisch
ist oder doch der Mutter parteiisch zu seyn scheint. Ja
es liegt der Stiefmutter nahe, daß ihr jede Liebe des
Vaters zu ihren Stiefkindern zuwider ist. Wenn ihre
Pflichten daher, sofern sie Mutter seyn soll, groß sind,
so sind sie zugleich, indem sie Stiefmutter ist, leichtlich herb und unerfreulich.

Besinne dich darum wohl, eh du Mutter wirst fremder Kinder, und prüfe dich, ob du das Herz und den
Muth habest, deine Mutterpflichten an ihnen zu erfüllen. Ich will dir sagen, was dich einladen kann,
Mutter fremder Kinder zu werden. Vor allem stelle
dich an das Todbett der Sterbenden, deren Platz du
einnehmen sollst. Ihr letzter Kummer sind ihre, vielleicht noch unmündigen Kinder. Wer wird, seufzt sie,
dieselben erziehen? Wer wird ihnen Mutter seyn? —
Bist du nun von dem Kummer der Sterbenden gerührt,
und ist dir zu Muth, als wollest du ihr letztes Sehnen
erfüllen, so thue es: es ist die Erhörung des letzten
Seufzers einer Sterbenden. Wie wird sie dich dafür
lieben und segnen! — Sodann vergegenwärtige dir die
Aufgabe, welche Gott derjenigen auferlegt, die an die
Stelle der Abgeschiedenen tritt. Meinst du etwa, Gott
habe, indem Er den Kindern ihre Mutter nahm, der
Kinder vergessen? Weißt du nicht, daß Er die Obsorge
für die verwaisten Kinder übernommen, ja daß Er

vielleicht die Mutter gerade um der Kinder willen, weil
sie keine weise Mutter war, hinweggenommen hat? Gewiß rechnet Er nun auf die Nachfolgerin. Fühlest du
nun den Willen und den Muth in dir, die mutterlosen
Kinder als ein von Gott dir anvertrautes Gut
zu übernehmen, zu pflegen und Gott zuzuführen, so
thue es. Du hast ein Pfund übernommen, welches du
später Gott mit reichem Gewinn zurückgeben kannst. —
Halte dir weiter die Frage vor: was du, falls du später von deinen eigenen Kindern wegstürbest, von deiner
etwaigen Nachfolgerin wünschen erwarten ja ersehen
würdest. Bist du nun in deinem Herzen aufrichtig entschlossen, den mutterlosen Kindern alles das redlich zu
thun, was du selbst in der gleichen Lage erbitten und
erhoffen würdest, so werde ihnen Mutter; gewiß werden dann auch deine Kinder, wenn sie mutterlos werden sollten, ihre Mutter finden. — Jede Mutter hat
ihren natürlichen Trieb, welcher sie für ihre Kleinen zu
sorgen lehrt und antreibt, aber die Stiefmutter hat
diesen Trieb nicht. Fragt es sich also, ob du Kinder
anheurathen wollest, so prüfe dich, ob du dich bereit
fühlest, um Gottes willen, um Christi willen, um
der Mutterlosen Kleinen willen das zu thun,
was die eigene Mutter aus Naturtrieb thut. Findest
du dich dazu bereit, so werde den Mutterlosen Mutter.
Deine Arbeit und Mühe hat weit mehr inneren Werth
als jene der natürlichen Mutter, und dein Verdienst um
deine Stiefkinder ist groß. — Verhehle dir ferner die
vielfachen Widerwärtigkeiten nicht, welche insgemein jede
Stiefmutter erwarten: Aufhetzung der Kinder von Aussen,

Mißdeutung und Mißkennung ihrer Handlungen, Ungehorsam und Undank ꝛc. Fühlest du nun den Muth
in dir, diese Widerwärtigkeiten über dich kommen zu
lassen, so tritt ein; du wirst zu allen Tugenden eine
tägliche Uebung haben, und wenn du fest stehst und
ausharrest, sehr an Achtungswürdigkeit und Vollkommenheit zunehmen. — Endlich ist gewiß, daß eine
Mutter oft tüchtiger ist, die angeheuratheten als die
eigenen Kinder gut zu erziehen, indem sie in jene nicht
blind verliebt ist, wie in diese. Tritt also immerhin
Stiefkinder an. Vielleicht wirst du ihnen eine bessere
Mutter seyn, als es die eigene gewesen; vielleicht auch
wirst du sogar an ihnen lernen, was es heißt: Kinder vernünftig lieben, um deine eigenen Kinder hiernach zu behandeln.

Also wie gesagt: Prüfe dich selbst! Es handelt sich nicht darum, einen Mann zu haben, sondern
eine christlich treue Mutter fremder Kinder zu werden.
Ich frage: Fühlest du dazu den Willen die Kraft
und den Muth? —

Alles, was hier für eine Frauensperson, welche
Stiefmutter werden soll, gesagt ist, gilt auch für
jene Männer, welche Stiefväter werden wollen. Bist
du daher Wittwe geworden, und mußt du dich nach
einem Vater und Erzieher deiner Kinder umsehen,
so weißt du, welche Rücksichten deine Wahl bestimmen
sollen.

Die Stiefkinder aber sind ihren Stiefältern, wenn
diese treue Aeltern sind, doppelte Verehrung Liebe und
Dankbarkeit schuldig, weil ihre Stiefältern nicht vom

320

Naturtrieb geleitet, sondern vom Pflichtgefühl, von
christlicher Liebe und Treue bewogen, das an ihnen
thaten und thun, was sie thun und gethan haben.
Stieffinder, indem sie dieses vergessen, versündigen sich
durch schweren Unverstand, und höchst strafbaren Undank.

22.

Maria bei der Auferstehung und Himmelfahrt ihres göttlichen Sohnes, und bei der Sendung des heiligen Geistes.

a. Die Auferstehung.

Auf den dritten Tag sah die hl. Mutter dem Wiederkommen ihres göttlichen Sohnes entgegen. Je näher aber der Tag herbeikam, desto bewegter schlug ihr Herz: desto freudiger, aber auch desto banger. Desto banger, ob nämlich sein Anblick — ob die Ueberraschung und das Mutterglück sie nicht in Verwirrung bringen werde. Noch war sie mit dem Beginn des dritten Tages in den Gedanken mütterlichen Schmerzes, mütterlicher Liebe und Erwartung, als Jesus auf einmal leibhaftig vor ihr stand, und sie mit dem: „Friede sey mit dir!" begrüßte. Dann sprach Er zu ihr: „Das ist es nun, was ich dir gesagt habe: So mußte Christus den Schriften gemäß leiden, und am dritten Tage von den Todten auferstehen." Es sind uns zwar die Worte, welche der Auferstandene sofort zu seiner hl. Mutter gesprochen, nicht aufgezeichnet, aber wir dürfen wohl glauben, daß Er ihr, wie sein ihr einst verkündetes ewiges Reich

mit dem Tod, welchen Er erduldet, zusammen=
hange, auseinander gesezt, auch was von nun an
geschehen werde, gesagt habe. Wir irren wohl nicht,
wenn wir annehmen, Er habe weiter zu ihr gesprochen:
„Ich bleibe nicht hier; mein Reich ist nicht von dieser
Welt. Aber dennoch habe Ich ein Reich in dieser Welt.
Meine Apostel werden von Jerusalem an unter allen
Völkern Buße und Vergebung der Sünden predigen
in meinem Namen. Und alle, die an mich glauben und
getauft sind, werden selig werden durch meinen Namen.
Ich fahre auf zu meinem Gott und deinem Gott. Von
dort will Ich ausgießen über meine Gläubigen den
heiligen Geist. Dieser wird bleiben in Ewigkeit, und
meine Sache fortführen, und Alle, welche denselben em=
pfangen, werden an mich glauben, Gottes, und meine
Kinder seyn, und mein Reich. Du hast bei mir
ausgehalten in meinen Leiden. Du sollst an der Herr=
lichkeit Theil nehmen, die mir der Vater gegeben. Ich
gehe hin, dir und meinen Jüngern einen Platz zu be=
reiten, damit du seyest, wo Ich bin.“

Als Jesus, der Auferstandene, plötzlich vor seiner
hl. Mutter stand, wie wird ihr gewesen seyn? Ich
vermuthe, sie werde in der höchsten Seligkeit ihrer
Ueberraschung auf die Kniee gesunken seyn, aber kein
Wort hervorgebracht haben, als das einzige: Ach mein
Sohn und mein Herr! Die Mutter des Jünglings zu
Naim war unaussprechlich selig, als ihr der todte Sohn
wieder lebend gegeben wurde; und Martha und Maria
waren unaussprechlich überrascht und selig, als sie den
Bruder aus dem Grabe lebendig hervorgehen sahen:

dennoch kamen ihre Freudeempfindungen jenen der hl.
Mutter weitaus nicht gleich, weil ihre Schmerzen jenen
der hl. Mutter weitaus nicht gleich gewesen. Erstaunen,
Mutterseligkeit, Siegesfreude ergriffen abwechselnd ihr
Herz — Alles um so tiefer, je größer dieses Herz,
und je gewaltiger der Uebergang war von der tiefsten
Zerschlagenheit zum höchsten Triumph.

Nun hatte die sinnende Seele der Mutter neuen
Stoff des Nachdenkens. Was ist der Sinn all dessen,
was der göttliche Sohn in gedrängten Worten zu ihr
gesprochen? — Unterdessen hatten auch Petrus, auch
Maria, auch die Jünger auf dem Wege nach Emaus,
auch die sämmtlichen Apostel den Herrn gesehen. Sie
hatten ihn berührt, Er hatte vor und mit ihnen ge-
gessen, Er hatte Vieles vom Reiche Gottes mit ihnen
geredet. Das Alles mußten ihr die Jünger — beson-
sonders Johannes ausführlich erzählen; das Alles lebte
sie in Gedanken mit, und besonders die Reden ihres
göttlichen Sohnes waren der beständige Gegenstand
ihrer Forschung, und ihrer Unterredung mit Johannes.
So verlebte sie die Tage bis zur Himmelfahrt.

---

b. Die Himmelfahrt.

Jesus hatte gesagt, „Ich fahre auf zu meinem Gott
und eurem Gott." Als Er nun seine Jünger vom
Reiche Gottes genugsam unterrichtet, und auf den hl.
Geist, welchen sie empfangen sollten, hinreichend vorbereitet hatte, war die Zeit da, wo Er von ihnen

scheiden und zum Vater gehen sollte. Er wollte es
aber feierlich thun. Er bezeichnete ihnen daher den
Berg, wo, und Tag und Stunde, wann sie Ihn zum
lezienmal auf Erden sehen würden. Natürlich machten
sie ihren Bekannten und Freunden, auch denen, welche
Ihn wiederlebend noch nicht gesehen hatten, hiervon
Mittheilung: und so versammelten sich am festgesezten
Tage mehr als fünfhundert Personen auf dem bestimmten Berge. Auch die Frauen, und unter diesen
unfehlbar auch die hl. Mutter waren dabei. Wie ver-
langte es sie, ihren göttlichen Sohn noch einmal mit
ihren leiblichen Augen zu sehen! Und als sie den Berg
hinanstieg, wie schlug ihr das Herz ob dem Erschrecken
und Entzücken, wenn sie Ihn nun wieder plözlich sehen
würde. Aber wie es scheint, stand Er nicht plözlich
vor der versammelten Menge da, sondern erst in einiger
Entfernung und nicht genau erkennbar. Wenigstens
steht geschrieben, daß Anfangs Einige, bis Er näher
herangetreten war, gezweifelt haben. Warum nicht?
Zweifelten in Furcht und Ueberraschung ja anfangs
selbst die Jünger, ob Er gleich mitten unter ihnen stand
und mit ihnen redete. Die Mutter aber erkannte Ihn
deutlich in seiner ob auch minder nahen Erscheinung.
Wo erkennt eine Mutter ihr Kind nicht, auch wenn
es mit wenig ausgeprägten Zügen als Säugling in
Mitte anderer Säuglinge daläge? Und es schlug ihr
Herz bewegt von Freude und Erwartung dessen, was
Er thun würde. Und als Er die Worte sprach: „Mir
ist gegeben alle Gewalt im Himmel und auf
Erden", drang es hocherhebend wie Siegespsalm durch

ihre Seele. Und als Er seine Hände über seine Jün=
ger segnend ausbreitete, kniete auch sie nieder, seinen
lezten Segen zu empfangen. Und als sie hierbei das
Auge zu Ihm erhob, wurde sein Angesicht verklärter
und strahlender, und seine Gestalt fieng an sich von der
Erde emporzuheben, und langsam und feierlich —
immer noch segnend — höher und höher zu schweben.
Endlich bildete sich um Ihn eine lichte Wolke, die Ihn
aufnahm, und den Blicken der Nachschauenden entzog.
Was die hl. Mutter bei diesem Anblicke gedacht habe?
Sie hat ohne Zweifel, in diesen Anblick versunken,
lediglich leidend sich dem Eindrucke hingegeben, welchen
die unerhörte, glorreiche, ja überschwengliche Erschei=
nung auf sie machte. Erstaunen, Freude und Anbethung
mischten sich in ihrer Seele. Erst als der überwältigende
sinnliche Eindruck vorüber war, kamen die Gedanken.
Nun lag von der Verkündigung des Engels an bis zu
diesem Schlusse seiner irdischen Laufbahn das ganze
Leben des Sohnes vor den Augen der hl. Mutter.
Von Gott hatte sie Ihn auf übernatürlichem Wege em=
pfangen; zu Gott ist Er auf übernatürliche Weise zu=
rückgekehrt. Sie ist nun Mutter, und fühlt sich als
Mutter, doch nicht eines irdischen Königes, sondern
des Gewalthabers im Himmel und auf Erden.
Sie sieht Ihn nicht mit Mutterlust unter dem Zu=
jauchzen der Juden Davids Thron in Jerusalem be=
steigen, aber sie sieht Ihn sichtbar eingehen in die
Herrlichkeit seines Vaters, zu sizen zu seiner Rechten.
Sie hat namenlos um Ihn gelitten: ja vielmehr: Er
selbst hat namenlos gelitten, und die Seinigen nahmen

Ihn nicht auf; aber nun ist Alles vorüber: der Himmel
nahm ihn auf, und der tiefsten Schmach ist die höchste
Verherrlichung gefolgt. Ein Zeichen oben am Himmel
haben die Juden einst gefordert; nun ist das Zeichen gegeben. Er selbst, zum Himmel emporschwebend, ist dieses
Zeichen. Vom Kreuze (höhnten sie) soll Er herabsteigen;
aber Er that mehr: Er stieg aus dem Grabe zum Himmel
auf. Du bist, wurde mir einst gesagt, gebenedeit unter
den Weibern, und gebenedeit ist die Frucht deines Leibes;
wohlan, ist nicht gebenedeit die Frucht meines Leibes,
und bin ich nicht gebenedeit unter den Weibern? Ein
Schwert hat meine Seele durchbohrt, aber auch ein
Jubel hat mein Herz durchdrungen. Der Schmerz war
zeitlich, der Jubel wird bleiben in Ewigkeit. Er hat
die menschliche Natur, die Er durch mich angenommen,
mit sich in den Himmel aufgenommen. Ich arme Magd
des Herrn, wie Großes ist mir geschehen! — Wann
wird Er mich rufen, und zu sich nehmen, wo Er ist?
Mein Leben ist unsterbliches Sehnen nach Ihm
von nun an, in mütterlicher unwandelbarer Hingebung. Ach, daß Er mir bald zurufe: Komm!

So geht die Geschichte des Sohnes, und auch der
hl. Mutter durch Leiden, durch bittersten Schmerz, durch
Tod und Grab hindurch zur Herrlichkeit. Mehr oder
weniger wiederholt sich indeß diese Geschichte bei jedem
Menschen: Schmerzen und Tod übergehen Keinen; auf-
richtend jedoch steht im Hintergrund der zersprengte
Sarg und die Auferstehung. Christus, der Gekreuzigte.

und Begrabene ist der Erstling der vom Tode Erstandenen. Stirbt dir daher, du christliche Mutter, dein Sohn oder deine Tochter — vielleicht die Stüze deines Alters; oder stirbt dir der Gatte — der treue Freund, Fürsorger und Ernährer; oder mußt du selbst abscheiden, und den trostlosen Gatten, und die unerwachsenen Kinder mutterlos zurücklassen: wer wird deinen Schmerz, deinen großen, deinen unermeßlichen Schmerz tadeln? Weine! — Aber unterwirf dich als demuthvolle Magd des Herrn! Noch mehr: Hebe deinen Blick empor, und schaue auf Christum den Erstandenen, und zum Himmel Aufgefahrnen. Siehe, auch dein Sohn, auch deine Tochter, auch dein Gatte, auch du selbst — Keines von Allen ist gestorben; ihr Tod war nur Durchgang zum ewigen Leben: auch sie stehen auf, und erheben sich zum Himmel, durch Ihn, durch welchen Alle werden wieder ins Leben gebracht werden. Tröste dich: du wirst sie wiedersehen. — Wenn dein Gatte oder Sohn oder Angehöriger auf eine jahrelange Reise gienge, so fiele dir der Abschied schmerzlich, doch wolltest du dich trösten, wenn du wüßtest, daß es ihnen in der Ferne gut gehe, und du sie gewiß, und gesund wiedersehen werdest. Nun, was ist denn der Tod der Deinen anderes, als eine, vielleicht sogar nicht lange Abreise? Und weißt du nicht, daß es ihnen wohl geht, und daß du sie unfehlbar, und gesund wiedersehen wirst? Also warum wehklagest du so grenzenlos? — Ich fürchte, daß du an deine und ihre Auferstehung entweder nicht glaubest, oder sie ob dem augenblicklichen Schmerzgefühle gänzlich vergessest. Komme doch zu dir selbst, und vergiß nicht deines Glaubens! — Du könntest zwar sagen: ich weiß nicht, wie es ihnen dort geht; vielleicht übel? und könntest dich gerade deßhalb ängstigen. In der That auch ist das der alleinige gerechte Grund deines Kummers, wenn du fürchten mußt, die Deinigen seien an keinem guten Orte. Nicht sowohl der leibliche, als vielmehr der Seelentod ist schrecklich. Aber was kannst du izt noch thun? Nichts. Wehre darum den Seelentod ab, da er noch abgewehrt werden kann. — Uebrigens ist es größtentheils nicht der Zustand deiner Abgeschiedenen in jener Welt, was dich niederdrückt, sondern der gegenwärtige so fühlbare Verlust. Du sagst: mein Schmerz ist zu groß, als daß ich ihn überleben kann. Aber ich antworte: Dein Verlust und Schmerz ist gewogen, und nicht zu schwer erfunden. Rechte nicht mit Gott, sondern glaube, daß Gott Niemanden über Vermögen aufladet, wohl aber Allen thut nach unerforschlichem, jedoch weisem und gnadevollem Rath. Ein Kind kann entsezlich schreien ob einem Gute, das ihm von seinen Aeltern entzogen, oder das seiner heftigen Begierde versagt wird; aber sein Schreien beweist nichts wider die Weisheit und Güte der Aeltern, sondern nur für die Kurzsichtigkeit und unbeherrschte Begehrlichkeit des Kindes. — Ich antworte weiter: Ist der Verlust und Schmerz, den du als unaushaltbar bezeichnest, größer, als der Schmerz der hl. Mutter unter dem Kreuze? Redest du darum von unaushaltbarem Schmerze, so sieh die hl. Mutter stehend unter dem Kreuze, oder die hl. Mutter mit dem todten Sohne auf dem Schooß! Schaue nicht auf die

hl. Mutter, wie sie von sentimentalen Malern vorgestellt wird, zusammengesunken oder in Ohnmacht vor
Schmerz. Von solchem sagt die hl. Geschichte nichts,
wohl aber erzählt sie, daß die hl. Mutter neben dem
Kreuze stand. Diese schmerzdurchbohrte, im Glauben
große, in ihrer glaubensgroßen Kraft aufrecht
stehende Frau mußt du anschauen! Nicht in dein
Elend mußt du wie festgebannt und regungslos hinein-
starren, vielmehr in Glauben und Hoffnung dich erheben und in Demuth dich ergeben. Ich wiederhole:
Blicke auf zu der Schmerzdurchbohrten unter
dem Kreuze, oder zu der Leidensmutter — der
hingebungsvollen — mit dem Leichname des Sohnes
auf dem Schoos! — Und dann erwäge auch dieses:
Wenn du mächtigen Schmerz fühlest ob dem Verluste
eines Sterbenden oder Todten, so ist es darum, weil
du ihn innig liebtest, und gleichsam Ein Wesen mit
ihm ausmachtest, und Ein Leben mit ihm lebtest.
Hättest du solche Liebe nicht, dann auch nicht solchen
Schmerz. Hättest du aber solche Liebe, und solchen
Liebeschmerz nicht, dann auch nicht jene unendlich
selige Freude ob dem Wiederfinden nach etlichen Jahren. Das Entzücken der Wiedervereinten ist
genau wie der Schmerz der Trennung. Keine Seele
hat gelitten, wie die Schmerzhafte unter dem Kreuze;
keine eben deßwegen aber auch bei der Erscheinung
des vom Tode Erstandenen eine Seligkeit empfunden,
wie die ihrige. Der Tod ist eben der Tod, und ein
Schreckniß: dennoch vermittelt er eine Seligkeit der
Wiedervereinten, welche denen, die den Tod nie

gekoſtet, nicht zugänglich iſt. Eigentlich ſollteſt du
in deinen geſunden Tagen nur dahin arbeiten, daß
deine Geliebten und du ſelbſt mit dem Tode an einen
guten Ort kommen. Dann ſind ſie ja nur voraus-
gegangen, wohin du ihnen (vielleicht bald) nachfolgen
wirſt; dann ſind ſie dir geſund und ſelig aufgehoben,
dann wirſt du ſie wiederhaben, und deine Wonne wird
um ſo größer ſeyn, je größer dein Schmerz um ihren
Verluſt geweſen. Ja, dann wirſt du den vormaligen
Schmerz nicht nur vergeſſen haben, du wirſt es wohl
ſelbſt beklagen, daß du damal ſo gar ohne Faſſung, daß
du ſo glaubensſchwach geweſen, und dich widerſtands-
los deinem natürlichen Gefühle, nicht aber kindlich und
ſtumm der Weisheit und Erbarmung Gottes übergeben
habeſt. Sieheſt du doch dann dieſe Weisheit und Erbarmung ſo klar und enthüllt vor dir.

c. Die Sendung des hl. Geiſtes.

Vor ſeiner Himmelfahrt, als Jeſus ſeinen Apoſteln
den Auftrag ertheilt hatte, das Evangelium in aller
Welt zu verbreiten, gab er denſelben die Weiſung, Jeruſalem nicht zu verlaſſen bis ſie den hl. Geiſt, und
in Ihm ihre Ausrüſtung für ihre große Miſſion würden
empfangen haben. Die hl. Apoſtel blieben daher in
der Hauptſtadt beiſammen, und harrten unter anhaltendem Gebethe der Erfüllung der ihnen gewordenen Ver-
heiſſung. Auch Maria die Mutter Jeſu, nebſt den
Frauen war bei ihnen.

Was mochten sich die hl. Apostel, und so auch die Mutter Jesu von dem hl. Geiste, den sie empfangen sollten, für eine Vorstellung machen? — Eine deutliche und bestimmte wohl nicht. Da aber im alten Testamente Alles, was irgend Ausserordentliches in Wissenschaft Kunst oder Lebensthat geleistet wurde, als Gabe und Werk des hl. Geistes dargestellt war, so konnten sie in Ihm nur eine Ausrüstung und Befähigung zu Ausserordentlichem in Glaube, Leben und Wirken erwarten. Natürlich, daß sie diese ausserordentliche Ausrüstung und Befähigung nicht etwa müßig erwarteten, als würde sie geschenkt ohne Wissen und Zuthun des Menschen, vielmehr verharrten sie, wie schon gesagt, in anhaltendem Gebethe, um bei dem Eintritt der Verheißung in einer würdigen Verfassung, und der ausserordentlichen Begeistung empfänglich zu seyn.

Am Pfingstfeste nun, als sie eben wieder Alle (die Apostel nemlich, die hl. Frauen, und Maria die Mutter Jesu mit seinen Brüdern) beisammen waren, entstand plözlich vom Himmel her ein Brausen, wie das eines gewaltigen Sturmes, und erfüllte das Haus, in dem sie beisammen waren; und es erschienen Flammen, wie Zungen, die sich auf Jeden von ihnen herabließen; und sie wurden Alle voll des hl. Geistes. — Das war die verheissene Taufe mit Feuer vom Himmel.

Was hierbei der hl. Mutter geschah, war ein Zweifaches: Erstens, was sie selbst durch den Empfang des hl. Geistes in ihrem Innern erfuhr; dann zweitens, was sie als Wirkung des ausgegossenen Geistes bei

Anderen sah und hörte. Was sie selbst in ihrer Seele erfuhr, ist unaussprechlich. Es hat seitdem viele heilige Jungfrauen und Frauen gegeben, die begnadigt waren mit der Fülle des hl. Geistes: wir sehen sie voll innerer Tröstung, voll des höchsten Entzückens im Herrn, voll der feurigsten Liebe und des begeistertsten Jubels der Liebe; aber auch wieder voll des männlichsten Starkmuthes, der untrübbarsten Geduld und Hoffnung, der heldenmüthigsten Todesverachtung; dann voll der Weisheit und Wissenschaft in den göttlichen Dingen, sowie voll Verstand Rath und Eifer in irdischem Berufe. Wir werden nicht irren, wenn wir in der Seele der hl. Mutter mit dem Empfang des hl. Geistes Alles das vereinigt denken, was wir im Seelenleben der vom hl. Geiste erfüllten Jungfrauen und Frauen der Jahrhunderte wahrnehmen. Keine unter diesen Allen ist auserwählt vor ihr; vielmehr ist sie die Gebenedeite vor Allen, und darum auch mit der Fülle der Gnadengaben getauft vor Allen. Wie muß ihr in diesem Zustande gewesen seyn! War sie es selbst noch, oder ist sie eine Andere? Ihre Zunge hat keine Worte, die unendliche Süßigkeit ihrer Seligkeit, und den unendlichen Frieden Trost und Muth ihrer Seele auszusprechen. — Das ist nun, dachte sie, das Werk des Sohnes vom Himmel herab. Was sind Reiche Kronen und Güter der Erde, gegen den Geist, den der Sohn den Seinigen sendet! Welch eines anderen Reiches, welch einer anderen Größe und Seligkeit Gründer und Geber ist Er! „Hoch preiset meine Seele den Herrn; froh jauchzt mein Geist auf

in Gott meinem Helfer! Siehe, die Niedrigen
erhebt Er, die Hungernden erfüllt Er mit
Gütern, die Reichen entläßt Er leer." — Das
ist nun, dachte sie weiter, das zweitemal, daß sich der
hl. Geist in seiner unsichtbaren und wundervollen Kraft
mir genahet hat. Das erstemal empfieng ich den Sohn
des Vaters durch Ihn zur Menschwerdung nach dem
Fleische; das zweitemal empfange ich den Sohn des
Vaters durch Ihn zur Menschwerdung nach dem Geiste.
Ja, Hallelujah! Meine Seele hat Ihn empfangen,
und Er will in derselben wohnen und bleiben in Ewig=
keit. Er in mir; ich in Ihm auf ewig.

––––––––––

Blickte die hl. Mutter von sich hinweg auf die,
welche mit ihr die Taufe des hl. Geistes empfangen
hatten, so sah sie dieselben Alle von einer inneren
unsichtbaren Macht ergriffen, und in höchster Begeiste=
rung. Mit lauter Stimme, mit freudestrahlenden Au=
gen und lebendigen Gebärden verkündeten sie den feu=
rigen Glauben, die brennende Liebe, die jubelnde
Lobpreisung und das frohlockende Siegesgefühl ihres
Herzens.

Die hl. Mutter kannte sie Alle: es waren un=
studirte, unberedte galiläische Männer; aber nun
waren ihnen alle Aussprüche der Propheten klar, und
mit einem unbegreiflichen Fluße der Rede, und einer
Gefahr und Tod verachtenden Furchtlosigkeit legten
sie Zeugniß ab von Jesus dem Gekreuzigten. Welche

Umwandlung! — Aber sie nahm weiter wahr, daß
die fremden Juden, welche auf das heftige Brausen
des Sturmwindes an den Ort, wo dasselbe stehen
blieb, zusammengelaufen waren, alle ohne Unter=
schied ihrer Nation, die Ansprache der Apostel ver=
standen, so daß Parther, Meder, Elamiter, Fremb=
linge aus Mesopotamien, Judäa, Kapadocien, Pon=
tus, Asien, Phrygien, Pamphylien, Aegypten ꝛc., Jeder
sie in ihrer Muttersprache reden hörte. Welch ein
Wunder! Wer kann solches fassen? — Ja noch
mehr: Als auf die Predigt Petri sich bei dreitausend
Menschen zu dem Herrn bekannten, und die Taufe auf
seinen Namen erhielten, empfiengen auch diese den hl.
Geist und erfuhren ähnliche Wirkungen, wie die hl. Apo=
stel. Welch ein neues Wunder, daß nemlich der hl.
Geist sich über Tausende ergießt, und die Apostel
Macht haben, denselben mitzutheilen! —

Aber die hl. Mutter sieht noch mehr. Es steht in
Kurzem ein Verein von vielen Tausenden vor ihren
Augen, von dem die Apostelgeschichte erzählt, wie folgt:
„Sie verharrten in der Lehre der Apostel, im
Brechen des Brodes, und im Gebethe. Sie
hielten sich Alle zusammen, und hatten Alles
mit einander gemein. Hab und Gut verkauften
sie und theilten es unter Alle — Jedem nach
seinem Bedarf. Täglich fanden sie sich im
Tempel einmüthig zusammen, brachen das Brod
auch zu Hause, und hielten ihre Mahlzeiten in
Heiterkeit und Einfalt des Herzens. Alle waren
Ein Herz und Eine Seele. Sie sangen Gott

Loblieder, und waren beliebt bei dem ganzen
Volke" *). So etwas — eine solche Einigung von
Tausenden in Gottseligkeit und Bruderliebe,
eine solche Vernichtung alles Eigenwillens und
Eigennuzes, ein solches von Innen quillendes
Lebensglück, hatte man seit Anbeginn der Welt auf
Erden nicht gesehen. Die hl. Mutter sah es, und
sagte: Das ist sein Reich. Diese Heiligen hat Er
gesammelt; sie hat Er mit seinem Geiste getauft; in
ihnen herrschet Er. Sie Alle blicken zu Ihm auf als
zu ihrem Könige, Herrn und Heiland. — Indessen
war das nur der Anfang. Die Wunderkraft des
Sohnes wirkte in den Aposteln fort, und als Petrus
den Lahmen an der schönen Pforte im Namen Jesu
geheilt und darauf zu dem Volke von dem Gekreuzigten
geredet hatte, kam es bei Fünftausenden zum Glauben. Hiernach sah die hl. Mutter das Reich ihres
Sohnes schnell und wunderbar wachsen, und sie zwei-
felte nicht, daß sich der Name desselben schnell verbreiten, und endlich den ganzen Erdboden erfüllen
werde. Lautete ja seine Sendung, womit Er scheidend
die Apostel sendete, auf die ganze Welt. Nun,
welch ein Reich — dieses über den ganzen Erdkreis
verbreitete, von Einem Geiste beseelte, Millionen in
eigennuzloser, allgebender Liebe vereinigende, fried- und
hoffnungsvolle Reich! — Sein Anblick hebt die Seele
der seligsten Jungfrau und Mutter hoch empor. Sie
spricht die Worte Simeons, die sie nie vergessen:

---

*) Apg. 2, 42. fg. 4, 32. fg.

„Nun lässest du, o Herr! deine Magd im Frieden
scheiden, denn meine Augen haben gesehen dein
Heil, das du vor allen Völkern bereitet hast,
ein Licht zur Erleuchtung der Heiden, und zur
Ehre deines Volkes Israel." Welch ein anderes
Reich dieses, dachte sie, als jenes von den Juden er=
wartete! Das ist die Erfüllung des an mich ergan=
genen Wortes: „In Ihm werden gesegnet seyn
alle Völker der Erde."

Indem wir in der Geschichte der seligsten Jung=
frau und Mutter bis zur Ausgießung des hl. Geistes
gekommen sind, sind wir auf dem Höhepunkt ihres
Lebens angelangt. Welche Töne ein Instrument in
sich birgt, kann man nur wahrnehmen und bewundern,
wenn ein großer Meister es zur Hand nimmt. Eben
so kann man auch, welcher erhabenen hochheiligen und
seligen Gefühle die Menschenseele fähig sey, nur er=
fahren und bewundern, wenn Gott, der hl. Geist sie
zum Organ seiner Thätigkeit macht. Die Menschen=
seele lebt nur, wenn sie vom Geiste Gottes berührt
und gehoben ist, ihr wahres und höchstes Leben.
Eine Frau oder Jungfrau, welche nie den heiligen
Geist empfangen, oder denselben wieder verloren hat,
lebt ein fades, unstät umhergeworfenes und würdeloses
Leben, denn das höhere und wahre Leben ist ihr
entweder nie aufgegangen, oder wieder abhanden ge=
kommen.

Bemühe dich deßhalb, meine Tochter! aus allen
Kräften um die Weihe und den Frieden des hl. Geistes!
Alle Kinder Gottes sind aus Gott geboren. Du
bist kein unächtes Kind, daß du deine Geburt von
einem Anderen ableiten wolltest. Die weibliche Seele,
von Natur hingebungsvoll, ist besonders geeignet, alle
Leidenschaften und selbstsüchtige Strebungen an Gott hin-
zuopfern, und sich unbedingt zu seinem Tempel darzugeben. Verstehe deine eigene Natur, wisse von nichts
Anderem, als daß du seyest des Herrn Magd, und daß
der Herr dich hinnehmen, und dich mit jenen Gnaden-
wirkungen erfüllen wolle, welche Er über die Seinigen
ausgießt. Geselle dich den Tausenden und Tausenden
von Frauen und Jungfrauen bei, welche zu allen Zeiten
im heiligen Geiste nichts Süßeres und Höheres gekannt haben, als Gott lieben, und Ihm allein dienen.

Verstehe die Sache aber nicht unrecht. Das Leben
im heiligen Geiste ist Süßigkeit und Friede — ein
Seelenzustand, von welchem die Welt keinen Begriff,
ja keine Ahnung hat; aber es ist nicht Süßigkeit und
Friede ohne Trübung oder Unterbrechung. Nach den
Zuständen überschwenglicher Freude in Gott kommen oft
Tage, ja Wochen und Zeiten großer innerer Trockenheit und Dürre. Die Seele scheint da wie verlassen
von Dem, welcher sonst ihr Bräutigam und Lebens-
friede war. Das geschieht zu ihrer Läuterung, Stär-
kung und Bewährung. Die Seele muß lieben lernen
und in der Liebe beharren, auch wo sie (scheinbar)
nicht geliebt, sondern verlassen ist: muß also
lieben, nicht um des Genusses, sondern um der

Liebe, d. i. um des Gegenstandes willen, den sie
sich erwählt hat. Sie muß Gott lieben, weil Er Gott,
d. h. das allervollkommenste Wesen ist, nicht weil
seine Liebe beseligt. Die Beseligung ist Folge der
Liebe, soll aber nicht ihr Grund seyn.

Ich sagte: Geselle dich den Tausenden bei, welche
zu allen Zeiten nichts Süßeres und Höheres gekannt
haben im hl. Geiste, als Gott lieben und ihm allein
dienen. Ich muß indeß abermal wiederholen: Verstehe
das nicht unrecht. Du kannst meinen, das Leben im
hl. Geiste, d. h. das Gottlieben und Gottdienen, sey
etwas blos Inneres, ein beschauliches Leben, das
unter Gebeth Betrachtung und himmlischen Anmuthun-
gen verläuft, seinen Aufenthalt in der Kirche und unter
gottseligen Personen hat, und angewidert wird von der
Welt — ihren Geschäften, Interessen und Genüssen.
Dem ist aber nicht so. Wenn wir auch zugeben, daß
es Einzelne wenige gebe, die durch den hl. Geist
diesem irdischen Leben gleichsam entrückt und in einen
Zustand der Beschauung und eines geheimnißvollen Umgangs mit Gott versetzt werden, so sind und bleiben das
doch seltene Ausnahmen. Im Allgemeinen ist jede vom
hl. Geist belebte Seele eine thätige und nach Aussen
wirksame. Die Taufe der Apostel durch den hl. Geist
hatte die Folge, daß sie, mächtig in Muth und Wort,
öffentlich auftraten, das Evangelium von dem Gekreuzigten und die Sündenvergebung und Auferstehung
in Ihm verkündeten. Und dieselbe Taufe bei den
Gläubigen hatte die Folge, daß sie sich nicht nur in
ihren Gebethen, sondern auch in ihren häuslichen An-

gelegenheiten zusammenthaten, und Sorge trugen, daß
die leiblichen Bedürfnisse Aller gedeckt seyen. So
bleibt es zu allen Zeiten. Die Glaubensfreudigkeit,
die Frömmigkeit und Gottseligkeit ist bei Allen, welche
den hl. Geist empfangen haben, das Erste, aber das
Zweite, von dem Ersten untrennbar, ist die Be=
thätigung dessen im äusseren Leben. Wer gern in
frommen Büchern liest, gern mit geistesverwandten
Personen umgeht, sich stundenlang in der Kirche oder
sonst im Gebethe aufhält, dabei aber die Anstrengung
der häuslichen Arbeit scheut; wer von der Last des Tages,
die Andere, namentlich die Angehörigen der eigenen Fami=
lie tragen, nichts wissen, und in der frommen inneren
Sammlung nicht gestört seyn will; wer die Armen und
Kranken der Umgebung nicht im Herzen trägt, noch
ihnen dient, d. h. mit Rath Trost und Hilfe bei=
springt; wer gern und viel die böse Zeit, und die Fehler
Anderer beseufzt, dagegen Widerspruch von Anderen,
und Tadel beleidigt aufnimmt; wer eine hohe Meinung
von sich hat, und in seinem Herzen zu den Frommen und
Auserwählten gehört, denen in geistlichen und kirchlichen
Dingen das große Wort gebühre: solche Person (Frau,
Jungfrau oder Wittwe) ist nicht vom hl. Geiste ge=
trieben, und findet sich leichtlich in einer argen Selbst=
täuschung, denn ihr äusseres Leben giebt nicht Zeug=
niß von innerer Heiligung. Der hl. Geist ist
wesentlich ein Geist der Demuth und Liebe. Wie
hat die aber Demuth, welche sich einfallen läßt, daß
sie etwas sey, und etwas Besonderes? Oder welche
nicht unbeachtet seyn, vielweniger gar verlacht und

15*

verspottet werden mag? Oder welche in ihrem Hause
rechthaberisch ist, oder empfindlich und grob? Oder
welche über Irrende und Gefallene verurtheilend herabschaut? Oder welche sich in Dinge mischt, für die
Andere von Berufswegen dasind? — Und wie hat
die Liebe, welche weichlich die Arbeit, womit sie die
Ihrigen oder Andere erleichtern könnte, umgeht, und
nur immer in bequemer und süßer Andacht zubringen
will? Oder welche nach Armen und Kranken nicht
frägt, und sie gar nicht oder kärglich besucht und unter-
stüzt? Oder welche in ihrem Herzen heimlich denkt,
wie jener Pharisäer: „Ich danke Dir, Gott, daß
ich nicht bin, wie die böse leichtfertige Welt"? Und
welche mit stillem Behagen widerwärtige Begegnisse, oder
verübte Sünden Anderer erzählt und anhört, dann heuchlerisch seufzend nach der Beendigung die Erzählung
von vorn anfängt? ꝛc. Ach, da ist (wie schon an
einem anderen Orte gesagt worden) Frömmelei, nicht
Frömmigkeit, und Eigenliebe und Selbstdienst, nicht
Gottesliebe und Gottesdienst. Aus den Früchten erkennt man den Baum. Wer den hl. Geist hat, der
bringt auch die Früchte des hl. Geistes, als da sind:
„Liebe, Freude, Friede, Geduld, Milde, Gütigkeit, Langmuth, Sanftmuth, Glaube, Bescheidenheit, Enthaltsamkeit, Keuschheit".*).

Wo der hl. Geist in der Seele einer Frauensperson Wohnung genommen hat, da zeigt sich das
„starke" Weib, von welchem ich früher gesprochen.

---

*) Gal. 5, 22. 23.

Kraft und Milde, Ernst und Sanftmuth, rüh-
rige Geschäftigkeit und Geduld vereinen und
durchdringen sich in ihr auf bewunderungswürdige Weise.
Und kein Lebensverhältniß ist, welches nicht seinen Antheil
empfinge an der inneren Heiligung. Wie anders z. B.
faßt die Jungfrau im hl. Geiste ihr Verhältniß zum
Jünglinge, als es ihre Nachbarin faßt im Geiste der
Welt! Wie anders ist die Liebe der Gattin und
Mutter gegen Gatten und Kinder im hl. Geiste, als
die Liebe der Nachbarin, die blos von der Naturliebe
weiß? —

Ach, daß Alle, welche in der Taufe, welche bei
der ersten hl. Communion, welche bei der Firmung
den hl. Geist empfangen haben, ihn auch bewahrten,
oder bewahrt hätten! Aber es gieng und geht
mit der Aufnahme des hl. Geistes, wie mit dem
Saamen im Evangelium. Das Erdreich, das Ihn
aufnehmen sollte, war schon ausgetreten und verwelt-
licht: Er konnte nie Wurzel fassen. Oder es war
Felsengrund; eine oberflächliche und bald verflüchtigte
Rührung war Alles, was Er im Augenblicke seiner
Mittheilung erwirken konnte. Oder Er fand guten
Boden: mit innigem Glauben, mit kindlichem Sehnen,
mit Dargebung der ganzen Seele wurde Er aufgenommen. Aber bald erwachten die Regungen des
Fleisches, die Empfindungen der Eitelkeit und Gefallsucht, die Sorgen des Hauses und irdischen Fortkom-
mens; und siehe: die frühere Seelenweihe, der andacht-
volle beseligende Umgang mit Gott, die gottgewidmete
hoffende Ruhe und Heiterkeit, die stille anspruchlose

Zurückgezogenheit und Häuslichkeit, der ungetheilt dem Herrn gewidmete Dienst wurde unvermerkt schwächer und schwächer, und seltener und seltener, und verlor sich endlich gänzlich, genau in dem Maße, in welchem sich eben die Regungen des Fleisches, der Gefallsucht, der Erdhaftigkeit ꝛc. Raum im Herzen gewannen. Die Distel und Dornen, welche in der Folge im Erdreiche aufwuchsen, erstickten Daseyn und Wirksamkeit des hl. Geistes.

Darum, wenn du des hl. Geistes theilhaftig geworden, und gekostet hast „das beseligende Wort Gottes, und die Kräfte der künftigen Welt“, so nimm zu Herzen, was du hast, und bewahre es! Nicht auf einmal wirst du deine hohe Weihe und Seligkeit verlieren, aber du wirst sie dennoch und unfehlbar verlieren, wenn du der leise anschleichenden Sinnlichkeit und Weltlichkeit nicht ängstlich entgegentrittst, dem beginnenden Lauerwerden nicht mannhaft wehrest, den hl. Geist nicht am Tische des Herrn und in stiller Kammer mit allen Kräften auffrischest, und überhaupt nicht dein höchstes Gut und Glück vertheidigest, noch eh es zu spät ist. Denen zu Thyatira schreibt der Apostel: „Bewahret, was ihr habt, bis ich komme!“

23.

Die hl. Mutter als Wittwe.

Der Herr konnte seine hl. Mutter, nachdem sie Ihn noch als den Eingebornen vom Vater voll Gnade und Herrlichkeit auf Erden gesehen hatte, sofort zu sich nehmen; denn zu ihrem Sohne hin war ja ihr Sehnen, und was konnte die Erde ihr noch geben, oder sie der Erde? — Aber der Herr nahm sie noch nicht zu sich; ohne Zweifel darum, daß sie alle Zustände ihres Ge= schlechtes, und somit auch den Wittwenstand durch= lebe, und so das Vorbild würde, die Mutter und Für= sprecherin in allen Lagen und Nöthen desselben.

Es ist uns von dem Wittwenstand der hl. Mutter nichts Urkundliches überliefert, dennoch wissen wir Vieles von demselben so gewiß, als ob es urkundlich auf uns gekommen wäre. Das Erste ist, daß sie Alles, was die Sache ihres göttlichen Sohnes betraf, mit der höchsten Aufmerksamkeit verfolgte, und alle Nachrichten darüber von nah und fern einzog und sammelte. Das erhielt ihre Seele in einem beständigen Wechsel von Lust und Schmerz. Die großen Zeichen, welche von den Apo= steln im Namen Jesu verrichtet wurden, die Furchtlosigkeit und Standhaftigkeit, womit sie unter diesen Zeichen ihr Zeugniß von Jesu dem Gekreuzigten fortsezten, dann die

Zahl der Gläubigen, welche fortwährend wuchs, erfüllte die hl. Mutter mit stets neuen Freudegefühlen. Aber auch die Feinde ihres göttlichen Sohnes sezten ihre Verfolgungen fort. Petrus und Johannes wurden mit Streichen geschlagen; Stephanus wurde gesteinigt, Jakobus mit dem Schwert hingerichtet. Nichts zu sagen von den fortgesezten Lügen und Schmähungen, z. B. Jesus sey von den Todten nicht erstanden, sondern sein Leichnam gestohlen worden. Am wüthendsten schnaubte Saulus wider die Gemeinde. Er drang in die Häuser, riß Männer und Frauen heraus und lieferte sie ins Gefängniß. Wie blutete das Herz der hl. Mutter bei dem Anblicke oder der Nachricht solcher Szenen!

Doch war bei allen Anstrengungen der Feinde Jesu und bei allen Verfolgungen seines Namens die Ohnmacht dieser Anstrengungen und Verfolgungen, und der Sieg der Sache Jesu augenfällig. Petrus und Johannes erhielten Streiche, zeugten aber vor dem hohen Rathe und dem gemeinen Volke nur desto muthiger für ihren Herrn. Stephanus fiel todt unter den Steinen, aber sein Antliz war, wie das eines Engels, und er sah den Himmel offen, und den Sohn des Menschen zur Rechten Gottes. Jakobus der Bruder Johannis wurde durch das Schwert hingerichtet und auch Petrus sollte desselben Todes sterben; aber ein Engel führte diesen aus dem Kerker zu den erstaunten Seinen. Saulus wüthete gegen die Gläubigen, aber eine Erscheinung vom Himmel wandelte ihn um zu dem feurigsten Apostel. Eine heftige Verfolgung zu Jerusalem zwang die Gläubigen zur allgemeinen Flucht, allein gerade diese Flucht brachte nach

allen Gegenden hin Zeugen des Evangeliums. Die
Juden zeigten sich verstockt, dagegen drang der Name
Jesu zu den Heiden. Der Hauptmann Cornelius
war der Erste derselben, welcher den hl. Geist und die
Taufe erhielt; ja bald wurde die Zahl der Gläubigen
größer unter den Heiden, als unter den Juden. All
dieses und tausend Anderes Aehnliches sezte das Herz
der hl. Mutter in unausgesezte Bewegung. Und fehlte
es ihr nie an Leiden, so auch nicht an großen tröstcn=
den Erhebungen.

Johannes hatte sie zu sich genommen. — Was wird
wohl der Inhalt ihrer Unterredungen gewesen seyn, wenn
sie allein waren? — Unfehlbar ganz besonders jene
geheimnißvollen Reden Jesu, welche Johannes
gehört, im Gedächtnisse bewahrt, und später in seinem
Evangelium aufgeschrieben hat. Die hl. Mutter, welche
wohl den größten Theil dieser Reden nicht selbst gehört
hatte, trug das lebhafteste Verlangen, sie zu kennen:
und je erhabener und geheimnißvoller dieselben lauteten,
desto sehnsüchtiger und forschender war ihr Geist auf
sie gerichtet. Trug Johannes diese Reden öffentlich vor,
so fragte die Mutter ihn über dieselben noch ausführ=
licher zu Hause; trug er Anderes vor, so kam sie immer
auf diese Reden wieder zurück als auf das, was ihren
Geist nachhaltig beschäftigte, ja nimmermehr losließ.

Johannes hatte sie zu sich genommen. Allein Jo=
hannes ist Apostel, und muß ausgehen, das Evan=
gelium in aller Welt zu verkünden. Kann er die
theure Mutter mit sich nehmen? Wird sie ihn in ferne
Gegenden begleiten? — Die alten Nachrichten lauten

hierüber verschieden. Einige sagen, die hl. Mutter sey mit Johannes nach Ephesus gekommen, ja sogar daselbst gestorben. Andere glauben, sie habe Palästina nicht verlassen, und sey in Jerusalem entschlafen. Beides ist ungewiß. Ausgemacht ist nur, daß es ihr hart gieng, wenn sie die apostolischen Reisen mit Johannes machte, und hart, wenn sie den sorgenden Jünger verließ, und vereinzelt in ihrem Lande zurückblieb. Wo überhaupt geht es der Wittwe gut?

Gut, und am Besten geht es ihr im allgemeinen in ihrer stillen Zurückgezogenheit und frommen Andacht. So auch der hl. Mutter. Der größte Genuß ihres Lebens war ihr der Empfang des hochheiligen Sacramentes des Altars. Sie empfieng dasselbe in Gemeinschaft mit den übrigen Gläubigen zu Jerusalem. Nun heißt es von diesen: „Treu beharrten sie in gesellschaftlicher Verbindung, im Brechen des Brodes, und im Gebethe". Sie empfieng hiernach das heiligste Mahl täglich. Man kann sich wohl vorstellen: mit welcher tiefen Inbrunst der Seele! Wer hatte den Tod des Herrn gesehen und empfunden wie sie? Wer konnte diesen Tod also mit Gefühlen feiern, gleich den ihrigen? — Wer trug eine Liebe zum Herrn, und eine Sehnsucht nach Ihm in der Seele gleich der ihrigen? Wer umfieng Ihn also, wenn Er sich unter den Gestalten von Brod und Wein nahte, und zur innigsten Vereinigung darstellte, mit tieferer Liebesrührung, und innigerer Hingebung, als die hl. Mutter? Und Wer war in dieser stets erneuten Wiedervereinigung seliger, als abermal sie? — Wenn überhaupt das, was gott-

geheiligte Seelen beim Genuſſe des heiligſten Sacra=
mentes mit ihrem Herrn und Heiland innerlichſt ver=
kehren, ein Geheimniß ihres inneren Lebens
iſt: ſo wird uns der Umgang der ſeligſten Jungfrau
und Mutter mit ihrem göttlichen Sohne im heiligſten
Sacramente nur um ſo geheimnißvoller und unaus=
ſprechlicher erſcheinen müſſen. Wir wiſſen nur, daß es
ein Umgang war, voll Geiſt und Leben, voll Liebe
und Seligkeit der Liebe, voll Tröſtung und himmliſchem
Frieden.

Ob die hl. Mutter hierbei wohl daran gedacht habe,
daß ſie den Leib und das Blut, das ſie einſt dem
Sohne gegeben, von dieſem in verklärter Geſtalt, und
ſie ſelbſt hinwiederum zum ewigen Leben näh=
rend, zurückerhalte? — Immerhin war es ſo.

Eine fromme und mittelloſe Wittwe braucht für
ihre Leibesbedürfniſſe gar wenig, ja erſpart vielleicht
noch zwei Heller, um ſie in den Opferkaſten zu legen.
So Maria. Wenn ſie vielleicht von der Chriſten=
gemeinde zu Jeruſalem aus dem Gemeingute derſelben
einen Antheil empfieng, ſo war ſie hiezu wohl berech=
tigt. Die Mutter des Herrn mußte wohl doch von
der Gemeinde des Herrn gepflegt werden. Aber
man würde die Zartheit ihrer Empfindungsweiſe miß=
kennen, wenn man nicht annehmen wollte, es ſey ihr
eine beſondere Angelegenheit geweſen, der Gemeinde
das, was ſie etwa von derſelben empfangen, auf was
immer für eine Weiſe wieder zu erſezen. Eine gute
Wittwe iſt gar dankbar, und bewahrt empfangenes Gute
im Herzen, bis es ſich gefügt, Dienſt mit Dienſt zu

vergelten. Jedenfalls zahlt sie (wenn sie Anderes nicht hat) mit ihren Gebethen und Fürbitten. — Als später die Gemeinde zu Jerusalem in Armuth gerieth, mußte natürlich der einzelne Gläubige wieder mehr für sich selbst sorgen. So auch die hl. Mutter, wenn sie überhaupt zu jener Zeit noch in Jerusalem war. Indeß war sie wohl im Stand, durch Arbeit sich selbst zu erhalten. Das Kleid, welches sie ihrem Sohne gefertigt hatte, und das ein einziges Gewebe war ohne Naht, beweist hinreichend ihr Handgeschick, und daß sie gelernt hatte, von der Arbeit ihrer Hände zu leben. Zudem braucht eine fromme Wittwe, wie schon gesagt, zu ihrem Lebensunterhalte gar wenig.

So verlebte die hl. Mutter denn ihre Tage zwischen Arbeit und geistigen Beschäftigungen. Das Erste, womit sie sich geistig beschäftigte, war das, was sie jeweils erfahren konnte von dem Reiche ihres Sohnes. Das Alles lebte sie mit. Das Andere, womit sie sich geistig beschäftigte, war das, was sie erfahren in ihrem Leben. Das Alles lebte sie noch einmal und abermal und unzähligemal durch. Das dritte endlich, womit sich ihre Zeit ausfüllte, waren die Danksagungen, Lobpreisungen, Bitten, Liebesergießungen rc., welche sie stündlich als Frucht ihrer Erinnerungen und Betrachtungen und ihres seelischen Umgangs mit ihrem Sohne zum Himmel emporschickte.

Wie lang die hl. Mutter nach dem Tode ihres göttlichen Sohnes noch gelebt habe, ist ungewiß. Es scheint noch lang; und jedenfalls lang genug, um viele tausendmal im Geiste Pauli seufzen zu können: „Ich

wandere heimathlos vom Herrn. Ich sehne
mich auszuziehen aus diesem Leibe und da-
heim zu seyn bei Ihm."

―――――

So blicke denn, du christliche Wittwe! getröstet empor zur hl. Mutter. Was du auch verloren habest, es
ist nicht Würdigeres und nicht Theureres, als was sie
verloren. Aber sie hat es nicht verloren; und auch du
hast es nicht verloren.

Ja, dein Stand ist hart, vielleicht sehr hart. Dein
Ernährer ist hinübergegangen, und hat dir vielleicht nichts
zurückgelassen, als Nahrungssorgen und unmündige Kinder. Dein Gatte ist hinübergegangen, und hat dir nichts
zurückgelassen, als dich dir selbst, in öder Einsamkeit,
Leerheit und Stille. Dein Beschützer ist hinübergegangen, und hat dir nichts zurückgelassen als eine falsche
Welt, die dich übervortheilen betrügen und unterdrücken
will. Wahrlich dein Loos ist hart, vielleicht sehr hart. Aber
wofür hat dir Gott das Alles geschickt? Warum stimmt
es dich, wenn Andere sich freuen, zu Schmerz? Warum
siehest Du nichts vor und nichts neben dir als Sorgen
Noth und Kummer? Warum bist du von betrügerischen,
habsüchtigen und gewissenlosen Leuten umgeben, die nur
darauf sinnen, wie sie dich und dein Gut verschlingen?
Warum ist die Schaar der Höflinge verschwunden,
welche in besseren Tagen dich mit Artigkeiten überhäuften? Warum sind die geschwäzigen Zungen verstummt,
die dir vordem so geschäftig deine Titel und Würden

vorsagten? Warum besuchen dich die Wenigeren deiner
Bekannten mehr, sondern vernachlässigen dich? — Siehe,
die Welt hat dich verlassen und verlässet
dich; aber sie thut es zu keinem andern Ende, als
daß auch du sie verlassest. Ja, das Alles hat
Gott so gefügt; du bist von der Welt verlassen,
damit auch du die Welt verlassest. Darum nicht
so gebeugt, nicht so unglücklich, christliche Wittwe! Er-
manne, erhebe dich! schäle deine Seele los von den
flimmernden Dingen, an denen du bisher gehangen!
In dem Augenblicke, als du vom Grund deines
Herzens auf die Welt verzichtest, bist du, wenn
auch vielfach beengt und gedrückt, doch nicht mehr unglücklich. In dem Augenblick, da du mit deinem abgeschiedenen Gatten im Geiste vor Gott stehst, ihn für
dich fürbittend erblickest, und in das große, erbarmungs-
reiche Vaterherz Gottes hinabschauft, bist du bei allem
äußeren Bedrängniß dennoch getröstet. Auch du wirst
dort seyn, wo dein Gatte ist. Bis dahin ist Gott, der
Allmächtige und Erbarmungsvolle, dein Schirm Ernährer und Hort. Was kann dich überwältigen?
— Die Welt hat dich verlassen, aber Gott ist dir
geblieben; und der Glaube, die Liebe und
Hoffnung.

Du bist verlassen und gering. Dennoch kannst du
in dem Stande, in welchen dich Gott gesetzt hat, groß
und ehrwürdig seyn! — Das ist eine leichte Kunst,
mit der Welt singen und lachen; und auch dazu gehört
wenig, am Arm des Gatten und im Kreise der Kinder
ein fröhliches Herz haben; auch das will nicht viel

sagen, wenn du aus der Kirche nicht wegbleibst, wohl auch zur Abwechslung ein Gebethbuch zu Hand nimmst: bei alle dem ist deine Seele vielleicht dem Vergnügen, der Eitelkeit, dem Golde dienstbar, oder wenigstens zwischen dem Manne und Gott getheilt. Hat dir Gott aber deinen Nebengott hinweggenommen und hat Er dir die Lust der Erde verbittert, dann bist du in der Lage, ja wirst dringend gemahnt, von Stund an deinen Gott zu lieben, ihm zu dienen und zu vertrauen ganz und ungetheilt. Alles, woran du gehangen, ist nicht mehr. Du bist nun wieder frei und schenkest das freie volle Herz deinem Schöpfer. Wie bist du izt groß und ehrwürdig! Anscheinend schwach, ein dünnes Rohr, eine Beute des Mächtigen oder Listigen; aber du hast eine verborgene Stüze und Kraft, und bist ein starkes Weib.

Nun fehlet dir nicht der Muth, die dir gewordene, vielleicht unerschwinglich scheinende Aufgabe im Namen Gottes zu übernehmen. Du hast früh und spät zu wachen, mußt vielleicht weit mehr zuarbeiten, als eine Dienstmagd, wirst Tag für Tag rechts und links bedrängt, hast Sorgen ob den Kindern, ob dem Gesinde, ob deinem spärlichen Einkommen, ob drohenden Verlusten, ob ungerechten Forderungen; aber du bist bei alle dem aufgerichtet, unverzagt, im Glauben herzhaft, und bei wachsender Noth nur inbrünstiger in Gebet und Zuversicht. Du bist ein starkes Weib.

Darum schreibt der Apostel: „Die Wittwen halte in Ehren, die wahre Wittwen sind. Eine wahre Wittwe, die verlassen ist, sezt ihr

Vertrauen auf Gott, und läßt nicht ab mit
Bethen und Flehen Tag und Nacht."

Nicht alle Wittwen haben eine so schwere Lebensaufgabe, als die, von welcher wir eben geredet haben,
aber irgend eine Aufgabe machen sie sich doch; und indem sie sich dem Herrn geweiht haben, geben sie irgend
woburch zu erkennen, daß der Geist des Herrn, der
Geist der thätigen Liebe in ihnen. Besonders be-
jahrte Wittwen haben so Vieles im Leben erduldet und
erfahren, sie haben daher Milde gelernt im Urtheil,
Nachsicht mit den Schwächen der Menschen, theilnahm-
volles Mitgefühl mit ihren tausend Nothständen, Sorge
und Hilfeleistung früh und spät. Es ist daher in einer
ächtchristlichen betagten Wittwe eine große Reise nach
Verstand und Herz, und man ehrt sie mit dem schönen
Namen der Matrone. Der Apostel rechnet zu den em-
pfehlenden Eigenschaften einer alternden Wittwe, daß
sie „Kinder erzogen, Fremde beherbergt, Heiligen die Füße gewaschen, Bedrängten Hilfe
geleistet, und sich jeden guten Werkes beflis-
sen habe."

An die Wittwen schließen sich, von gleichem Geiste
erfüllt, die alternden Jungfrauen an. Sie zogen
es entweder überhaupt vor, unverheurathet zu bleiben,
oder es wollte sich eine erwünschliche Verehlichung nicht
machen. Nun ist das vorüber, und sie begreifen die
glückliche Lage, in welcher sie sich befinden: die Lage
nemlich, unverwickelt in Familienverhältnisse, und ungetheilt durch Rücksicht auf Gatten und Kinder dem
Herrn ausschließend leben und dienen zu können. Sie

führen izt ein stilles, zurückgezogenes, auf die Welt
verzichtendes, in seiner Verzichtleistung seliges, wahr=
haft frommes und gottesfürchtiges Leben. Aber wie sie
einerseits ungetheilt dem Herrn angehören, sind sie (um
des Herrn willen und voll seiner hl. Liebe)
zugleich rührig und geschäftig nach allen Seiten, mit
Hilfe, Trost und Fürsorge. Da sie in der Welt nichts
suchen, so sind sie neidlos, theilnahmvoll, herzlich, treu=
gesinnt, hilfereich. Darum auch bei Jedermann in
großem Ansehen. Zwar ihr Leib übt keine Anzie=
hung, denn sein jugendlicher Schmuck ist vergangen;
um so anziehender ist ihr stiller, wohlwollender Sinn,
ihr gesunder, erfahrungsreicher Verstand, ihr from=
mes und frommfreundliches Gemüth, und ihre nimmer
müde sorgende und helfende Hand.

Ach, daß es Wittwen (jüngere und ältere), und
eben so alternde Jungfrauen giebt, welche ihre von
der Vorsehung ihnen angewiesene Stellung so gar nicht
begreifen, und ein werthloses und verachtetes Leben
führen! Sie treiben sich, wie der Apostel Paulus sagt,
„müßig von Haus zu Haus, fürwizig und ge=
schwäzig plaudernd, was sich nicht ziemt." Sie
führen, wie derselbe Apostel sagt, „ein sinnliches
üppiges Leben, und sind lebendig todt." Sie
können nicht davon lassen, gefallen zu wollen, und
weihen Herz und Zeit ihrer leiblichen Ausschmückung.
— Sie schielen nach Ehre und Bevorzugung, und er=
tragen mit Neid und Groll eigene Zurücksezung und

fremde Auszeichnung. Kann die Gegenwart keine Ansprüche mehr machen, so ergehen sie sich selbstgefällig
in der Vergangenheit, und entblöden sich nicht, die
Vorzüge und Huldigungen bemerklich zu machen, deren
sie einst genossen. Innerlich öd und leer suchen
sie von Aussen her, was ihnen Unterhaltung giebt.
Sie kümmern sich daher um Alles, was in allen Familien seit vielen Jahrzehnten vorgegangen ist, was
heute vorgeht, und vermuthlich morgen vorgehen wird,
und meistern Alles und bekritteln Alles, und begleiten
es mit scharfem Wize. Ihr Auge ist stets auf der
Warte, ihr Ohr allezeit auf der Lauer, und der Verkehr mit Gleichgesinnten ihr Bedürfniß und Leben. Auch
ihre fleischliche Seite schweigt nicht, sondern macht Forderungen dahin und dorthin. Sie machen sich sofort entweder lächerlich, oder wenn vielleicht weder Lust noch
Gelegenheit zur Befriedigung fehlt, verfallen sie offen mit
dem lezten Rest ihres Gewissens, und versinken in eine
eigene seelische Rohheit und Verhärtung. — Was ist
inneres Leben? Was ist Herzensdemuth? Was ist Gottseligkeit? Was ist Andacht? Was ist Menschenfreundlichkeit? Was ist edle Weiblichkeit und weibliche Tugend? Ach, davon weiß das Gedächtniß der Betreffenden vielleicht den Namen, aber ihre Seele hat davon
keine Ahnung.

Was ist zu thun? „Ich will", sagt der Apostel
Paulus, „daß die jüngeren Wittwen heurathen,
Kinder gebären, dem Hauswesen vorstehen,
und dem Feinde keinen Anlaß zur Lästerung
geben." Das ist in Ordnung. Unter der Leitung

ihres Mannes, und gedrängt von den Sorgen und
Arbeiten des Hauswesens, gehoben auch durch den Besitz zur Welt geborner Kinder werden sie brave Gat-
tinnen und Mütter seyn. Sie sind (wie wir hoffen)
der vielen und schweren Verirrungen von denen eben
die Rede gewesen, enthoben. Aber die nicht mehr heurathen können oder wollen, diese müssen ihren Eintritt in den Wittwenstand als einen Schritt
ansehen, welcher für ihr ganzes sittliches Leben höchst bedeutungsvoll, ja entscheidend ist.
Gott hat ihren Gatten, aber mit diesem sie selbst von
der Welt abberufen. Wagen sie nun den Schritt, und
sterben sie mit ihrem Manne, und wohnen mit
ihm bei Gott, so wird ihr Leben ein inneres, Gott
zugewendetes, in Glaube und Hoffnung getröstetes seyn.
Legen sie aber mit den Trauerkleidern auch den frommen Ernst, und die der Welt entstorbene Stimmung
ab, und suchen sie ihren Frieden von Aussen, leer
und langweilig, wenn es nichts Interessantes zu sehen,
zu erzählen, zu hören, zu genießen giebt, so gerathen
sie zuverläßig tiefer und tiefer in alle jene Verirrungen
und Werthlosigkeiten, welche so vielen ihres Standes
anhängen. Sie haben keinen Halt von Aussen, denn
sie haben um sich keinen Mann mehr, vor dem sie sich
zusammennehmen mußten; sie folgen ihrem Gefallen und
Gelüsten, und rechtfertigen sich selbst in ihrem Herzen,
und Niemand weist sie zurecht. Sie haben keinen Halt
von Innen, denn sie haben in sich keine Frömmigkeit, keine hl. Gottesscheu, kein inneres Ringen nach
dem göttlichen Wohlgefallen, keine Lust an der Andacht,

keine stille Hingebung und fromme Zurückgezogenheit.
Sie sind daher in der Gewalt ihrer gemeinen
weiblichen Natur, und gleichen einem Rohre, das
von dem Winde, und gleichen einem Balle, welcher
von den Buben widerstandslos umhergeworfen wird. —
Aber der Herr spricht: Wie viele gottselige hochehrwür=
dige Wittwen zähle ich in meiner Kirche! Siehe, Ich
habe ihr Herz verwundet, und wieder geheilt. Sie
haben meine Stimme gehört, als ich sie durch Trübsal
und Noth zu Mir rief, nun sind ihre Thränen abge=
trocknet. Kein Hunger, noch Durst, noch Sonne, noch
Hize quält sie mehr. Ich bin das Zelt über ihnen, Ich
führe sie zu den Lebensquellen und weide sie: warum
erkanntet nicht auch ihr meine Stimme, als ich euch in
den Stand der Wittwen sezte? Warum tratet ihr nicht
ein in den Kreis der hl. Frauen eures Standes? Ihr
habt den Namen, daß ihr lebet, aber ihr seyd todt.
Ihr Thörichten! Wo ist das Oel eurer Lampen? Wo
sind die Früchte aus euren Gütern und Talenten? —
Wie werdet ihr euch entsezen, wenn euer Herz offen
vor euch daliegen wird — nichts enthaltend, als Eitel=
keit, Fürwiz, Klatschhaftigkeit, Mißgunst, Schadenfreude,
Zuträgerei, Sinnlichkeit, Lüge, Verstellung ꝛc. Glaubet
ihr, für ein solch sündig und werthlos Leben seyd ihr
auf Erden da? Und bei Wem, denket ihr, werdet
ihr euren Antheil haben? — Erwachet doch, heute,
da ihr meine Stimme höret, und bekehret euch! „Wo
nicht, so komme Ich euch, wie ein Dieb; und nicht
wissen sollt ihr, zu welcher Stunde ich komme."

Zum Schluße will ich noch eines Leidens gedenken, von dem das weibliche Geschlecht überhaupt, besonders aber auch der Stand der Wittwen vielfach geplagt wird: es ist die Kummerhaftigkeit, d. i. jene Seelenbedrängniß, welche Tag für Tag ängstlich fragt: „Wie wird mir's ergehen? wovon will ich leben? ich weiß mir keinen Rath." Ohne hierauf mit den Worten Christi: „Euer Vater im Himmel weiß, daß ihr das Alles bedürfet", zu antworten, frage ich blos: Habet ihr keinen Säugling? Oder habet ihr keinen gehabt? Oder doch solchen gesehen? — Wohlan! er kam nackt in die Welt. Hat er Sorge gehabt, womit er sich bekleide? Er kam in die Welt, unfähig sich Speise zu suchen, oder auch nur den Löffel zum Mund zu führen. Hat er bange gehabt, wie und wovon er leben werde? Er kam völlig hilflos in die Welt, unfähig gegen Gefahren sich im geringsten zu schüzen. Hat er je schlaflos gelegen, besorgt, es möchte ihn ein Uebel treffen? — Ach, als er in seiner Nackt= heit und unendlichen Hilflosigkeit in die Welt kam, war schon Alles auf seinen Empfang vorbereitet, und er durfte bei all seiner Armseligkeit sorglos schlafen, denn gute Menschen wachten für ihn. Wenn nun Gott für den unmündigen und hilflosen Säugling, der be= wußtlos schläft, in solcher Weise gesorgt hat, wie? sollte er der schwachen und hilflosen Frau und Wittwe, welche glaubend ihre Arme gegen ihn ausbreitet, ver= gessen? Oder ist der, welcher Mittel wußte, das un= mündige Kind zu erhalten und zu pflegen, zu arm oder zu schwach, die verlassene Jungfrau, Frau oder

Wittwe zu ernähren? — Ach, du kummerhafte Seele!
Blicke doch den Säugling an neben dir; und schäme
dich deines Kleinglaubens! Blicke das unmündig und
sorglos in der Hand Gottes ruhende Kind an, und
betrachte seine harmlose Lebenslust, ob du nicht Muth
fühlest und Hingebung?

24.

Das Entschlafen der seligsten Jungfrau und Mutter, und die Hinaufnahme derselben in den Himmel.

Die hl. Jungfrau und Mutter erreichte, laut glaub-würdiger Erzählung, ein hohes Alter. Wenn dann endlich die Stunde ihres Hingangs gekommen ist, wird uns die alte Ueberlieferung von den Umständen dieses Hinganges etwas besonderes zu erzählen wissen? — So viel nehmen wir zum Voraus an, daß das Leben der reinsten, makellosesten Jungfrau, der erkohrenen Gottesgebährerin, der glücklichsten und schmerzhaftesten der Mütter, der gesegneten unter den Weibern nicht in gemeiner, sondern in glorreicher und ausgezeichneter Weise enden werde. Und eben dieses bestätigen auch alle alten Erzählungen von dem Hingange derselben.

Zuerst wird berichtet, ein Engel des Himmels habe ihr Tag und Stunde, wann sie zu ihrem göttlichen Sohne gehen werde, angekündet. Das ist nichts sehr Außerordentliches. Gab es doch von jeher heilige Seelen, denen durch innere Offenbarung Tag und Stunde ihres Todes bekannt war. Wie sollte der Herr seiner hl. Mutter die lang ersehnte Stunde ihres Ueber-trittes zu Ihm verborgen haben?

Als die hl. Mutter die frohe Bothschaft vernommen
hatte, wurde sie (so sagt die alte Erzählung) unendlich
freudig, und richtete ihre ganze Wohnung und Alles,
was sie darin hatte, wie zu einem nahen hohen Fest-
tage her. War das ja auch in der That ein hohes,
ja das höchste Fest: die Ankunft nemlich des göttlichen
Sohnes, welcher kommen würde, sie zu sich zu nehmen;
und die Vollendung eines Lebens, wie das ihrige.

Zu gleicher Zeit kamen (wie die alte Erzählung
weiter berichtet) die hl. Apostel aus allen Gegenden,
wo sie zerstreut waren — vom Geiste getrieben — bei
der hl. Mutter zusammen, um die Gebenedeite noch
einmal auf Erden zu sehen, ihren jedenfalls ganz
eigenen und rührenden Hingang zu schauen und ihr am
Ende ihrer hochwürdigen, ja unvergleichbaren Laufbahn
ihre letzte Verehrung zu erweisen. Die hl. Mutter begriff sogleich die Bedeutung ihrer Erscheinung, war aber
davon nichts weniger als betroffen, sondern von einem
Gefühle ergriffen, ähnlich dem einer Jungfrau bei dem
Erscheinen des Zuges, welcher sie ihrem Bräutigam
zuführen soll.

Wir werden nicht irren, wenn wir annehmen, daß
die hl. Mutter nach der ersten freudigen, von der tiefsten Seelenheiterkeit durchdrungenen Begrüßung von
den hl. Aposteln Bericht verlangt habe über den Fort-
gang des Reiches ihres göttlichen Sohnes. Gewiß
mußten sie ihr aus allen Landen erzählen, wie der
Herr das Wort der Lehre gesegnet, mit Zeichen beglaubigt, und die Zahl seiner Gläubigen vermehrt
habe. Bis zum letzten Athemzuge blieb Er und sein

Reich auf Erden ihre höchste Liebe, und ihr höchster
Genuß.

Endlich war die Stunde da, wo sie entschlafen sollte.
Arm, wie sie war, hatte sie ihr Zeitliches schnell geordnet. Sie schenkte die beiden Kleider, welche sie be-
saß, zweien frommen Jungfrauen, und nahm liebevoll
und segnend von den hl. Aposteln, die weinend und
doch freudig gehoben um sie standen, Abschied. Dann
legte sie sich in jene fromme Lage, in der sie zum
Grabe getragen werden wollte. Und izt verklärte sich
ihr Angesicht in einer unaussprechlichen Verklärung,
denn sie sah ihren göttlichen Sohn in Begleitung himmlischer Schaaren herniederkommen, um ihre Seele aufzunehmen. In Deine Hände o Herr! (das war ihr
lezter seligkeitsvoller Seufzer) empfehle ich meinen Geist.
In diesem Seufzer entschlief sie. Der Herr aber nahm
ihre Seele, und gab sie dem Erzengel Michael, dieselbe
im Chore der hl. Engel in den Himmel zu tragen.

So die alte Erzählung. Und in der That dürfte
schwerlich eine andere Weise ihres Hinganges ausgedacht
werden, welche der hl. Jungfrau und Mutter angemessener wäre, als die eben erzählte. Ist sie aber die
angemessenste, so ist sie auch wahr. Denn in den göttlichen Dingen ist immer das Wahre das Angemessenste,
und das Angemessenste das Wahre und Wirkliche. Was
namentlich die Angabe betrifft, als habe die sterbende
Jungfrau und Mutter ihren göttlichen Sohn ihr entgegen kommen gesehen, und als sey sie darüber in die
höchste Entzückung gerathen, so ist diese Angabe gar
nichts Verwunderliches. Denn, was der sterbende

Stephanus und was viele sterbende Heilige zu allen Zeiten gesehen haben, warum sollte es gerade der hl. Mutter nicht zur Anschauung gekommen seyn?

Die unaussprechlich selige Verklärung, welche sich über das Angesicht der sterbenden Jungfrau und Mutter ausgegossen hatte, blieb ganz unverändert über dem Angesichte verbreitet nach ihrem Hintritte. Es war der Anblick einer golden strahlenden Abendröthe nach dem Entschwinden der Sonne. Die hl. Apostel konnten sich an dem Anblicke nicht satt sehen; es giebt für solchen Anblick keine Worte. Sie erinnerten sich unwillkührlich an den Ausspruch: „Wer an mich glaubt, wird in Ewigkeit nicht sterben, und wenn er auch stirbt, wird er dennoch leben." Sie sahen nicht eine Verstorbene, sondern eine Entschlafene, alle Seligkeit, in die die Seele derselben entrückt war, in ihrem Angesichte widerstrahlend. Du bist, sagten sie, voll der Gnade, der Herr ist mit dir, du bist gebenedeit unter den Weibern! — Welch ein Gegensaz: Eva im Paradiese vor dem Angesichte Gottes scheu und flüchtig, im Innersten von Sünde und Schuld zerrissen; und Maria, von der alten Schlange verfolgt aber unversehrt, in unendlicher Reine, voll flammender Liebe und Sehnsucht von dem Vater und ihrem göttlichen Sohne hinübergenommen, den Ausdruck seligster Verklärung noch im schlummernden Angesicht!

Nun kam die Zeit der Bestattung. Die alte Erzählung sagt, die hl. Apostel haben den hl. Leichnam zu der für ihn ersehenen Begräbnißstätte getragen, eine Menge von Gläubigen habe den Zug begleitet, und

während die Apostel und übrigen Begleiter heilige Gesänge gesungen haben, haben Schaaren heiliger Engel
den frommen Zug umschwebt, und den Leichnam mit
himmlischen Psalmodien begleitet. Es war kein Trauer-
zug, sondern ein Triumphzug. Man kann sagen, es
war ein Hochzeitszug: denn die himmlische Braut wurde
dem Himmel zugeführt.

Es ist dem verkehrten Menschen nicht gegeben, daß
er ein reines Glück, eine himmlische harmlose Freudigkeit mag mitfreudig ansehen, oder wenigstens ungestört
lassen: der Teufel erwacht in ihm, und treibt ihn zu
bitterer schadenfroher Störung. So hier. Die alte
Erzählung sagt: ein Jude, Genosse anderer gleich
feindlich Gesinnter, aber verwegener und wilder als die
Anderen, habe sich an den Zug hinzugedrängt, um den
hl. Leichnam auf den Boden zu werfen, und zu ver-
unehren. Wirklich habe er schon die Bahre gefaßt, aber
in demselben Augenblick seyen ihm die Hände abge-
fallen. Doch sey ihm Gnade für Recht zu Theil geworden, indem er nach flehentlichem Bitten und Weinen
Heilung empfangen habe.

Sofort wurde der hl. Leichnam beigesezt, und der
Sarg mit einer Steinplatte bedeckt. Eh jedoch der hl.
Leichnam verschlossen wurde, wollten Alle denselben noch
einmal sehen, um sich das Bild der entschlafenen Gottesmutter, der Ersten und Größten ihres Geschlechtes, ein-
zudrücken und zu bewahren. Hatte das Bild nicht
etwas Unaussprechliches? Konnten sie von demselben
lassen?

Wenn wir von der Bestattung eines theuren Ent-

16*

schlafenen zurückgekehrt sind, so ist uns nichts tröstlicher als bald wieder an die Grabstätte zurück zu gehen. Täglich wiederholen wir den schmerzlichen, und doch theuren Besuch. So machten es auch, laut der alten Erzählung, die hl. Apostel. Drei Tage weilten sie um das hl. Grab, und so oft sie da waren, vernahmen sie in den Lüften über ihnen himmlische Gesänge voll übernatürlicher Lieblichkeit. Nicht blos sie, sondern auch die himmlischen Schaaren fühlten sich herbeigezogen zu der hl. Stätte, und vereinigten ihre Psalmodien mit den Gebethen und Gesängen der Heiligen.

Die alte Erzählung läßt es unentschieden, ob es Fügung oder Zufall gewesen, daß Einer der Apostel zu spät angekommen, und darum bei dem Entschlafen der seligsten Jungfrau und Mutter, so wie bei deren Begräbniß nicht gegenwärtig gewesen sey. Sein Verlangen die Entschlafene noch einmal zu sehen, war daher in ihm um so lebhafter, als er zu diesem End aus großer Ferne gekommen war, und die anderen Apostel ihm so Rührendes über den Ausdruck erzählt hatten, welchen das Angesicht der Heiligsten in ihrer Verklärung erhalten habe. Er drang also flehentlich darauf, daß der Stein, welcher die Entschlafene deckte, weggehoben werde, und auch er sie noch einmal sehe.

Es geschah. Der Stein wurde weggehoben. Es war nach der Begräbniß der dritte Tag. Als sie nun aber in das aufgeschlossene Grab hinabblickten, was sahen sie? Die hl. Erzählung sagt: Der Leichnam war verschwunden; der Herr hatte denselben in den Himmel hinaufgenommen und mit der Seele der seligsten Mutter vereinigt. In dem Grabe lag nur noch das Kleid, worin die Heiligste beigesezt worden. Ein himmlischer Wohlgeruch erfüllte die hl. Stätte. Die alte Erzählung sezt bei: Die seligste Jungfrau und Mutter sey hiernach der Auferstehung des Fleisches schon gleich nach ihrem Tode theilhaftig geworden, denn es wäre unschicklich gewesen, daß der reine und unversehrte Leib, aus welchem der Sohn Gottes Fleisch und Blut angenommen habe, der Verwesung verfallen wäre. Wir finden auch in der That an dieser Hinaufnahme des Leibes der seligsten Jungfrau und Mutter um so weniger einen Anstand, als auch der Apostel Paulus von einem Uebergange in den Himmel redet, welcher nicht durch Auskleidung, d. i. durch Tod und Verwesung, sondern durch Ueberkleidung, d. i. durch eine Verwandlung dieses sinnlichen Leibes in einen himmlischen geschehe. Daß aber die Hinaufnahme des Leibes der seligsten Jungfrau und Mutter aus dem Grabe in den Himmel eine Ueberkleidung gewesen, wird Niemand bezweifeln, denn es ist klar, daß der hinaufgenommene irdische Leib eine Schöne und Herrlichkeit empfangen habe, welche ihrer hochherrlichen Seele, und ihrer hohen Würde unter den Himmelsgeistern angemessen war.

Vielleicht kann man auch sagen, der Leib der Einzigen, der Hochgebenedeiten unter den Weibern mußte von der Erde hinweggenommen werden, weil die Erde dieses besondern Gefäßes der Gnaden und Tugenden, dieser Stätte so einziger Leiden und Freuden nicht werth war. Oder man kann vielleicht auch sagen, der Leib der Hochgebenedeiten und von allen Völkern Geprie-

senen sollte hinaufgenommen werden, damit sie g a n z
dort sey, und Niemand versucht werde, sie anderswo
zu suchen, als a l l e i n o b e n bei ihrem göttlichen Sohne.
Wußte ja auch Niemand das Grab Mosis. Moses
hatte Israel seine Thaten, seine Geschichte, seine Ge=
seze, seine gottesdienstlichen und bürgerlichen Einrich=
tungen zurückgelassen. Das war es, was bleiben sollte.
Den Leichnam Mosis und sein Grab aber verbarg Gott.

So liegt denn das erhabenste, wundervollste und
heiligste Leben, das eine weibliche Seele gelebt hat, be=
schlossen vor uns. Es ist kein Mensch auf Erden, und
kein Geist des Himmels, welcher im Ueberschauen dieses
völlig einzigen Lebens sich nicht hochachtend beugte.
Und hülfe ein bloßer Wunsch, so würden wir aus tau=
send Herzen den Seufzer aufsteigen hören: Möchte mein
Ende seyn, wie das dieser Heiligen!

Doch bloße Wünsche sind für nichts. Du kennst
den Weg, welchen die Jungfrau der Jungfrauen, die
Schmerzhafteste der Mütter wandeln mußte und ge=
wandelt ist, um zu diesem Ende zu gelangen. Einen
anderen Weg giebt es im wesentlichen für Niemand:
d a s H i m m e l r e i c h l e i d e t G e w a l t, und nur die
Gewaltigen reissen dasselbe an sich.

Es fragt sich darum, wie viel du Willen und Muth
habest, eine ähnliche Laufbahn zu laufen, wie die Erste
und Höchste deines Geschlechtes sie gegangen ist? Es
fragt sich, ob du den Zweck deines Daseyns, ob du

dein nicht ausbleibendes Ende, ob du jenen ernsten
Hinübergang fest genug ins Auge fassest, um ihm
Opfer zu bringen, d. h. für das Himmelreich Gewalt zu üben? — Noch liegt Vieles, noch liegt vielleicht Alles in deiner Hand.

Ja, was sind alle Güter und Genüsse der ganzen
Welt in Vergleich mit dem Zustand, worin eine weibliche Seele ihren unbefleckten Leib im Tode hinlegt, als
ihr Opfer, das der Herr hinnehmen wolle: das sie
hinlegt, den Geist in seliger Zuversicht und Sehnsucht
erhoben, und mit verlangendem Blicke des Momentes
harrend, wann der Herr kommen und sie in die Arme
seiner unendlichen Barmherzigkeit aufnehmen werde. Ein
Leben vielleicht voll Mühe und Kampf liegt hinter ihr;
aber sie hat desselben vergessen. Was sie durch Kampf
und Mühe geworden ist, was sie an Tugend — an Liebe
und Hoffnung besizt, das allein ist übrig, und ihr aus
der Welt gewonnenes Gut. Mühe und Arbeit sind
aus ihrem Angesichte weggewischt, und jener Friede,
welchen allein Gott schenkt, verklärt mit unaussprechlicher Schöne die Züge der Sterbenden.

Ja, was machst du in dieser ernsten, in dieser ent-
scheidenden Stunde mit allen deinen Ehren, kostbaren
Besizthümern und Lebensfreuden? Sind sie nicht in
deiner Erinnerung Bitterkeit, für deine Gegenwart Last
und Ekel? Siehe, wenn du deine Seele an diese Dinge
verloren, wenn du sie an diesen Welttrug hingegeben
hast, so bist du weltlich, sinnlich, stolz, von unwürdigen
Affecten zerrissen. Es ist vorbei. Du bist, wer du
bist; und stirbst, wie du bist. Die Zerschlagenheit,

die Trostlosigkeit, und Zerrissenheit in deiner Seele prägt
sich in deinem sterbenden Angesichte aus, und macht
daffelbe kalt und bitter.

Nehmen wir hinzu, daß dieses ungleiche sichtbare
Ende der Beginn ist jenes unsichtbaren Anfangs, wel=
cher in die Ewigkeit hinabläuft. Wenn im erstern Fall
himmlische Geister beglückwünschend und lobsingend die
abgeschiedene Seele aufnehmen, und in das Paradies
führen, wird das auch im anderen Falle geschehen?
Ich fürchte sehr, daß Der, dem die Seele lebenslang
gedient hat, zur Hand seyn, und die Betrogene höhnend
führen werde an den Ort der ewigen Unglückseligkeit.

Das Daseyn auf Erden hat einen unendlichen
Werth. Es ist die Saatzeit zur unsterblichen Aerndte.
Es wird Jede ärndten, was sie gesäet hat: was sie
gesäet hat in ihr eigen Herz, was sie gethan hat in
ihren Werken. Mit Recht kehren wir also zur Frage
zurück: Wie viel hast du Willen und Muth?
Was willst du opfern? Was willst du geben für
ein seliges Ende? — Das Ende bleibt nicht aus;
du kannst dich nicht zwischen durch winden; du mußt
dich entscheiden. Noch liegt Vieles, noch liegt vielleicht
Alles in deiner Hand. Bethöre dich nicht selbst; ver=
schließ nicht deine Augen.

Du hörest nicht selten das Wort: „Nun sind ihre
Thränen abgewischt, sie ist eingegangen in das Land
der Ruhe, sie hat vollendet." Aber das ist ein
thöricht betrügerisches Wort. Laß dich davon nicht
täuschen. Man kommt nicht von den Thränen, so lange
man von der Sünde nicht gekommen ist; man kommt

nicht zur Ruhe, so lange das Herz der Welt und Leiden=
schaft dienstbar ist; und man hat wohl geendet, aber
nicht vollendet, wenn man vielleicht nicht einmal
angefangen, oder doch nur ein Viertheil von dem,
was man werden sollte, errungen hat. Wenn man solche
sentimentale Reden hört, sollte man meinen, es gehöre,
um selig zu werden, weiter nichts dazu, als gelebt zu
haben und gestorben zu seyn.

Das hochheilige Leben und glorreiche Ende der Hei=
ligen, welches du bisher gelesen und betrachtet hast,
muß unfehlbar einen tief anregenden Eindruck auf dich
machen. Wage einen kleinen zeitlichen Einsaz an einen
ewigen Gewinn! Noch bist du jung, unverdorben, fromm,
herzlich wohlwollend, freundlich, fleißig, und frohen
Herzens. Bedenke, was du hast; verliere es nicht;
bilde es weiter fort; benüze die Gefahren und Lebens=
mühen, die dir begegnen, zu deiner inneren Reise.
Stehe am Ziele, ohne die Liebe deines Gottes
und Heilandes je verloren zu haben! Was
giebt es Beneidenswertheres, als dich? — Vielleicht
aber hat dich die Welt bereits in ihre Neze gebracht;
du bist älter geworden, aber von Jahr zu Jahr sinn=
licher, eigenliebiger, eitler, zungenfertiger, neidischer,
unfriedsamer und gewaltthätiger, kälter und gottver=
gessener. Frage dich doch: was hast du mit dem Allem?
Bist du zufrieden in dir selbst? geachtet von deinen
Mitmenschen? im Frieden mit Gott? — Und weiter:
wo willst du hin? was soll aus dir werden? — Lässest
du dich gehen, so sinkest du täglich noch tiefer. Mit
deiner verunehrten, niedrigen, gehässigen, hochfahrenden,

sich selbst vergötternden, durch und durch werthlosen,
ja verächtlichen und wüsten Seele dann — wohin?
Was hast du mit deinem Pfunde gemacht? Was hast du
aus deinem Leben gewonnen? Was bist du? — Und
bist du, was du bist, so brauchst du keinen Urtheils-
spruch mehr über dich: du selbst bist dein Urtheil und
deine Verurtheilung. Indeß, noch weilest du auf Erden,
und kannst dein Ende bedenken. Wende dich noch in
dieser Stunde zu dem hl. Sacramente der Buße; rufe
um Rettung vor dem Untergange; beweine dein bis-
heriges Leben, und mach ewige Feindschaft mit demselben; hebe von dem Vergangenen auf und bessere,
was aufzuheben und zu bessern möglich; flehe um den
Geist der Demuth und hl. Liebe. Kaufe Kleidung für
deine Blöße, Augensalbe für deine Augen, daß du nicht
nackt und blind erfunden werdest von deinem Richter.

Ich möchte leiblich oder im Geiste bei deinem
Leichenbegängnisse seyn; ich möchte viele Thränen um
dich fließen sehen; ich möchte dein Herz, deine Tugend,
deine Wohlthätigkeit von den Begleitenden rühmen
hören; ich möchte Dankgebethe und Segenswünsche über
deinem Grabe vernehmen; ich möchte deine Ruhestätte
geehrt wissen, und vielbesucht. Ich möchte, daß du als
seliger Geist die Besuchenden wie ein Engel des Friedens tröstend umschwebtest. Mir graut ob dem ver-
ödeten Grabe, ob dem Kopfschütteln der Vorübergehen-
den, ob dem Fluchworte, hinabgerufen in dasselbe. Nun
wohl: Was ich möchte, möchtest wohl auch du; und
wovor mir graut, davor graut wohl auch dir! Aber
nimm es zu Herzen! Ach ein Grab, das Niemand be-

sucht, oder an dem man wohl gar mit Verachtung oder Verwünschung vorübergeht, ist etwas Schreck= liches. —

Wir haben das Ende beschrieben, womit die seligste Jungfrau und Mutter vollendet hat. Aber sie hat nicht vollendet. Sie ist, wie zum neuen Leben, so zu neuer Thätigkeit, sie ist von einem armen und engen zu einem unermeßlichen Seyn und Wirken eingegangen. Diese große und königliche Seele mit ihrer unermeßlich reichen mitleidgewohnten Liebe hat einen Thron erhal= ten, dessen Höhe Herrlichkeit und Herrschaft der Größe ihrer jungfräulichen Reinheit und mütterlichen Liebe Erduldung und Erbarmung angemessen ist. Mit Ehr= furcht blicken wir zu der sternenbekränzten Königin, mit Vertrauen zu der schmerzvollen und erbarmungsreichen Mutter auf, und eingedenk unseres Endes, flehen wir mit dem Gebethe der Kirche zu ihr:

„Heilige Maria, Mutter Gottes! Bitt für uns arme Sünder: izt, und in der Stund unseres Absterbens, amen."

25.

Schluß.

Das ist die Geschichte der seligsten Jungfrau und Gottesmutter.

Legen wir diese Geschichte nun, nachdem wir sie durchgelesen, gleich einer andern Geschichte bei Seite? — Keineswegs. Im Gegentheil: das Leben der seligsten Jungfrau ist nach seinen Hauptmomenten von der katholischen Kirche in ihren Cultus aufgenommen, und bildet einen stehenden Gegenstand ihrer Verehrung. Der Empfängniß der seligsten Jungfrau, ihrer Geburt, der von ihr empfangenen Bothschaft des Engels, dem Besuche bei Elisabeth, der Geburt Christi ihres göttlichen Sohnes, der Opferung desselben im Tempel, der Anbethung der Weisen, der Flucht nach Aegypten, der Osterreise nach Jerusalem, und dem Wiederfinden des verlorenen Kindes daselbst, dann sämmtlichen Hauptscenen aus dem Leben und Leiden Christi und dem, was die hl. Mutter dabei empfunden und geduldet, endlich ihrem eigenen Tode und ihrer Hinaufnahme in den Himmel sind von der Kirche eigene Gedächtnißtage angesezt. Niemand kann daher als katholischer

Chrift das katholische Kirchenjahr durchleben, ohne zugleich das freud= und schmerzreiche Leben der seligsten Jungfrau und Mutter seiner Seele für und für vorzuführen. Die Geschichte dieses Lebens ist sonach nicht wie andere Lebensgeschichten, die man liest, wohl auch mit Erbauung liest, dann aber weglegt. Diese Geschichte ist von der Kirche zum Gegenstand stehender, immer neu wiederkehrender Betrach= tung und Erbauung gemacht.

Wenn die Kirche in ihrem jährlichen Festkreis das Leben der seligsten Jungfrau und Mutter den Gläubigen nach allen seinen Hauptmomenten zur Be= schauung und Beherzigung vorstellt, so thut sie dasselbe zugleich auch Tag für Tag in dem in ihr allgemein üblichen Gebethe des hl. Rosenkranzes. Nach der einen Seite hin hat diese Andachtsübung Jesum Christum zum Gegenstand, dessen Geschichte darin er= neuert und dem Geiste vorgeführt wird. Es heißt in der Gebethsformel für und für: „Gegrüßet seyst du, Maria, voll der Gnade, der Herr ist mit dir. Du bist gebenedeit unter den Weibern, und gebenedeit ist die Frucht deines Leibes Jesus,

den du Jungfrau empfangen hast,
den du Jungfrau zu Elisabeth getragen hast,
den du Jungfrau geboren hast,
den du Jungfrau im Tempel geopfert hast,
den du Jungfrau im Tempel gefunden hast;

der für uns Blut geschwitzt hat,
der für uns ist gegeißelt worden,

der für uns ist mit Dornen gekrönt worden,
der für uns das Kreuz getragen hat,
der für uns ist gekreuzigt worden;

der von den Todten auferstanden ist,
der in den Himmel aufgefahren ist,
der den heiligen Geist gesandt hat,
der dich in den Himmel aufgenommen hat,
der dich im Himmel gekrönt hat.

Nach der andern Seite hin aber hat diese Andachtsübung die seligste Jungfrau und Mutter zum
Gegenstand. Es wird nämlich darin in und mit der
Geschichte Jesu auch ihre eigene Geschichte, und
zwar von der freudigen Botschaft des Engels an durch
die bittersten Leiden hindurch, bis zu ihrer endlichen
und ewigen glorreichen Erhöhung erneut, und gleichsam
mitgelebt. Fünfzigmal, hundertmal, bis hundertfünfzig-
mal werden die Worte wiederholt: „Gegrüßt seyst
du, Maria! voll der Gnaden. Der Herr ist
mit dir. Du bist gebenedeit unter den Weibern und gebenedeit ist die Frucht deines Leibes,
Jesus“, je zehnmal mit dem Beisaze: den du Jungfrau empfangen hast, oder mit dem Beisaze: den du
Jungfrau zu Elisabeth getragen hast, geboren hast u. s. w.
Immer also ist es die Jungfrau und Mutter voll
der Gnaden, die Gebenedeite unter den Weibern, deren Frucht Jesus ist, der von ihr Empfangene, Geborene, Leidende, Sterbende, Auferstandene, vom
Himmel herab Herrschende, welche gegrüßt, und
deren Gedächtniß mit all ihrer Mutterfreude, mit all

ihrem Mutterschmerz, und all ihrer Mutterherrlichkeit
gefeiert wird. Haben wir daher in vorliegendem Buche
uns das Leben der seligsten Jungfrau und Gottesmutter
vor Augen gestellt, so wiederholen wir das Andenken
daran nach seinen Hauptmomenten in jedem Abbethen
des Rosenkranzes oder Psalters. Wir können nun zwar
die oft wiederkehrenden Begrüßungen der Seligsten ge=
dankenlos sprechen und eben so die kurzen Erinnerungen
an die Hauptstationen ihres Lebens, wir können sie aber
auch mit Aufmerksamkeit sprechen, und uns dabei an
dieses und jenes erinnern, was wir bei Betrachtung
ihrer Lebensstationen in diesem Buche gelesen und em=
pfunden haben. Eben so können wir die oft wieder=
kehrenden Erinnerungen an die Hauptmomente des Le=
bens Leidens und Strebens ꝛc. Jesu gedankenlos
sprechen, wir können aber auch unsern Geist auf diese
Momente hinheften. Es kommt eben darauf an, wie
wir es halten. Gewiß würde diese Gebethsformel,
welche dem Nachdenken so viel Stoff bietet, so leicht zu
lernen ist, und sich so sehr für gemeinschaftliche Andacht
eignet, der Erbauung ganz ausgezeichnet dienlich seyn,
wenn sie mit genugsam gesammeltem Geiste gebethet
würde. Wenn diese Andacht getadelt wird, so kann der
Tadel nicht ihren Inhalt, sondern nur die Zerstreutheit
und Gedankenlosigkeit der Bether treffen. Die oft=
malige Wiederholung derselben Formel kann zwar
die Gedankenlosigkeit befördern, und befördert sie bei
Tausenden wirklich, aber sie kann auch, ja sie soll Geist
und Herz bei einer und derselben hl. Thatsache,
welche bei einmaliger Erwähnung leichtlich nur oben=

hin in die Erinnerung tritt, durch die oftmalige Wiederhohlung festhalten, und das Nachdenken und Beherzigen nahe legen und erleichtern. — Bethe daher, du fromme Betherin, immerhin den Rosenkranz, aber laß ihn eine Vergegenwärtigung des Lebens Jesu Christi, und darin eine Vergegenwärtigung des Lebens seiner hl. Mutter seyn.

Die katholische Kirche führt uns die Erinnerung an Maria, die Freude an ihrer Erhöhung, den Dank für das durch sie in die Welt herein geborene Heil, die Verehrung ihrer ewigen Jungfräulichkeit und aller glänzenden in ihr vereinigten Tugenden, das Vertrauen auf ihre Milde und Fürbitte ꝛc. auch durch den eng= lischen Gruß vor die Seele, zu dessen Abbethung sie die Gläubigen durch ein eigenes Glockenzeichen täglich ermahnt. Wir werden dieses Gebeth bei dem Glocken= zeichen in dem Maße gern und zu unserer Erbauung sprechen, in welchem wir die seligste Jungfrau und Gottesmutter aus ihrem Leben kennen und verehren gelernt haben. (Aehnlich mit dem Salve regina ꝛc., welches gleichfalls täglich in den kirchlichen Tageszeiten gebethet wird.) Der englische Gruß ist der gedrängte Inhalt des ganzen glorreichen Lebens Mariä, den Ab= lauf dieses Lebens eben sowohl eröffnend, als in weni= gen Worten zusammenfassend.

Indem wir noch einmal auf das Leben der selig= sten Jungfrau und Gottesmutter zurückblicken, sagen wir: Welch ein Herz, das alle diese Ereignisse

durchlebte, sich in ihnen allen bewährte, und das durch
sie alle vollendet ward! — Man blicke zurück auf diese
reinste Jungfräulichkeit, auf diese tiefste Demuth, auf
diese vorbehaltlose Gotthingegebenheit, auf diesen uner=
schütterlichen Glauben, auf diese unbegrenzte Geduld, auf
diese bewunderungswürdige Seelengröße und Starkmuth,
auf diese hohe Menschenfreundlichkeit Dienstfertigkeit und
Milde 2c.! In der That — welch ein Herz! Wenn
daher in der katholischen Kirche viel die Sprache ist von
dem Herzen Mariä, und sich eben in neuerster
Zeit eine Bruderschaft von diesem heiligen
Herzen weit verbreitet hat und verbreitet, so be=
greifen wir das, und verstehen auch, was es auf
sich hat. Was kann es in Wahrheit — zumal für
das weibliche Geschlecht, Würdigeres und Schöneres
geben, als sich zur Verehrung eines Herzens vereinigen,
in welchem alle Tugenden der Frauen, Jungfrauen und
Wittwen sich in bewunderungswürdigster Größe dar=
stellen? — Ja, dieses Herz, dieses hochheilige Herz
schauet an, ihr Alle, die ihr ihres Geschlechtes seyd!
in dieses Herz fühlet euch hinein! von ihm lasset euch
anregen, erheben, begeistern, stärken und trösten! ihm
einiget euch! es machet zu dem eurigen! — Welche
Würde und Freude, zu der dieses Herz erhoben ward,
welche Tiefe der Leiden und Schmerzen, in die dieses
Herz versenkt ward, welche Feuergluth der Trübsale,
in der dieses Herz bewährt ward, welcher Trost und
Himmelsfriede, mit dem dieses Herz getröstet ward;
was kann euch Hohes oder Tiefes, Freudiges oder
Schmerzvolles begegnen, so euch übermüthig oder trost=

los machte, wenn ihr euch in das Herz Mariens hineingelebt, und dasselbe euch angeeignet habt? Und welche Seelenreinheit, welche Demuth, welche Mütterlichkeit, welche Fürsorge und Güte, welche Emsigkeit und Umsicht, welche Geduld und Sanftmuth ꝛc. in dem hl. Herzen Mariens! Was fehlet euch an weiblicher Tugend und Liebenswürdigkeit, wenn das Herz Mariens von euch verehrt, geliebt, und in Verehrung und Liebe das eurige geworden ist? —

Man hat von einer Abgötterei gesprochen, deren sich die Katholiken in ihrer Heiligenverehrung, insbesondere in der Verehrung der seligsten Jungfrau schuldig machen. Allein Abgötterei ist Abfall von dem wahren Gott und Dienst dargebracht einem todten und schändlichen Gözen. Nun, ist die Verehrung Mariens, ist die Betrachtung und Bewunderung ihres Lebens, ist die ihrer überschwenglichen sittlichen Größe dargebrachte Huldigung Dienst einem todten, schändlichen Gözen gebracht? Ist diese Verehrung nicht im Gegentheil Verehrung eben des Verehrungswürdigen, d. h. Verehrung bewunderungswürdiger, ja einzig dastehender sittlicher Seelengröße? Wie? Und das wäre Abfall von dem wahren Gott und Abgötterei? — Aber ausserdem, wo giebt es eine Betrachtung ihres Lebens, ein Verständniß, eine Würdigung und Verehrung desselben ausser Zusammenhang mit dem Kommen, Leben, Wirken, Leiden, Sterben und Auferstehen Jesu Christi, außer Zusammenhang mit seiner Himmelfahrt, Geistsendung und ewigen Herrschaft? — Wie soll nun das Abgötterei seyn, was durchweg mit der Betrachtung des Lebens Jesu Christi zusammen= fällt, ja dieses Leben für und für als Anhalt und Träger hat? — Zudem aber, Wer ist es, der die hochherrliche Seele der seligsten Jungfrau geschaffen, ausgebildet und vollendet hat? Ist es nicht Gott? Wer wird also durch alle ihr gezollte Verehrung letz= lich geehrt und verherrlicht, als allein Gott? — Und Wer sich in das heilige Herz Mariens versenkt — in diese unbegrenzte Hingebung an Gott, in diese tiefste Demuth vor Gott, in diese innigste opferreichste Liebe zu Gott: treibt solcher etwa Abgötterei? Bildet er sich selbst nicht vielmehr damit in dieselbe Hingebung De= muth und Liebe, also in die höchste Gottesverehrung hinein? — So ist es: So weit die Verehrung Mariens eine gesunde und ächte ist, so weit versenken sich die Herzen bewundernd und lobpreisend in ihr Herz — in alle Liebe, Demuth, Reinigkeit und Starkmuth des= selben; so weit eignen sich die Herzen bewundernd und lobpreisend ihr Herz an; und so weit verklären sich die Herzen (das Herz Mariens sich aneignend) zum unerschütterlichen Glauben, zur demuthvollsten Hinge= bung, zur starkmüthigsten Geduld und Selbstaufopferung, zur vorbehaltlosen Liebe, zur mannhaftesten Thätigkeit in Liebe, und zum innigsten hoffnungsseligsten Frieden vor Gott, d. i. zur reinsten und vollsten Gottesverehrung. — Und das verdiente Tadel?! —

Inhalt.